小学科技小论文写作指导研究

任 萍◎著

东北师范大学出版社
长 春

图书在版编目（CIP）数据

小学科技小论文写作指导研究 / 任萍著. — 长春：东北师范大学出版社，2020.6
ISBN 978-7-5681-6899-1

Ⅰ. ①小… Ⅱ. ①任… Ⅲ. ①科学技术－论文－写作－教学研究－小学 Ⅳ. ①G623.62②G623.242

中国版本图书馆CIP数据核字（2020）第093860号

□策划创意：刘　鹏
□责任编辑：李国中　沈　佳　□封面设计：姜　龙
□责任校对：刘彦妮　张小娅　□责任印制：许　冰

东北师范大学出版社出版发行
长春净月经济开发区金宝街 118 号（邮政编码：130117）
电话：0431-84568115
网址：http：//www.nenup.com
北京言之凿文化发展有限公司设计部制版
北京政采印刷服务有限公司印装
北京市中关村科技园区通州园金桥科技产业基地环科中路 17 号（邮编：101102）
2022年6月第1版　2022年6月第1次印刷
幅面尺寸：170mm × 240mm　印张：17.5　字数：290千

定价：45.00元

目录

第一章

1

学生核心素养及课程标准要求

中国学生核心素养发展纲要

2016年9月13日上午，中国学生发展核心素养研究成果发布会在北京师范大学举行。学生发展核心素养，主要是指学生应具备的，能够适应终身发展和社会发展需要的必备品格和关键能力。研究学生发展核心素养是落实立德树人根本任务的一项重要举措，也是适应世界教育改革发展趋势、提升我国教育国际竞争力的迫切需要。下面就来学习一下中国学生发展核心素养的主要内容吧！

一、总体框架

中国学生发展核心素养，以科学性、时代性和民族性为基本原则，以培养“全面发展的人”为核心，分为文化基础、自主发展、社会参与三个方面。

综合表现为人文底蕴、科学精神、学会学习、健康生活、责任担当、实践创新六大素养，具体细化为国家认同等十八个基本要点。根据这一总体框架，可针对学生年龄特点进一步提出各学段学生的具体表现要求。

二、基本内涵

核心素养课题组历时三年集中攻关，并经教育部基础教育课程教材专家工作委员会审议，最终形成研究成果，确立了以下六大学生核心素养。

（一）文化基础

文化是人存在的根和魂。文化基础重在强调能习得人文、科学等各领域的知识和技能，掌握和运用人类优秀智慧成果，涵养内在精神，追求真善美的统一，发展成为有宽厚文化基础、有更高精神追求的人。

1. 人文底蕴

人文底蕴主要指学生在学习、理解、运用人文领域知识和技能等方面所形成的基本能力、情感态度和价值取向。具体包括人文积淀、人文情怀和审美情趣等基本要点。

2. 科学精神

科学精神主要指学生在学习、理解、运用科学知识和技能等方面所形成的价值标准、思维方式和行为表现。具体包括理性思维、批判质疑、勇于探究等基本要点。

（二）自主发展

自主性是人作为主体的根本属性。自主发展重在强调能有效管理自己的学习和生活，认识和发现自我价值，发掘自身潜力，有效应对复杂多变的环境，成就出彩人生，发展成为有明确人生方向、有生活品质的人。

1. 学会学习

学会学习主要指学生在学习意识形成、学习方式方法选择、学习进程评估调控等方面的综合表现。具体包括乐学善学、勤于反思、信息意识等基本要点。

2. 健康生活

健康生活主要指学生在认识自我、发展身心、规划人生等方面的综合表现。具体包括珍爱生命、健全人格、自我管理等基本要点。

（三）社会参与

社会性是人的本质属性。社会参与重在强调能处理好自我与社会的关系，养成现代公民所必须遵守和履行的道德准则和行为规范，增强社会责任感，提升创新精神和实践能力，促进个人价值实现，推动社会发展进步，发展成为有理想信念、敢于担当的人。

1. 责任担当

责任担当主要指学生在处理与社会、国家、国际等关系方面所形成的情感态度、价值取向和行为方式。具体包括社会责任、国家认同、国际理解等基本要点。

2. 实践创新

实践创新主要指学生在日常活动、问题解决、适应挑战等方面所形成的实践能力、创新意识和行为表现。具体包括劳动意识、问题解决、技术运用等基本要点。

三、基本要点

（一）文化基础——人文底蕴

1. 人文积淀

人文积淀的重点是具有古今中外人文领域基本知识和成果的积累；能理解和掌握人文思想中所蕴含的认识方法和实践方法等。

2. 人文情怀

人文情怀的重点是具有以人为本的意识，尊重、维护人的尊严和价值；能关切人的生存、发展和幸福等。

3. 审美情趣

审美情趣的重点是具有艺术知识、技能与方法的积累；能理解和尊重文化艺术的多样性，具有发现、感知、欣赏、评价美的意识和基本能力；具有健康的审美价值取向；具有艺术表达和创意表现的兴趣和意识，能在生活中拓展和升华美等。

（二）文化基础——科学精神

1. 理性思维

理性思维的重点是崇尚真知，能理解和掌握基本的科学原理和方法；尊重事实和证据，有实证意识和严谨的求知态度；逻辑清晰，能运用科学的思维方式认识事物、解决问题、指导行为等。

2. 批判质疑

批判质疑的重点是具有问题意识；能独立思考、独立判断；思维缜密，能多角度、辩证地分析问题，做出选择和决定等。

3. 勇于探究

勇于探究的重点是具有好奇心和想象力；能不畏困难，有坚持不懈地探索精神；能大胆尝试，积极寻求有效的问题解决方法等。

（三）自主发展——学会学习

1. 乐学善学

乐学善学的重点是能正确认识和理解学习的价值，具有积极的学习态度和浓厚的学习兴趣；能养成良好的学习习惯，掌握适合自身的学习方法；能自主学习，具有终身学习的意识和能力。

2. 勤于反思

勤于反思的重点是具有对自己的学习状态进行审视的意识和习惯，善于总结经验；能够根据不同情境和自身实际选择或调整学习策略和方法等。

3. 信息意识

信息意识的重点是能自觉、有效地获取、评估、鉴别、使用信息；具有数字化生存能力，主动适应“互联网+”等社会信息化发展趋势；具有网络伦理道德与信息安全意识等。

（四）自主发展——健康生活

1. 珍爱生命

珍爱生命的重点是：理解生命意义和人生价值；具有安全意识与自我保护能力；掌握适合自身的运动方法和技能，养成健康文明的行为习惯和生活方式等。

2. 健全人格

健全人格的重点是：具有积极的心理品质，自信自爱，坚韧乐观；有自制力，能调节和管理自己的情绪，具有抗挫折能力等。

3. 自我管理

自我管理的重点是：能正确认识与评估自我；依据自身个性和潜质选择适合的发展方向；合理分配和使用时间与精力；具有达成目标的持续行动力等。

（五）社会参与——责任担当

1. 社会责任

社会责任的重点是自尊自律，文明礼貌，诚信友善，宽和待人；孝亲敬长，有感恩之心；热心公益和志愿服务，敬业奉献，具有团队意识和互助精神；能主动作为，履职尽责，对自我和他人负责；能明辨是非，具有规则与法治意识，积极履行公民义务，理性行使公民权利；崇尚自由平等，能维护社会公平正义；热爱并尊重自然，具有绿色生活方式和可持续发展理念及行动等。

2. 国家认同

国家认同的重点是具有国家意识，了解国情历史，认同国民身份，能自觉捍卫国家主权、尊严和利益；具有文化自信，尊重中华民族的优秀文明成果，能传播弘扬中华优秀传统文化和社会主义先进文化；了解中国共产党的历史和光荣传统，具有热爱党、拥护党的意识和行动；理解、接受并自觉践行社会主义核心价值观，具有中国特色社会主义共同理想，有为实现中华民族伟大复兴中国梦而不懈奋斗的信念和行动。

3. 国际理解

国际理解的重点是具有全球意识和开放的心态，了解人类文明进程和世界发展动态；能尊重世界多元文化的多样性和差异性，积极参与跨文化交流；关注人类面临的全球性挑战，理解人类命运共同体的内涵与价值等。

（六）社会参与——实践创新

1. 劳动意识

劳动意识的重点是尊重劳动，具有积极的劳动态度和良好的劳动习惯；具有动手操作能力，掌握一定的劳动技能；在参加家务劳动、生产劳动、公益活动和社会实践中，具有改进和创新劳动方式、提高劳动效率的意识；具有通过诚实合法劳动创造成功生活的意识和行动等。

2. 问题解决

问题解决的重点是善于发现和提出问题，有解决问题的兴趣和热情；能依据特定情境和具体条件，选择制订合理的解决方案；具有在复杂环境中行动的能力等。

3. 技术运用

技术运用的重点是理解技术与人类文明的有机联系，具有学习掌握技术的兴趣和意愿；具有工程思维，能将创意和方案转化为有形物品或对已有物品进行改进与优化等。

中小学综合实践活动课程指导纲要

为全面贯彻党的教育方针，坚持教育与生产劳动、社会实践相结合，引导学生深入理解和践行社会主义核心价值观，充分发挥中小学综合实践活动课程在立德树人中的重要作用，特制定本纲要。

一、课程性质与基本理念

（一）课程性质

综合实践活动是从学生的真实生活和发展需要出发，从生活情境中发现问题，转化为活动主题，通过探究、服务、制作、体验等方式，培养学生综合素质的跨学科实践性课程。

综合实践活动是国家义务教育和普通高中课程方案规定的必修课程，与学科课程并列设置，是基础教育课程体系的重要组成部分。该课程由地方统筹管理和指导，具体内容以学校开发为主，自小学一年级至高中三年级全面实施。

（二）基本理念

1. 课程目标以培养学生综合素质为导向

本课程强调学生综合运用各学科知识，认识、分析和解决现实问题，提升综合素质，着力发展核心素养，特别是社会责任感、创新精神和实践能力，以适应快速变化的社会生活、职业世界和个人自主发展的需要，迎接信息时代和知识社会的挑战。

2. 课程开发面向学生的个体生活和社会生活

本课程面向学生完整的生活世界，引导学生从日常学习生活、社会生活或与大自然的接触中提出具有教育意义的活动主题，使学生获得关于自我、社会、自然的真实体验，建立学习与生活的有机联系。要避免仅从学科知识体系出发进行活动设计。

3. 课程实施注重学生主动实践和开放生成

本课程鼓励学生从自身成长需要出发，选择活动主题，主动参与并亲身经历实践过程，体验并践行价值信念。在实施过程中，随着活动的不断展开，在教师指导下，学生可根据实际需要，对活动的目标与内容、组织与方法、过程与步骤等做出动态调整，使活动不断深化。

4. 课程评价主张多元评价和综合考察

本课程要求突出评价对学生的发展价值，充分肯定学生活动方式和问题解决策略的多样性，鼓励学生自我评价与同伴间的合作交流和经验分享。提倡多采用质性评价方式，避免将评价简化为分数或等级。要将学生在综合实践活动中的各种表现和活动成果作为分析考察课程实施状况与学生发展状况的重要依据，对学生的活动过程和结果进行综合评价。

二、课程目标

（一）总目标

学生能从个体生活、社会生活及与大自然的接触中获得丰富的实践经验，形成并逐步提升对自然、社会和自我之内在联系的整体认识，具有价值体认、责任担当、问题解决、创意物化等方面的意识和能力。

（二）学段目标

1. 小学阶段具体目标

（1）价值体认：通过亲历、参与少先队活动、场馆活动和主题教育活动，参观爱国主义教育基地等，获得有积极意义的价值体验。理解并遵守公共空间的基本行为规范，初步形成集体思想、组织观念，培养对中国共产党的朴素感情，为自己是中国人感到自豪。

（2）责任担当：围绕日常生活开展服务活动，能处理生活中的基本事务，初步养成自理能力、自立精神、热爱生活的态度，具有积极参与学校和社区生活的意愿。

（3）问题解决：能在教师的引导下，结合学校、家庭生活中的现象，发现并提出自己感兴趣的问题。能将问题转化为研究小课题，体验课题研究的过程与方法，提出自己的想法，形成对问题的初步解释。

（4）创意物化：通过动手操作实践，初步掌握手工设计与制作的基本技能；学会运用信息技术，设计并制作有一定创意的数字作品。运用常见、简单的信息技术解决实际问题，服务于学习和生活。

2. 初中阶段具体目标

（1）价值体认：积极参加班团队活动、场馆体验、红色之旅等，亲历社会实践，加深有积极意义的价值体验。能主动分享体验和感受，与老师、同伴交流思想认识，形成国家认同，热爱中国共产党。通过职业体验活动，发展兴趣专长，形成积极的劳动观念和态度，具有初步的生涯规划意识和能力。

（2）责任担当：观察周围的生活环境，围绕家庭、学校、社区的需要开展服务活动，增强服务意识，养成独立的生活习惯；愿意参与学校服务活动，增强服务学校的行动能力；初步形成探究社区问题的意识，愿意参与社区服务，初步形成对自我、学校、社区负责任的态度和社会公德意识，初步具备法治观念。

（3）问题解决：能关注自然、社会、生活中的现象，深入思考并提出有价值的问题，将问题转化为有价值的研究课题，学会运用科学方法开展研究。能主动运用所学知识理解与解决问题，并做出基于证据的解释，形成基本符合规范的研究报告或其他形式的研究成果。

（4）创意物化：运用一定的操作技能解决生活中的问题，将一定的想法或创意付诸实践，通过设计、制作或装配等，制作和不断改进较为复杂的制品或用品，发展实践创新意识和审美意识，提高创意实践能力。通过信息技术的学习实践，提高利用信息技术进行分析和解决问题的能力以及数字化产品的设计与制作能力。

3. 高中阶段具体目标

（1）价值体认：通过自觉参加班团活动、走访模范人物、研学旅行、职业体验活动，组织社团活动，深化社会规则体验、国家认同、文化自信，初步体悟个人成长与职业世界、社会进步、国家发展和人类命运共同体的关系，增强根据自身兴趣专长进行生涯规划和职业选择的能力，强化对中国共产党的认识和感情，具有中国特色社会主义共同理想和国际视野。

（2）责任担当：关心他人、社区和社会发展，能持续地参与社区服务与社会实践活动，关注社区及社会存在的主要问题，热心参与志愿者活动和公益活动，增强社会责任意识和法治观念，形成主动服务他人、服务社会的情怀，理解并践行社会公德，提高社会服务能力。

（3）问题解决：能对个人感兴趣的领域开展广泛的实践探索，提出具有一定新意和深度的问题，综合运用知识分析问题，用科学方法开展研究，增强解决实际问题的能力。能及时对研究过程及研究结果进行审视、反思并优化调整，建构基于证据的、具有说服力的解释，形成比较规范的研究报告或其他形式的研究成果。

（4）创意物化：积极参与动手操作实践，熟练掌握多种操作技能，综合运用技能解决生活中的复杂问题。增强创意设计、动手操作、技术应用和物化能力。形成在实践操作中学习的意识，提高综合解决问题的能力。

三、课程内容与活动方式

学校和教师要根据综合实践活动课程的目标，基于学生发展的实际需求，设计活动主题和具体内容，并选择相应的活动方式。

（一）内容选择与组织原则

综合实践活动课程的内容选择与组织应遵循如下原则：

1. 自主性

在主题开发与活动内容选择时，要重视学生自身发展需求，尊重学生的自主选择。教师要善于引导学生围绕活动主题，从特定的角度切入，选择具体的活动内容，并自定活动目标任务，提升自主规划和管理能力。同时，要善于捕捉和利用课程实施过程中生成的有价值的问题，指导学生深化活动主题，不断完善活动内容。

2. 实践性

综合实践活动课程强调学生亲身经历各项活动，在“动手做”“实验”“探究”“设计”“创作”“反思”的过程中进行“体验”“体悟”“体认”，在全身心参与的活动中，发现、分析和解决问题，体验和感受生活，发展实践创新能力。

3. 开放性

综合实践活动课程面向学生的整个生活世界，具体活动内容具有开放性。教师要基于学生已有经验和兴趣专长，打破学科界限，选择综合性活动内容，鼓励学生跨领域、跨学科学习，为学生自主活动留出余地。要引导学生把自己成长的环境作为学习场所，在与家庭、学校、社区的持续互动中，不断拓展活动时空和活动内容，使自己的个性特长、实践能力、服务精神和社会责任感不断获得发展。

4. 整合性

综合实践活动课程的内容组织，要结合学生发展的年龄特点和个性特征，以促进学生的综合素质发展为核心，均衡考虑学生与自然的关系、学生与他人和社会的关系、学生与自我的关系这三个方面的内容。对活动主题的探究和体验，要体现个人、社会、自然的内在联系，强化科技、艺术、道德等方面的内在整合。

5. 连续性

综合实践活动课程的内容设计应基于学生可持续发展的要求，设计长短期相结合的主题活动，使活动内容具有递进性。要促使活动内容由简单走向复杂，使活动主题向纵深发展，不断丰富活动内容、拓展活动范围，促进学生综合素质的持续发展。要处理好学期之间、学年之间、学段之间活动内容的有机衔接与联系，构建科学合理的活动主题序列。

（二）活动方式

综合实践活动的主要方式有以下几种：

1. 考察探究

考察探究是学生基于自身兴趣，在教师的指导下，从自然、社会和学生自身生活中选择和确定研究主题，开展研究性学习，在观察、记录和思考中，主动获取知识，分析并解决问题的过程，如野外考察、社会调查、研学旅行等，它注重运用实地观察、访谈、实验等方法，获取材料，形成理性思维、批判质疑和勇于探究的精神。考察探究的关键要素包括：发现并提出问题、提出假设、选择方法、研制工具；获取证据；提出解释或观念、交流并评价探究成果、反思和改进。

2. 社会服务

社会服务是指学生在教师的指导下，走出教室，参与社会活动，以自己的劳动满足社会组织或他人的需要，如公益活动、志愿服务、勤工俭学等，它强调学生在满足被服务者需要的过程中，获得自身发展，促进相关知识技能的学习，提升实践能力，成为履职尽责、敢于担当的人。社会服务的关键要素包括：明确服务对象与需要，制订服务活动计划，开展服务行动，反思并分享活动经验。

3. 设计制作

设计制作是指学生运用各种工具、工艺（包括信息技术）进行设计，并动手操作，将自己的创意、方案付诸现实，转化为物品或作品的过程，如动漫制作、编程、陶艺创作等，它注重提高学生的技术意识、工程思维、动手操作能力等。在活动过程中，鼓励学生手脑并用，灵活掌握、融会贯通各类知识和技巧，提高学生的技术操作水平、知识迁移水平，体验工匠精神，等等。设计制作的关键要素包括：创意设计、选择活动材料或工具、动手制作、交流展示物品或作品、反思与改进。

4. 职业体验

职业体验是指学生在实际工作岗位上或模拟情境中见习、实习，体认职业角色的过程，如军训、学工、学农等，它注重让学生获得对职业生活的真切理解，发现自己的专长，培养职业兴趣，形成正确的劳动观念和人生志向，提升生涯规划能力。职业体验的关键要素包括：选择或设计职业情境；实际岗位演练；总结、反思和交流经历过程；概括提炼经验并行动应用。

综合实践活动除了以上活动方式外，还有党团队教育活动、博物馆参观等。综合实践活动方式的划分是相对的，因此，在活动设计时可以有所侧重，以某种方式为主，兼顾其他方式；也可以整合方式实施，使不同活动要素彼此渗透、融会贯通。要充分发挥信息技术对于各类活动的支持作用，有效促进问题解决、交流协作、成果展示与分享等。

四、学校对综合实践活动课程的规划与实施

（一）课程规划

中小学校是综合实践活动课程规划的主体，应在地方指导下，对综合实践活动课程进行整体设计，将办学理念、办学特色、培养目标、教育内容等融入其中。要依据学生发展状况、学校特色、可利用的社区资源（如各级各类青少年校外活动场所、综合实践基地和研学旅行基地等）对综合实践活动课程进行统筹考虑，形成综合实践活动课程总体实施方案；还要基于学生的年段特征、

阶段性发展要求，制订具体的“学校学年（或学期）活动计划与实施方案”，对学年、学期活动做出规划。要使总体实施方案和学年（或学期）活动计划相互配套、衔接，形成促进学生持续发展的课程实施方案。

学校在课程规划时要注意处理好以下关系：

1. 综合实践活动课程的预设与生成

学校要统筹安排各年级、各班级学生的综合实践活动课时、主题、指导教师、场地设施等，加强与校外活动场所的沟通协调，为每一名学生参与活动创造必要条件，提供发展机遇，但不得以单一、僵化、固定的模式去约束所有班级、社团的具体活动过程，以免剥夺学生自主选择的空间。要允许和鼓励师生从生活中选择有价值的活动主题，选择适当的活动方式创造性地开展活动。要关注学生活动的生成性目标与生成性主题并引导其发展，为学生创造性的发展开辟广阔空间。

2. 综合实践活动课程与学科课程

在设计与实施综合实践活动课程中，要引导学生主动运用各门学科知识分析解决实际问题，使学科知识在综合实践活动中得到延伸、综合、重组与提升。学生在综合实践活动中所发现的问题要在相关学科教学中分析解决，所获得的知识要在相关学科教学中拓展加深。防止用学科实践活动取代综合实践活动。

3. 综合实践活动课程与专题教育

可将有关专题教育，如优秀传统文化教育、革命传统教育、国家安全教育、心理健康教育、环境教育、法治教育、知识产权教育等，转化为学生感兴趣的综合实践活动主题，让学生通过亲历感悟、实践体验、行动反思等方式实现专题教育的目标，防止将专题教育简单等同于综合实践活动课程。要在国家宪法日、国家安全教育日、全民国防教育日等重要时间节点，组织学生开展相关主题教育活动。

（二）课程实施

作为综合实践活动课程实施的主体，学校要明确实施机构及人员、组织方式等，加强过程指导和管理，确保课程实施到位。

1. 课时安排

小学1～2年级，平均每周不少于1课时；小学3～6年级和初中，平均每周不少于2课时；高中执行课程方案相关要求，完成规定学分。各学校要切实保证综合实践活动时间，在开足规定课时总数的前提下，根据具体活动需要，把课时的集中使用与分散使用有机结合起来。要根据学生活动主题的特点和需要，灵活安排、有效使用综合实践活动时间。学校要给予学生广阔的探究时空环境，保证学生活动的连续性和长期性。要处理好课内与课外的关系，合理安排时间并拓展学生的活动空间与学习场域。

2. 实施机构与人员

学校要成立综合实践活动课程领导小组，结合实际情况设置专门的综合实践活动课程中心或教研组，或由教科室、教务处、学生处等职能部门，承担起学校课程实施规划、组织、协调与管理等方面的责任，负责制订并落实学校综合实践活动课程实施方案，整合校内外教育资源，统筹协调校内外相关部门的关系，联合各方面的力量，特别是加强与校外活动场所的沟通协调，保证综合实践活动课程的有效实施。要充分发挥少先队、共青团以及学生社团组织的作用。

要建立专兼职相结合、相对稳定的指导教师队伍。学校教职工要全员参与、分工合作。原则上每所学校至少配备1位专任教师，主要负责指导学生开展综合实践活动，组织其他学科教师开展校本教研活动。各学科教师要发挥专业优势，主动承担指导任务。积极争取家长、校外活动场所指导教师、社区人才资源等有关社会力量成为综合实践活动课程的兼职指导教师，协同指导学生综合实践活动的开展。

3. 组织方式

综合实践活动以小组合作方式为主，也可以个人单独进行。小组合作范围可以从班级内部逐步走向跨班级、跨年级、跨学校和跨区域等。要根据实际情况灵活运用各种组织方式。要引导学生根据兴趣、能力、特长、活动需要，明确分工，做到人尽其责、合理高效。既要让学生有独立思考的时间和空间，又要充分发挥合作学习的优势，重视培养学生的自主参与意识与合作沟通能力。鼓励学生利用信息技术手段突破时空界限，进行广泛的交流与密切合作。

4. 教师指导

在综合实践活动实施过程中，要处理好学生自主实践与教师有效指导的关系。教师既不能“教”综合实践活动，也不能推卸指导的责任，而应当成为学生活动的组织者、参与者和促进者。教师的指导应贯穿于综合实践活动实施的全过程。

在活动准备阶段，教师要充分结合学生经验，为学生提供活动主题选择以及提出问题的机会，引导学生构思选题，鼓励学生提出感兴趣的问题，并及时捕捉活动中学生动态生成的问题，组织学生就问题展开讨论，确立活动目标内容。要让学生积极参与活动方案的制订过程，通过合理的时间安排、责任分工、实施方法和路径选择，对活动可利用的资源及活动的可行性进行评估等，增强活动的计划性，提高学生的活动规划能力。同时，引导学生对活动方案进行组内及组间讨论，吸纳合理化建议，不断优化完善方案。

在活动实施阶段，教师要创设真实的情境，为学生提供亲身经历与现场体验的机会，让学生经历多样化的活动方式，促进学生积极参与活动过程，在现场考察、设计制作、实验探究、社会服务等活动中发现和解决问题，体验和感受学习与生活之间的联系。要加强对学生活动方式与方法的指导，帮助学生找到适合自己的学习方式和实践方式。教师指导重在激励、启迪、点拨、引导，不能对学生的活动过程包办代替，还要指导学生做好活动过程的记录和活动资料的整理。

在活动总结阶段，教师要指导学生选择合适的结果呈现方式，鼓励多种形式的结果呈现与交流，如绘画、摄影、戏剧与表演等，对活动过程和活动结果进行系统梳理和总结，促进学生自我反思与表达、同伴交流与对话。要指导学生学会通过撰写活动报告、反思日志、心得笔记等方式，反思成败得失，提升个体经验，促进知识建构，并根据同伴及教师提出的反馈意见和建议查漏补缺，明确进一步地探究方向，深化主题探究和体验。

5. 活动评价

综合实践活动情况是学生综合素质评价的重要内容。各学校和教师要以促进学生综合素质持续发展为目标设计与实施综合实践活动评价。需要指出的是，在活动评价中，要坚持评价的方向性、指导性、客观性、公正性等原则。活动评价工作主要侧重以下几点：

（1）突出发展导向。坚持学生成长导向，通过对学生成长过程的观察、记录、分析，促进学校及教师把握学生的成长规律，了解学生的个性与特长，不断激发学生的潜能，为更好地促进学生成长提供依据。评价的首要功能是让学生及时获得关于学习过程的反馈，改进后续活动。要避免评价过程中只重结果、不重过程的现象。要对学生作品进行深入分析和研究，挖掘其背后蕴藏的学生的思想、创意和体验，杜绝对学生的作品随意打分和简单排名等功利主义做法。

（2）做好写实记录。教师要指导学生客观记录参与活动的具体情况，包括活动主题、持续时间、所承担的角色、任务分工及完成情况等，及时填写活动记录单，并收集相关事实材料，如活动现场照片、作品、研究报告、实践单位证明等。活动记录、事实材料要真实且有据可查，以为综合实践活动评价提供必要基础。

（3）建立档案袋。在活动过程中，教师要指导学生分类整理、遴选具有代表性的重要活动记录、典型事实材料以及其他有关资料，并将其编排、汇总、归档，形成每一名学生的综合实践活动档案袋，将之纳入学生综合素质档案。档案袋是学生自我评价、同伴互评、教师评价学生的重要依据，也是招生录取中综合评价的重要参考。

（4）开展科学评价。原则上在每学期末，教师要依据课程目标和档案袋，结合平时对学生活动情况的观察，对学生综合素质发展水平进行科学分析，写出有关综合实践活动情况的评语，引导学生扬长避短，明确努力方向。高中学校要结合实际情况，研究制订学生综合实践活动评价标准和学分认定办法，对学生综合实践活动课程学分进行认定。

五、课程管理与保障

（一）教师培训与教研指导

地方教育行政部门和学校要加强调研，了解综合实践活动指导教师专业发展的需求，搭建多样化的交流平台，强化培训和教研，推动教师的持续发展。

1. 建立指导教师培训制度

要开展对综合实践活动课程专兼职教师的全员培训，明确培训目标，努力提升教师的跨学科知识整合能力、观察及研究学生的能力、指导学生规划设计与实施活动的能力、课程资源的开发和利用能力等。要根据教师的实际需求，开发相应的培训课程，组织教师按照课程要求进行系统学习。要不断探索和改进培训方式方法，倡导参与式培训、案例培训和项目研究等，不断激发教师内在的学习动力。

2. 建立健全日常教研制度

各学校要通过专业引领、同伴互助、合作研究，积极开展以校为本的教研活动，及时分析、解决课程实施中遇到的问题，提高课程实施的有效性。各级教研机构要配备综合实践活动专职教研员，加强对校本教研的指导，并组织开展专题教研、区域教研、网络教研等，通过协同创新、校际联动、区域推进，提高中小学综合实践活动整体实施水平。

（二）支持体系建设与保障

1. 网络资源开发

地方教育行政部门、教研机构和学校要开发优质网络资源、遴选相关影视作品等充实资源内容，为课程实施提供资源保障。要充分发挥师生在课程资源开发中的主体性与创造性，及时总结、梳理来自教学一线的典型案例和鲜活经验，动态生成分年级、分专题的综合实践活动课程资源包。各地要探索和建立优质资源的共享与利用机制，打造省、市、县、校多级联动的共建共享平台，为课程实施提供高质量、常态化的资源支撑。

2. 硬件配套与利用

学校要为综合实践活动的实施提供配套硬件资源与耗材，并积极争取校外活动场所支持，建立课程资源的协调与共享机制，充分发挥实验室、专用教室及各类教学设施在综合实践活动课程实施过程中的作用，提高使用效益，避免资源闲置与浪费。有条件的学校可以建设专用活动室或实践基地，如创客空间等。

地方教育行政部门要加强实践基地建设，强化资源统筹管理，建立健全校内外综合实践活动课程资源的利用与相互转换机制，强化公共资源间的相互联系和硬件资源的共享，为学校利用校外图书馆、博物馆、展览馆、科技馆、实践基地等各种社会资源及丰富的自然资源提供政策支持。

3. 经费保障

地方和学校要确保开展综合实践活动所需经费，支持综合实践活动课程资源和实践基地建设、专题研究等。

4. 安全保障

地方教育行政部门要与有关部门统筹协调，建立安全管控机制，分级落实安全责任。学校要设立安全风险预警机制，建立规范化的安全管理制度及管理措施。教师要增强安全意识，加强对学生的安全教育，提升学生安全防范能力，制订安全守则，落实安全措施。

（三）考核与激励机制

1. 建立健全指导教师考核激励机制

各地和学校明确“综合实践活动课程教师考核要求和办法”，科学合理地计算教师工作量，将指导学生综合实践活动的工作业绩作为教师职称晋升和岗位聘任的重要依据，对取得显著成效的指导教师给予表彰奖励。

2. 加强对课程实施情况的督查

将综合实践活动课程实施情况（包括课程开设情况及实施效果）纳入中小学课程实施监测，建立关于中小学综合实践活动课程的反馈改进机制。地方教育行政部门和教育督导部门要将综合实践活动实施情况作为检查督导的重要内容。

3. 开展优秀成果交流评选

依托有关专业组织、教科研机构、基础教育课程中心等，开展中小学生综合实践活动课程展示交流活动，激发广大中小学生实践创新的潜能和动力。将中小学综合实践活动课程探索成果纳入基础教育教学成果评选范围，对优秀成果予以奖励，发挥优秀成果的示范引领作用，激励广大中小学教师和专职研究人员持续性从事中小学综合实践活动课程研究和实践探索。

附：

背景意义

《中小学综合实践活动课程指导纲要》（以下简称《指导纲要》）的发布意义重大，很有必要。

一是全面落实党的教育方针的迫切需要。党的教育方针明确要求，坚持教育与生产劳动、社会实践相结合。党的十九大提出全面推进素质教育的要求，我国中小学生文化基础知识比较扎实，而创新实践能力相对薄弱，必须切实加强对中小学综合实践活动课程的指导，补上实践育人的短板。

二是全面深化考试评价改革的迫切需要。加强和改进学生综合素质评价是中考、高考改革的重要内容。学生综合素质评价离不开综合实践活动课程这一重要载体，必须搭建好综合实践活动平台，提升并展示学生的综合素质。

三是全面提高课程实施水平的迫切需要。21世纪初，新一轮基础教育课程改革十多年来，综合实践活动课程在培养学生综合素质方面发挥了重要作用，但也面临着不少问题，主要是对该课程性质、形态等缺乏准确的理解和把握，在实施过程中，其存在盲目性和随意性较大的问题，迫切需要加强规范和指导。

研制过程

为确保《指导纲要》的先进性、针对性、可操作性，研制过程中主要做了以下三个方面的工作：

一是广泛调研。包括对有关地区和学校开展综合实践活动的典型经验进行了实地考察和系统总结，为《指导纲要》研制提供了现实依据；对相关政策文献进行了分析，特别是对2000年以来中共中央、国务院各有关部门单独或联合印发的、要求在中小学开展专题教育活动的100多个文件进行了系统梳理，作为提炼综合实践活动主题内容的直接参考；对20世纪90年代以来，9个国家或地区基础教育课程体系中相关课程设置与实施情况、最新发展动向等进行了研究，为《指导纲要》的制订提供了有益借鉴。

二是专题研讨。先后召开10余次研讨会，围绕课程性质和基本理念、核心素养与课程目标、活动形态与要素、学校课程规划与教师指导以及综合实践活动与学科课程、专题教育、综合素质评价的关系等关键性问题进行了反复研讨，使《指导纲要》能在理论上站得住，能在实践上行得通。

三是征求意见。召开由中小学教师、校长、教研员代表和有关高校、专业研究机构课程专家参加的座谈会，听取意见。通过网络征求各地中小学骨干教师、教研员及大学基础教育课程中心有关人员的意见和建议，还书面征求了各省（区、市）、中央有关部门（单位）的意见，并提请教育部基础教育课程教材专家工作委员会进行了审议。在对各方面意见进行梳理、汇总的基础上，对《指导纲要》进行了修改和完善。

课程属性

《指导纲要》突出强调综合实践活动课程以下几个基本属性：

第一，它是义务教育和普通高中课程方案规定的必修课程，与学科课程并列设置，从小学到高中，各年级全面实施，所有学生都要学习，都要参加。

第二，它是跨学科实践课程，注重引导学生在实践中学习，在探究、服务、制作、体验中学习、分析和解决现实问题。它可能涉及多门学科知识，但不是某门学科知识的系统学习，也不同于某一门学科中的实践、实验环节。

第三，它是动态开放性课程，强调从学生的真实生活和发展需要出发，选择并确定活动主题，鼓励学生根据实际需要，对活动过程进行调整和改进，实现活动目的。课程实施不以教材为主要载体，不是按照相对固定的内容体系进行教学。在这一点上，它与学科课程也有显著差别。

《指导纲要》强调设计与实施综合实践活动课程，要引导学生运用各门学科知识分析解决实际问题，使学科知识在综合实践中得到延伸、综合、提升。学生在综合实践活动中所发现的问题要在相关学科教学中进行深入分析，要防止用学科实践环节取代综合实践活动。

课程规定

综合实践活动作为一门课程，不同于一般的学生课外活动。《指导纲要》对课程目标做出明确规定，强调综合实践活动的设计与实施必须围绕课程目标进行，注重引导学生在活动中体认、践行社会主义核心价值观，热爱中国共产党，热爱祖国，热爱劳动，培养学生的社会责任感、创新精神和实践能力，增强活动育人效果。

考虑到综合实践活动课程的跨学段性质，为便于操作，在提出总目标的基础上，具体分为价值体认、责任担当、问题解决、创意物化四个方面，突出综合实践活动中的价值体认与践行，并分小学、初中、高中三个学段，分别提出学段目标。

此外，综合实践活动课程不仅有明确的课程目标，还要求对活动内容进行选择和组织，对活动方式进行认真设计，对活动过程和结果进行科学评价等，具备作为一门课程的基本要素。

效果目标

增强活动育人效果，对活动过程的设计、组织、跟踪指导是关键。为加强对综合实践活动过程的具体指导，《指导纲要》提炼出考察探究、社会服务、设计制作、职业体验等主要方式，将课程方案指定的综合实践活动内容（社区服务、社会实践、信息技术教育、劳动技术教育等）从活动方式角度进行了分类，规定了党团活动要求，对各类活动方式的内涵和要素做了梳理和必要规范，为各类主题活动的设计和实施提供了基本的理论框架。如社会服务主题内容可以各不相同（公益劳动、环保志愿者等），但都必须让学生经历发现服务对象及其需要、制订服务活动计划、开展服务行动、反思服务经历、分享活动经验等关键环节，才能收到应有的育人效果。

在活动过程中，教师不能用“上课”的方式去“教”学生，而要成为学生综合实践活动的组织者、参与者、促进者。《指导纲要》还对活动准备、实施、总结三个阶段以及教师如何加强指导给出了具体建议。

研究性学习是新一轮课改所倡导的一种重要学习方式，是综合实践活动课程、学科课程，都要引导学生采取研究性学习方式进行，以强化主动探究意识，培养科学精神。《指导纲要》中所强调的野外考察、社会调查、研学旅行等都是研究性学习的具体形式，其他几种活动方式也都体现了研究性学习的基本精神，如设计制作不是机械地动手操作，而要有创见且提高创意实现能力。

活动主题

向学校推荐活动主题，主要基于以下两个方面的考虑：

一是落实中央有关部门专题教育要求。当前党中央和社会各界十分关注的中华优秀传统文化教育、革命传统教育、国家安全教育、法治教育、环境教育、知识产权保护等都有充分的体现。

二是使综合实践活动课程更好地落地。调查中发现，不少学校感到活动类课程设计难度较大，不知道做什么、怎么做。为此，提供基本活动示例，加强对实施过程的具体指导，让不会做的学着做，让会做的做得更好，使该课程可操作、能落地。

实施要求

综合实践活动课程意义重大，各地和学校要将中小学综合实践活动课程摆在更加突出的位置，切实予以加强。

一是多措并举确保开设到位。各地和学校要对综合实践活动课程常态实施所需要的教师、场地设施、网络资源、经费投入等进行合理规划和统筹安排，为所有中小学开齐、开足综合实践活动课程提供必要条件。要建立健全指导教师考核激励、课程实施过程督查、师生安全保障等机制，确保综合实践活动课程顺利实施。

二是不断提高研修水平。要组织教师认真学习《指导纲要》，结合学生年龄特点和可利用资源，以提升学生综合素质为核心，深入研究具体活动内容和方式等，防止用上课方式“教”学生活动，不断提升课程实施水平。教师培训部门和教研机构要对综合实践活动课程专兼职教师开展全员培训，有针对性地组织相关研讨活动，为教师专业发展提供专业支持。

三是切实加强组织领导。各地要按照《指导纲要》精神，明确综合实践活动课程统筹管理和指导的机构及专业人员，推动建立校际及学校与社会相关部门间的协作机制和资源共享平台，推动实施以学生综合实践活动情况为重要内容的学生综合素质评价，并将其作为招生录取的重要参考。各学校要明确实施机构和人员，强化对综合实践活动课程的精心组织、整体设计和综合实施。

第二章

青少年科技小论文写作指导

2

青少年科技小论文写作指导研究课题实验方案

广东省惠州市第十一小学　任　萍

一、课题的提出

21世纪的经济实力竞争实质是科学技术水平的竞争，在这一时代潮流中，世界各国都在加强科技教育，并把科技教育作为人才培养的重要组成部分。但是目前在我国，学校日常教育偏重于学生对学科知识的掌握，往往忽视了对学生科学素养的培养，而家长也只重视语文、数学、外语的分数，忽视了对其子女的科学素养培养，从而影响了学生学用科学的情趣，使得他们的科学素养水平不够高，导致思维呆滞。

《语文课程标准》强调："作文要运用联想和想象，要写出想象中的事物，要写想象作文。"启发学生想象，可以使学生对原始朦胧观点、设想、方法、理论、假设进行加工改造，突破时空限制，创造崭新形象。同时还强调了综合性学习的重要性，即"用口头或图文等方式表达自己的观察所得、表达自己的见闻和感想，书面与口头结合表达自己的观察所得""跨领域学习目标的综合即拓宽语文学习和运用的领域，注重跨学科的学习和现代科技手段的运用，使学生在不同内容和方法的交叉、渗透、整合中开拓视野，提高学习效率，初步获得现代社会所需要的语文实践能力"。语文课程标准的这一要求，适应了当今时代发展的需要，对推进学校的素质教育有着重要的促进作用。

当前在中小学作文教学中，教师视作文为难事，怕教、不懂教者有之，敷衍塞责者有之，劳而少功者有之；而学生在写作文时也出现了难写、怕写、"千人一面"和"假、大、空"等现象。

因此，为了不断发掘学生的聪明才智、培养实践创新能力、发展个性特长和解决目前作文教学的弊端，本课题是运用现代教育理论和遵循《语文课程标准》的理念探索走出作文教学困境的一种良好途径。

二、课题的界定及理论依据

1. 课题的界定

科技小论文是科技活动的总结，是在科技实践活动的基础上进行分析归纳、演绎推理、类比想象、抽象概括，从而得出具有普遍推广意义的新规律、新理论、新假设等结论。写作科技小论文是进行科学探索、了解和学习科学研究的一般方法，是提高学生科技素质和培养创造型人才的途径。

2. 课题的理论依据

（1）《语文课程标准》所规定的培养目标是：为学生提供广阔的写作空间，减少束缚；珍视个人的独特感受，真情实感。

（2）建构主义理论。知识不是通过传授得到的，而是学习者在一定的情境下借助其教师或学习伙伴等的帮助，利用必要的学习资料，通过意义建构的方式获得的。

（3）认知规律。儿童知觉特性具有“联觉现象”（眼前同时浮现出色、光、形等）的特点。

（4）美国教授霍华德·加德纳的多元智能理论（The Theory of Multiple Intelligences）：智力是在某种社会和文化环境的价值标准下，个体为解决自己遇到的真正难题或生产有效产品所需要的能力。主要指的是视觉——空间智能、言语——语言智能、交流——交际智能和自知——自省智能。

三、课题研究内容及目标

1. 课题研究内容

（1）科技小论文的形式、种类：野外考察型、实验操作型、规划设计型、环境观察型、参观访问型、调查研讨型和栽培饲养型。

（2）各种不同形式的科技小论文的写作要求和指导方法。

（3）如何在科技活动中培养小学生的科学素养，学生如何通过自己的实践进行探究活动以及教师如何指导学生有效进行活动。

2. 课题研究目标

（1）根据小学生的年龄、学识、身心特点和在撰写科技小论文中可能出现的问题进行探讨，寻求正确的指导方法，不断提高小学生科技小论文的撰写能力。

（2）通过开展科技教育活动，培养小学生的科学意识、科学知识、科学思想和创新精神，从而使他们形成“爱科学、学科学、用科学”的意识。

四、实验原则

1. 主体性原则

体现学生主体在前的教学精神，最大限度地释放学生的学习热情。

2. 参与性原则

创造能力、实践能力是在个体的直接参与中不断形成的。

3. 合作性原则

习作的过程不仅体现学生个性的张扬，还体现生生、师生的合作。

4. 广泛性原则

由课堂、校园向家庭、社区、社会延伸，注重与自然、生活、社会的融合。

5. 指导性原则

小学生开展课题研究与学科课堂教学相比有明显的开放性。

6. 过程性原则

儿童具有探究的天性，如好奇、好问、好动等，科学教学就是要借此把儿童引向对科学探究的兴趣与热爱，而不是采用过分复杂的科学研究程序对他们进行学术性的智力游戏训练。

如何确定青少年科技小论文选题

广东省惠州市第十一小学　任　萍

青少年科技小论文的选题是写作的前提条件，是成功的关键因素，掌握选题的方法至关重要。

目前，我国的学校日常教育偏重于学生对学科知识的掌握，往往忽视了对学生科学素养的培养，学生的学习方式大多是“填鸭式”，虽然新课程改革实施了多年，但是或由于班额过大，或由于课堂调控能力不足，或由于场地资源有限等，合作交流讨论的学习方式也只能“昙花一现”、流于形式；而美国的基础教育向来重视学生动手能力的培养，我们恰恰缺的就是这一点。我们的学生考试成绩很好，但动手能力较弱。我们应该在坚持好的做法的同时，注重学生动手能力的培养。动手能力从哪里来？从过程中来，从亲身体验中来，将亲身体验的过程用文字的形式表述出来，科技小论文就是最好的表达方式之一。

我国著名教育家陶行知先生曾说：“人人是创造之人，时时是创造之时。”作为老师，我们要想尽一切办法激发孩子们的想象力，让他们时常闪耀出创新的火花。

因此，为了不断发掘学生的聪明才智、培养学生的实践创新能力、发展学生的个性特长，要不断增强学生在各种场合学语文、用语文的意识，进而逐步解决目前作文教学的弊端。指导学生写科技小论文，就是将探究性学习方式与学生个人兴趣爱好进行有机结合。把实验研究论证结果以论文形式表达出来，构建起了课内外联系、校内外沟通、学科间融合的语文教育体系，为学生拓展了学习空间，增加了学生语文实践的机会，激发了学生的写作热情和创新欲望。

一、界定概念，明确文体

科技小论文即青少年科学论文，是指青少年在参加科技活动、综合实践课等研究性学习过程中产生的具有创新性的作品，是青少年模仿科学家，对身边的某种事物所进行的浅显性研究成果。科技小论文的格式与学术论文的格式基本相同，其特点均具有一定的创新性、科学性和实用性，不同的仅仅是学术水平程度。因此，科技小论文不能有科学错误。

科技小论文是一种特定格式的应用文，不是科普文章，也不是普通的有关科技的作文，更不是小学语文教科书中的说明文、科学小品文等。它与一般的中小学作文不同，文中一般不用成语、少用形容词，需要用最朴素的语言进行描述，调查结果最好用图表形式表示，还要提出自己的新见解、新建议。

在某种程度上说，青少年科技小论文是学生写作能力的一个综合运用，又要有科学家观察、探究事物的方法和表达方式。

也许有人会心存疑虑：这也太难了吧？不过，在了解了特点、掌握了方法之后，学生会认为写科技小论文也是一件很有意思的事情。首先，它不是强迫学生被动接受的任务，它结合了学生的兴趣爱好，可以激发他们积极主动探究的热情。其次，写科技小论文是一种适合孩子身心发育特点、学习特点的学习方式的变革：青少年学生大多活泼好动、精力旺盛、喜欢探究，通过在生活中开展体验活动，引导他们将体验研究和写作乐趣紧密结合，才能真正做到“亲身经历，真情实感”“我手写我心”“我口写我心”，最终消除写作不良心理，走出写作困境。而且在活动过程中，学生对科学的兴趣日益提高，科学的方法、态度、素养也得到一定的培养和激发，这真是“一石数鸟”啊！

二、了解特点，掌握要求

科技小论文按学科分类，包括自然科学和部分社会科学的学科内容，分别是数学、物理学、化学、微生物学、环境科学、生物化学、医药与健康学、工程学、计算机科学、动物学、植物学、地球与空间科学、社会科学。由此可见，科技小论文的写作范围非常广，涉及学生课内外知识的面也很广。从某种程度来说，只要学生感兴趣，生活和学习中的任何一件事情、任何一个感受点、任何一个疑问、任何一个新的发现等都可以成为写作素材。学生可以根据自己的所学知识和兴趣爱好，结合本地的工农业生产和生活实际，写发现的新问题、新的科学见解、新的研究价值、新的推广应用价值等。优秀选题的特点和要求有以下三点：

1. 选题具有一定的科学性

有一定理论依据，符合事物发展的基本规律。

2. 选题具有一定的创新性

其创新性主要包括以下三点：理论观点上的创新、方法技巧上的创新、应用上的创新。

3. 选题具有一定的可行性

其可行性主要表现为：①尽可能涉及范围小。②任务单纯。③目标集中。④容易展开。⑤容易出成果。

此外，可行性还表现为选题一定要切合实际。题目太大，似乎很有雄心壮志，实际上自己也不清楚怎么做和做什么；题目太小，像是回答一道练习题，缺乏研究的价值。

三、掌握方法，确定选题

（一）多渠道大胆质疑法

“生活处处留心皆学问。”是的，我们身边充满了科学知识，只要我们拥有善于发现的眼睛，生活就是我们研究的大百科全书。我们通过旁征博引、举伟人事、引身边例，教育孩子们细心留意每天的生活，善于捕捉生活中的疑点。“学贵有疑”“小疑则小进，大疑则大进”，在学习生活中，我们随时把学生提出的疑问公布在“生活学问窗”中，鼓励大家寻证引据来解答，激励大家成为生活中的有心人。

1. 问题来自好奇

如树干为什么是圆的？榕树为什么长成如此形态？为什么有的鸭子生出来的是白蛋，有的鸭子生出来的却是绿蛋？为什么有的鸭子能生双黄蛋？为什么人体的心脏能搏动，肝脏能造血，肠胃能消化食物、吸收营养？

2. 问题来自遇到的异常现象与困惑

如河水中为什么水藻密布？街道、操场等地大雨后为什么积水？为什么彩虹总是弧形的而不是圆形的？为什么地上的雾一会儿就散了，而天上的云总不容易散?

3. 问题来自日常生活

如墙壁为什么会脱落?毛豆腐是如何制作的?茶渣如何回收和再利用?龙门牙签是如何生产的?有哪些生产上的问题,如何解决?

学生在日常生活方面的小论文有:《豆类家族的使用情况调查》《毛绒玩具的隐忧》《来自教室的不安全因素》《手机细菌情况调查》《城市光污染的危害》《对文具上细菌的调查》《来自教室的噪声污染》《条形码在生活中的使用情况调查》《奶油对青少年身体的危害》等。

4. 问题来自学科知识

学生在学科知识方面的小论文有:《创意纸巾包装设计》《巧手布艺,美化家居》《桌牌游戏的家族》《弯曲在生活中的运用调查》《新型筷子》等。例如,在学习了人民教育出版社五年级上册《新型玻璃》一文后,学生们在老师的启发和追问下,智慧的火花不断闪现,有的学生想发明音乐玻璃、除尘玻璃、变色玻璃、调温玻璃、风景画玻璃;有的学生想发明电子课本、电子作业本和电子书包,他们甚至想发明作业批改机器,帮助老师减轻工作负担;有的学生想发明一种吸管筷子、吸管勺子,既方便吃饭、夹菜,又方便喝汤……

5. 问题来自实践活动

《让阳光体育走进我们的生活》《校园植物知多少》《社区植物分布情况调查》《街头灰色广告对青少年身心的影响》《酷玩夹子》《我的课间玩什么》《谁拿走了我的课间游戏》等文章都来自学生的学习生活。新课程改革后,综合实践课作为一门新的课程纳入中小学生的日常学习中。它是集语文、历史、地理、生物、生活、科技于一体的综合性学科,非常适合让学生进行探究性学习。例如,五年级“综合实践”下册有一个单元的学习内容是“中国的桥梁”,在学习完本单元后,师生结合惠州的城市建设情况,又不断拓展延伸,讨论出了新的研究、活动话题:①惠州桥梁的历史与现状;②惠州桥梁的分布情况;③惠州桥梁的种类;④惠州桥梁建设与居民生活情况的关系调查;⑤惠州桥梁建设与城市经济发展情况的关系调查……

6. 问题来自社会热点、冷点、焦点、难点

学生在此方面的小论文有:《东江麒麟文化的现状》《惠州龙门农民画的价值》《夹竹桃的景观作用调查》《谁为我的近视负责》《我的校服何去何

从》《节日礼品包装的回收再利用》等。

（二）多种形式的读书活动法

1. 确定小论文选题，搜索科学信息

可以通过开展各种形式的读书活动，让学生积累科技知识，引导学生学会用科学的眼光观察生活，用科学的思想解释生活。学生在生活中发现了众多的科学问题，怎么办？“授之以鱼，不如授之以渔。”因此，我们首先以各种形式向学生推荐书目，让他们带着捕捉到的科学信息在书海中拾贝，在网页上搜索。在知识的海洋中，他们或者能直接找到满意的解答；或者能寻到解题的思维方法；或者能举一反三、触类旁通。此时教师再启发学生进行分析和综合，鼓励学生在开展具体的科技活动中发现问题，引导学生从多种角度去分析现象产生的原因，再思考解决问题的各种方案，通过筛选、提炼，最终确定论文题目，如“沉重的学费——课外补习班情况调查”“漫画书对青少年身心健康的影响”“教材的回收再利用”等。

2. 不断拓宽学习渠道，加强对信息的搜集和处理能力

新课标要求广大教育工作者注重开发和利用资源，不要将目光锁定在一本教材或几本参考书上，要超越狭隘的教育内容，让师生的生活和经验进入教学过程，让教学“活”起来。只要教师处处留心，就会欣喜地发现课程资源无处不在，层出不穷。我们要提高敏感度，善于捕捉国内外的科技信息；要增强资源观，注意挖掘本地的科技资源，灵活地加以利用，甚至开发校本课程，建立资源库；同时还应重视培养学生对信息搜集的敏锐性，要教会学生如何利用信息；通过种种手段搜集各种科技前沿信息，对这些信息进行分析、处理、综合。如《电脑键盘细菌的调查》《电脑辐射的危害》《我的古典文化漫画系列丛书设计》等就是学生在这方面的小论文。

学校的图书室、校园网均是资源建设的主要阵地。各学校应在图书的购买中保障或增加科普书籍的比例，在校园网的建设中，注意科技资源的含量，使其在科技教育中发挥重要作用。如我校在上级部门的大力支持下，按照科普类图书比例要大于30%的要求，添置了11 000册图书，建设了图书阅览室、电子阅览室，新建了一个标准的实验室，为学生提供了更为丰富的科技学习资源，拓展了科技实践的空间，并且鼓励学生快速浏览信息，从各种纷繁零碎的信息中，迅速而准确地找到有用的科技信息，这样，学生写出来的论文才有一定的深度与新意。例如，在指导学生完成科技小论文“让自行车走进我们的生活”时，我对学生能确定此选题给予高度肯定。目前在中国，汽车已成为大中城市的新宠儿，家庭人均拥有私家车数量已呈逐年上升趋势，这从一个侧面充分说明了改革开放后，居民生活水平不断提高，国家综合实力不断增强……但不可否认，私家车数量的逐年递增带来了一系列弊病：城市交通日益拥堵，汽车尾气的排放致使空气质量下降，交通事故频频发生……小学生能够“慧眼识英雄”确定此选题，实属难能可贵。可是，小论文该从哪些方面入手才能写得有理有据呢？于是，我鼓励孩子多方面去搜集信息：①自行车的历史、种类和价格等；②目前各个国家自行车的使用现状；③自行车对人体有何益处？④通过调查、走访、设计问卷等方式了解周围人使用自行车的情况；⑤常用交通工具的使用情况调查表（对比价格、速度、污染指数、使用期限等）；⑥未来自行车的发展趋势（外观、速度、价格等）……经过不懈的努力，这篇小论文在惠州市第三届“美境”活动方案大赛中获得二等奖，并收录在《2007～2008年优秀方案实施汇编》一书中。

3. 大力发展校园文化，寓科普宣传于各项文体活动之中

我校每年都举办校园文化科技艺术节，艺术节的活动内容丰富多彩，有演讲比赛、才艺表演、版面展览、朗诵合唱等，在各项比赛中，科普小故事、诗朗诵、科技小知识穿插其间。另外，利用周一的国旗下讲话、早晨的晨会、每周的班队课、每年的科技活动周，以及“世界地球日”“世界环境日”“电信日”“人口日”“戒烟日”“诺贝尔科学奖公布日”“艾滋病日”等纪念日的契机，都可以开展主题科普宣传活动。

我们还结合科技发展的新形势、新变化、新需要，举办多样的科普专题活动，如中国航天图片展、读科普书、征文、科普知识竞赛等，进行科普宣传。学生通过亲身体验，可以感受到科技的魅力和神奇，这能激发他们探索科学奥秘的兴趣。

（三）多途径科学实践法

科学实践是新的发现、新的观点、新的设想产生的基础，论文写作必须建立在科学实践的基础上。《语文课程标准》强调要重视培养学生的探究精神和创新意识，尤其要尊重和保护学生学习的自主性和积极性，鼓励学生运用多种方法，从不同角度进行多样化探究。科学实践形式有科学考察、科学实验、观察记录、选取样本求证等。具体方法有以下两种：

1. 开展趣味科学实验活动，激发兴趣，确定选题

这种形式的活动能引起学生强烈的兴趣，学生的参与面也广，在专业教师的指导下，他们的创新能力和动手能力都能得到提高。如每学期都在五、六年级开展自然实验技能操作比赛，并以学生的操作能力、规范熟练程度、互助协作精神以及最后实验成功率为标准评出名次。实验活动有“高空抛蛋”“水变戏法”“多变夹子”“护蛋行动”等。

2. 成立科技兴趣小组，拓宽选题范围

成立机器人、生物、电子科技创新制作活动小组等，激发学生的想象力，培养学生的动手能力和综合运用知识的能力。在实践活动中，学生从兴趣、探究中碰撞出智慧的火花，选题应运而生，如“回南天对居民生活影响的调查”“水浮莲的危害”“‘美丽’的夹竹桃”“植物的根——煲汤的材料”等。

（四）多角度创意思维法

1. 奇思妙想法

《语文课程标准》明确指出：“要激发学生展开想象和幻想，鼓励学生写想象中的事物。”启发学生想象，可以使学生对原始朦胧观点、设想、方法、理论、假设进行加工改造，突破时空限制，创造崭新形象。青少年的科学想象力极为活跃，不像成人会受到知识体系的束缚，在指导过程中，教师对学生大胆奇特的想象应加以充分肯定和正确引导。在启发科学想象过程中，许多学生的想法令人惊叹不已：有的学生受到鱼的启发，想发明人造鱼鳃，让潜水员潜水时不用背上沉重的氧气瓶；有的学生想利用基因变异让自己也长出一对翅膀，能在天空中自由飞翔；有的学生想发明一种机器，让用过的废纸经过机器的处理变成一张张洁白的纸；有的学生想在路边栽上一棵棵人造吸尘变音树，把路上的灰尘和烟吸过来变成肥料，把车辆的噪声吸过来变成音乐……

2. 头脑风暴法

头脑风暴法是由美国创造学家A. F. 奥斯本于1939年首次提出、1953年正式发表的一种激发性思维的方法，又称为智力激励法或自由思考法（畅谈法、畅谈会、集思法）。它是无限制的自由联想和讨论的代名词，其目的在于产生新观念或激发创新设想，有利于激发热情、竞争意识和个人展示的欲望。

例如，我班学生在学习五年级下册“走进信息世界”这一综合性内容后，对本单元的研究报告《李姓姓氏的历史与演变》很感兴趣，于是老师采用“头脑风暴”式的追问：“你们知道族谱吗？”“你的名字是按照族谱上的字传承的吗？”“你对自己姓氏的喜好程度怎样？发生过哪些难忘的事情？”“你们家族姓氏演变情况是怎样的？”“在你所认识的名人、伟人、科学家中，有和你相同姓氏的人吗？”“你知道我们班级里什么姓氏最多？”“在你生活的城市、小区中，什么姓氏的人最多？说明了什么？”……一石激起千层浪，在老师的启发下，学生立足课本有限的内容，集思广益，纷纷提出可行性的补充意见，并按兴趣分成小组对此加以研究：①李姓家族不同历史时期名人情况调查与分布；②李姓家族在中国各省分布情况与调查；③李姓家族在亚洲的分布情况与调查；④李姓家族的名人典故、谚语、歇后语等。

3. 金字塔结构图法

金字塔结构图法是一种可以让你清醒地思考问题，能够有效地帮助你缩小题目范围的思维方法。例如，关于“植物”的小论文选题，方法如下：在一张纸的中间写上综合性的题目“植物”；在第二行中间写上比综合性题目“植物”范围小的题目“沙漠植物”“雨林植物”；在第三行写上由第二行题目分类出的更小的相关联题目，在“沙漠植物”下面写上“仙人掌”“沙漠中的树木”，在“雨林植物”下面写上“在树上生长的植物”“森林地表植物”。这样，你就可以继续缩小题目，直到得到你想要的一个合适的题目为止。但是要切记：如果题目缩得太小，最后的范围就会过窄！如果出现这种情况，你可以向上寻找一个范围合适的题目，如下图所示：

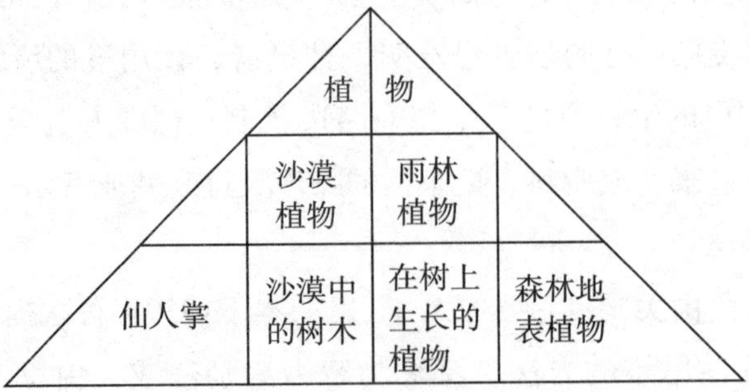

金字塔结构图

从上图第一行可以看出，“植物”是最大的综合性题目，第二行“沙漠植物”“雨林植物”是由最大的题目“植物”分类而来的子题目，第三行中的“仙人掌”“沙漠中的树木”“在树上生长的植物”“森林地表植物”则是由第二行的子题目分化而来的更小一级的子题目……这样既可以不断拓展延伸对综合性大题目思考的广度、深度，又可以向上循环往复找到一个不大不小、自己感兴趣的题目。

4. 靶型结构图法

如果自己想写的构思有两个以上，利用靶型结构图则是一种不错的选择，它能让你的思绪更自由地驰骋，你会逐渐找到最能吸引你的写作方向。以上文中的“植物”为例，方法如下：首先在一张白纸的中间画一个圆圈，围绕圆圈向外延伸画出几个更大的圆圈，这样，这张结构图看上去就像一个设计的靶子。在最里层的圆圈内写上综合性的题目“植物”，然后在外层的圆圈内依次写下范围较小的子题目“沙漠植物”“沙漠树木”“约书亚树、石炭酸灌木、猴面包树”等，如下图所示：

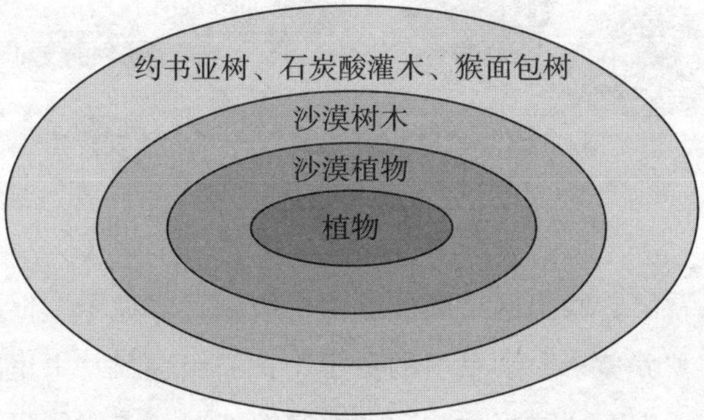

靶型结构图

由此图可以看出，越往外圈走，题目的范围越窄。这样不断地列下去，你或许会加上更多的外围圆圈，直到得到一个范围合适的题目为止。

完成了靶型结构图后，你会发现你的想法并不是从一个方向朝另一个方向扩展的，而是朝着各个方向扩展的——这为你发现兴趣所在的区域提供了有用的线索。但是，这也可能超过了合理的范围，到达了更窄的题目“约书亚树、石炭酸灌木、猴面包树”，这时你必须退回去，以避免题目范围过窄。

5. 联想网络图法

联想网络图是一种直观地将你的想法组织起来的方法，可被看成一个“构思图”。具体步骤是：首先在纸的中间画一个较大的圆圈，然后在圆圈里写上自己最先想到的题目。当其他有关的题目出现在你的脑海中时，把它们写在这个大圆圈周围的小圆圈里面，再用短线将大圆圈和其他小圆圈连接起来。小圆圈里的想法会让你产生更多的想法，你可以把它们写到更小的圆圈里面。最后，你也许会将自己最终的想法写在纸的角落处一个圆圈里，这个想法将会让你成功找到论文的题目。

例如：下面的联想网络图，展示的是一名学生如何缩小“动物”这个宽泛的题目。

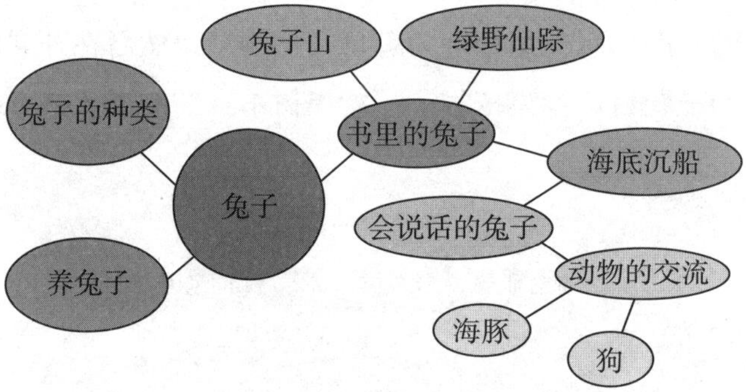

联想网络图

由此图可以看出，联想网络图能够由一级题目“兔子”促成其他二级题目“兔子的种类”“养兔子”“书里的兔子”；二级题目“书里的兔子”促成其他三级题目“兔子山”“绿野仙踪”“海底沉船”；三级题目“海底沉船”促成四级题目“会说话的兔子”；四级题目“会说话的兔子”促成五级题目“动物的交流”；五级题目“动物的交流”促成六级题目“海豚”“狗”，最终可以根据个人的喜好确定题目为“海豚的交流”“狗的交流”。如此逐级递推，可以最终找到小论文的选题。

6. “5W+H”列表法

“5W”指的是“什么（What）”“在哪里（Where）”“什么时候（When）”“为什么（Why）”“谁（Who）”，“H”指的是“怎么样（How）”，通过“5W+H”列表法，可以帮助自己很快找到研究的选题。具体应用见下表：

"5W+H"列表法

什么	在哪里	什么时候	为什么	谁	怎么样
What	Where	When	Why	Who	How
狗是以哪些不同的方式进行交流的			1. 狗为什么吠叫？ 2. 狗为什么咆哮？ 3. 狗为什么会摇尾巴？ 4. 狗为什么舔人的脸		1. 狗怎样利用声音交流？ 2. 狗怎样利用"肢体语言"交流？ 3. 狗怎样利用面部表情交流（微笑、皱眉、撇嘴等）

由上表可以看出，表格中有的内容较多，有的内容出现了空白，这些完全取决于学生课内外知识的广度和深度。例如，关于"狗的交流"这个题目，如果对狗的交流方式比较了解，就可以对"狗的交流"进行相关研究。

7. 表格中奖法

表格中奖法即"功能+名词"，具体方法如下：①可以根据自己对事物的喜爱程度确定一个具体的事物，如"水壶"；②根据相应的功能进行思维拓展，在对比分析后确定自己的选题。具体应用见下表：

水壶的功能

功能名词	恒温	可调	自动	报警	振动	照明	按摩
水壶							

此表格横向所列是事物所具有的功能，纵向是具体的事物。确定选题时要纵向、横向综合起来思考，分析对比，根据个人已有的课内外知识和对事物的喜爱程度，可以很快确定选题的相关联内容，如"水壶具有恒温、可调、自动、报警、振动、照明等功用"，最后可以由此确定一个综合性的选题《水壶的使用及发展前景》。

总之，探究青少年科技小论文写作是一项艰辛而烦琐，却富有意义的工作，也是探索走出作文教学困境的一种良好途径。教师虽然不是科学家，但应该是科学家的引路人。

第三章

获得国家发明专利作品示例

3

有刻度的铅笔

广东省惠州市第十一小学二（4）班　廖英淇
指导老师　任 萍

一、项目的目的、意义、解决的问题

在铅笔杆上刻上刻度，既不影响铅笔原有的书写功能，又不需花费更多材料，解决了人们在工作时或画图、直线、表格时因临时找不到尺子所带来的不便和困扰等，有利于工作和学习。

二、创新点

在铅笔杆上刻上（印刷）刻度，使尺子和铅笔这两种文具的特点、用途巧妙结合，既方便实用，又节约材料。

三、作品的基本科学原理

使书写和测量功能巧妙结合，既符合一定的科学性，又有极大的实用性和推广性。

四、发明过程（图、表等）

1. 我在写作业时，经常要画直线、图形，有时候忘记带尺子了，就临时拿铅笔当尺子用。

2. 有一天，我看了《发明发现》这本书，知道了铅笔的历史、发明情况，尤其是现在用的带橡皮头的铅笔，一开始并不是这样的，也是因为发明者在使用铅笔时经常找不到橡皮，才产生了想法：为什么不能在铅笔头处安装橡皮呢？看到这里，我就想：为什么不能在铅笔杆上印上刻度呢？如果这样不就可以给大家带来方便了吗？

3. 我先让妈妈给我买来裁缝用的软尺，剪下来一小段后用双面胶粘在铅笔杆上，发现用起来挺方便，又推荐给同学使用，受到好评。于是，我又拿来小刀试着在铅笔杆上刻上刻度……真希望这样的铅笔能早一天生产出来！

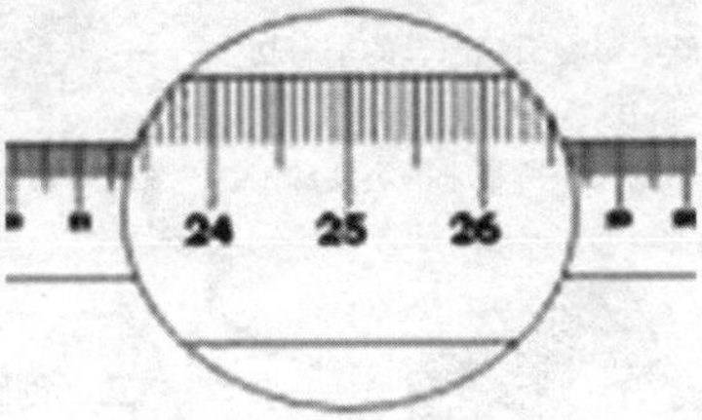

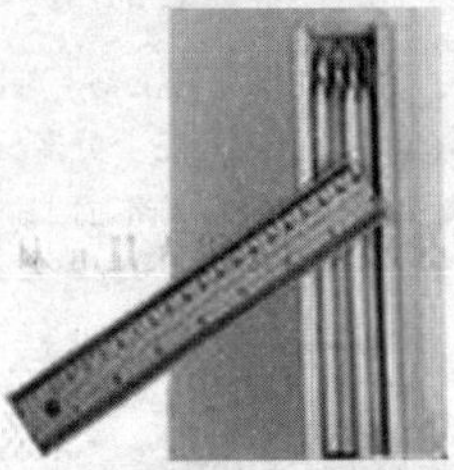

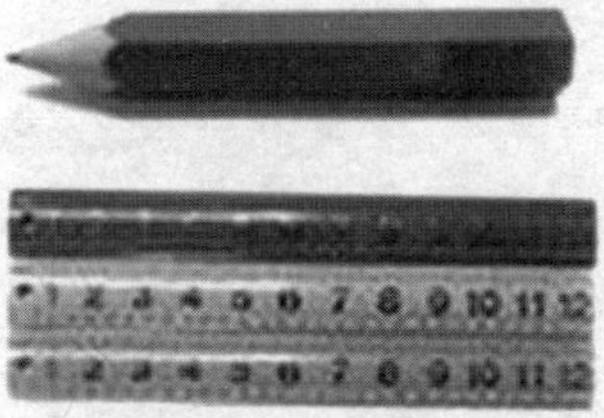

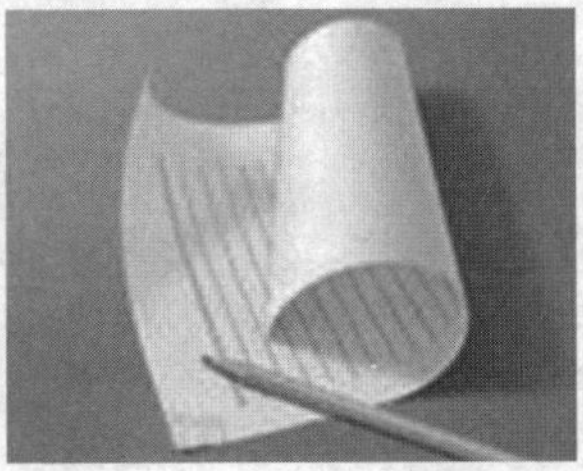

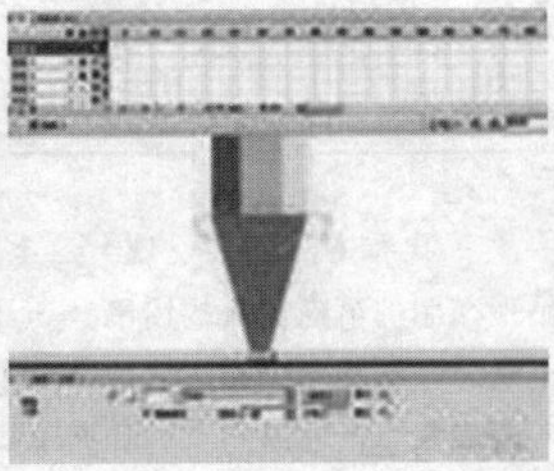

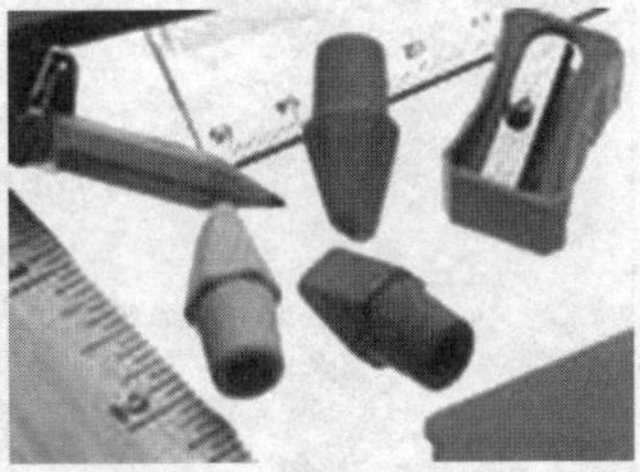

有刻度的铅笔

广东省 惠州市第十一小学 二（4）班 廖英淇 指导老师 任萍

一、项目的目的、意义、解决的问题

在铅笔杆上刻上刻度，既不影响铅笔原有的书写功能，又不需花费更多材料，解决了人们在工作时或画图、直线、表格时因临时找不到尺子所带来的不便和困扰等，有利于工作和学习。

二、创新点

在铅笔杆上刻上（印刷）刻度，使尺子和铅笔这两种文具的特点、用途巧妙结合，既方便实用，又节约材料。

三、作品的基本科学原理

使书写和测量功能巧妙结合，既符合一定的科学性，又有极大的实用性和推广性。

四、发明过程（图、表等）

1. 我在写作业时，经常要画直线、图形，有时候忘记带尺子了，就临时拿铅笔当尺子用。

2. 有一天，我看了《发明发现》这本书，知道了铅笔的历史、发明情况，尤其是现在用的带橡皮头的铅笔，一开始并不是这样的，也是因为发明者在使用铅笔时经常找不到橡皮，才产生了想法：为什么不能在铅笔头处安装橡皮呢？看到这里，我就想：为什么不能在铅笔杆上印上刻度呢？如果这样不是就可以给大家带来方便了吗？

3. 我先让妈妈给我买来裁缝用的软尺，剪下来一小段后用双面胶粘在铅笔杆上，发现用起来挺方便，又推荐给同学使用，受到好评。于是，我又拿来小刀试着在铅笔杆上刻上刻度……真希望这样的铅笔能早一天生产出来！

多功能电脑手套

广东省惠州市第一中学初一（9）班　廖英淇
辅导老师　严煜清

手套在人们的生活中具有重要的作用，它的使用范围很广。随着人们生活水平的提高，手套的种类、材料及样式越来越多。我发明的多功能电脑手套主要应用于电脑操作人员，主要情况如下：

一、项目摘要

1. 防菌。电脑键盘上面有许多细菌，大多数人并没有定期给键盘消毒杀菌的习惯，每天工作时若不注意，手指很容易感染细菌。

2. 防止干燥。夏天大多数人都喜欢开空调，房间里面非常干燥，人体裸露出来的皮肤长期暴露在空调房，容易散失水分，皮肤会更加干燥。如果戴上多功能电脑手套，这一难题就可以迎刃而解了。

3. 保暖。寒冷的冬天，人们不愿意动手多做事，手指变得更加僵硬，可是有些工作必须借助电脑才能完成，我发明的这一款多功能电脑手套就可以起到保暖的作用，解决了人们的烦恼。

4. 键盘功能更明显。人们敲击键盘时，每一个手指都点击对应的键盘区域，但是键盘上的数字、字母都在手指的下方，不方便查看。我发明的这款手套，将键盘上主要的数字、字母标示于手套的指套上面，这样便于操作，工作效率更高。

5. 按摩功能。在手套的指套下面，均有突起的小圆点，可增加电子红外线，起到按摩的作用，防止手指过度疲劳，减缓工作压力。

二、项目研究背景

1. 我经常看到妈妈做家务时戴着手套；出去就餐吃到大块的酱骨架时，服务员还会给每人一双一次性手套；冬天回外婆家打雪仗，团雪球时也要戴手套……在生活中，手套的作用真大啊！

2. 有一年暑假，妈妈的右手因为操作电脑太频繁，手腕处长了一个很大的囊肿，医生说挺严重的，给生活带来了诸多不便……我想：如果能给像妈妈这样经常接触电脑的人发明一种按摩手腕的手套该多好啊！后来又因为天冷，很多同学都买了暖手宝，我想：我的电子按摩手套如果再增加一个保暖功能，那岂不是一年四季皆可使用了吗？

3. 有一次，和妈妈的朋友外出，看到阿姨开车时还要戴手套，我好奇地问妈妈："这么热的天，阿姨还戴手套，难道不热吗？""不热，夏天戴手套，可以防晒啊！"……

4. 夏天，妈妈在办公室工作的时间一长，就会给手上涂抹一些润手霜。"咦，这不是挺奇怪的吗？冬天涂润手霜是为了防止皲裂、润肤，怎么夏天也要用呢？""孩子，夏天长时间在空调房工作，房间的水分被空调抽干了，皮肤会特别干燥，裸露在外面的皮肤更容易干燥了……"听妈妈这么一说，我似乎明白了一些。"啊！要是我的多功能电子手套在夏天也能派上用场就好了！"于是，说干就干，我在老师的帮助下，买来了许多材料：各种手套、剪刀、针线、暖手宝等，没过多久，我的多功能电脑手套就做好了，我高兴极了。

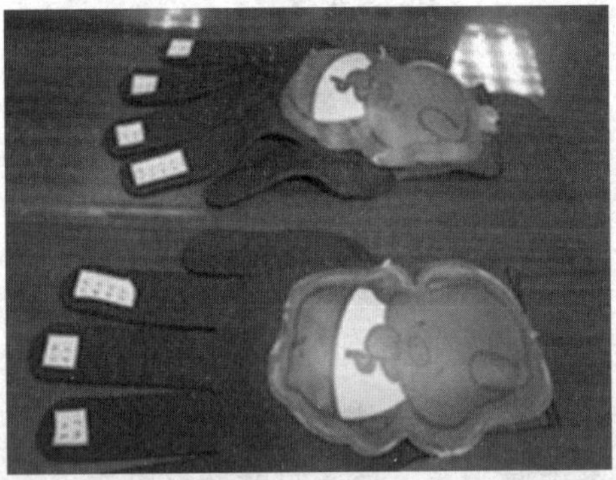

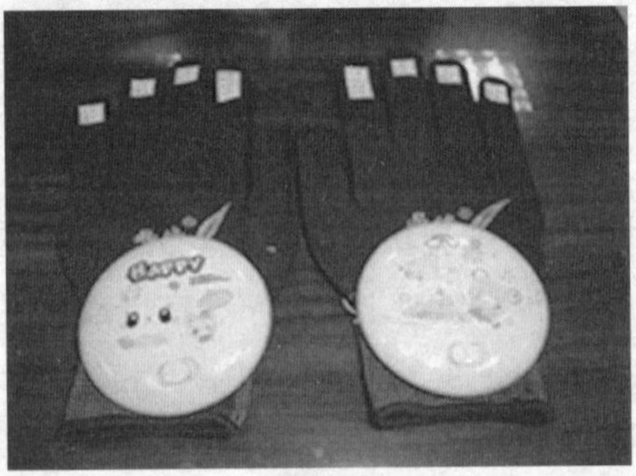

三、创新点

增加手套在生活中的多种功能，集防菌、保暖、防干燥、电动和按摩等功能于一体，方便实用，增添生活的情趣，有很高的实用价值和推广价值。

四、研究过程和方法

1. 了解手套在生活中的广泛应用以及材质、分类。
2. 对比各种手套的不同之处。
3. 动手实验，制作产品。

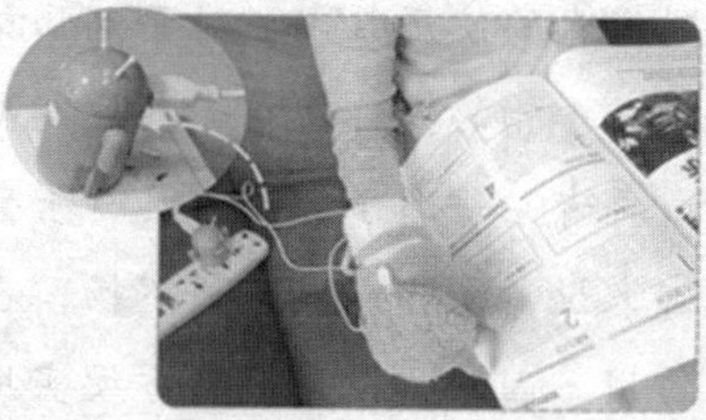

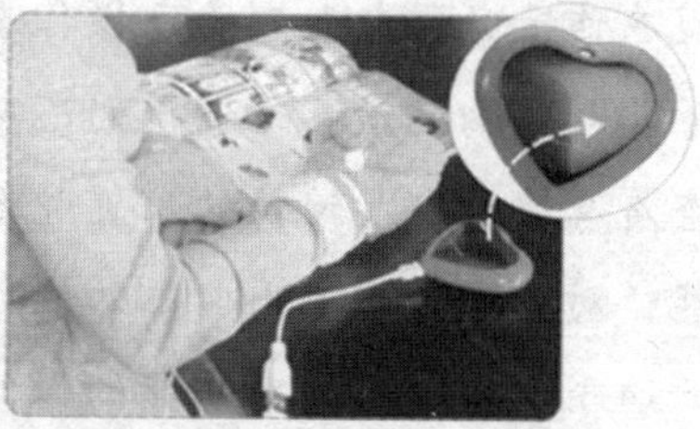

五、基本科学原理

采用“加一加、变一变”等科学方法，科学灵活地将手套的多种功能（如保暖、保温、充电、防菌、护养）组合于一体。功能更加突出，实用性更强，既改变了手套单一的功能，又能够美化生活，有较强的实用性，值得大力推广。

附：

权利要求书

1. 一种多功能电脑手套，是由手套本体（1）及指套（2）形成的一整体结构，其特征在于：所述各指套上设有用于体现键位排列位置的标识层（3），指套内壁设有多个凸点（4），凸点内设置具有磁疗作用的磁性物质（5）。

2. 权利要求1所述的多功能电脑手套，其特征在于：所述凸点为软质凸点结构，其内部设有中空状的囊腔结构（6），磁性物质设置于凸点囊腔结构内。

3. 权利要求2所述的多功能电脑手套，其特征在于：所述的磁性物质为磁粉，磁粉体积的总和等于囊腔结构体积的二分之一。

说明书

一种多功能电脑手套

技术领域：

本实用新型涉及手套制造技术领域，具体来说是一种多功能电脑手套的技术改进。

背景技术：

手套是人们日常生活中常使用到的用具，因其应用范围广而深受消费者欢迎。对于电脑操作者来说，寒冷中在键盘上长时间打字容易出现指关节僵硬，甚至出现冻伤情况，大大影响了操作者对键盘的使用效率。对于电脑初学者来说，由于其对电脑键盘各键位排列不熟悉，手指的操作经常会挡住键盘键位，不方便查看及理解键盘键位的位置关系。再者，普通手套仅仅具有手套的基本保暖功能，对于寒冷中使用电脑的操作者来说，手指血液流通不畅，容易出现僵硬，普通手套难以起到对手指的保健作用。因而，设计一种方便实用、可以直观地在手套指套上表示键位排列位置关系且对手指具有保健功能的电脑手套是本实用新型构思所在。

附图说明

说明书附图中图1为本实用新型结构示意图。

说明书附图中图2为a—a部剖面结构示意图。

具体实施方式

下面将结合说明书附图来对本实用新型做进一步描述。

如附图1及附图2所示，本实施例公开了一种多功能电脑手套，该多功能电脑手套包括由手套本体（1）及指套（2）形成的一整体结构，所述各指套上设有用于体现键位排列位置的标识层（3），指套内壁设有多个凸点（4），凸点内设置具有磁疗作用的磁性物质（5）。

所述的凸点是采用橡胶或软胶类材料制成的软质凸点结构，其内部设有中空状的囊腔结构（6），磁性物质设置于凸点囊腔结构内，所述的磁性物质为磁粉，磁粉体积的总和等于囊腔结构体积的二分之一。由于选择了均匀、无烧结块体和结晶完整的磁粉颗粒，它的磁性特性稳定，不受时间、温度、湿度和压力的影响。囊腔结构内的磁粉可以在囊腔结构内变换位置，产生不同的磁场感应，影响人体电流分布、荷电微粒的运动、膜系统的通透性和生物高分子的磁矩取向等，使组织细胞的生理、生化过程改变，产生镇痛、消肿、促进血液及淋巴循环等作用，从而达到对手指的最佳磁疗保健作用。

当然，磁粉亦可填满整个囊腔结构，使各凸点之间形成固定的磁场感应。或者，凸点囊腔结构内可以置放金属锗，利用锗离子的阴离子效应，维持手指皮肤电位正常，抑制癌细胞及病毒增殖，对手指有较好的保健作用。

本实用新型所述各指套上设有用于体现键位排列位置的标识层，使电脑初学者非常容易记忆键盘的键位位置关系，且指套内壁设有多个凸点，凸点内设置具有磁疗作用的磁性物质。再者，电脑手套的使用避免了电脑操作者感染或传播键盘的细菌，在具有良好的保暖作用的同时又实现了对手指的按摩保健作用，避免手指干裂。它结构简单，构思巧妙，非常方便实用，适合普遍推广使用。

另外，可以在手套里增加电子红外线装置，通过采用电子红外线对手指起到按摩和保健的作用，防止手指过度疲劳，减缓工作压力等，或者可以采用“加一加、变一变”等科学方法来构思变换手套结构功能，科学灵活地将手套的多种功能（如保暖、保温、充电、防菌、护养）组合于一体，功能更加突出，实用性更强，既改变了普通手套单一的功能，又能够美化生活，有较强的实用性。

在本实用新型构思中，电脑手套的用料采用透气性好的材料，如纤维材料或其他透气性好的材料，从而达到舒适、柔性、超薄及透气性好等要求，使之符合人性化设计。

以上所述，仅为本实用新型的较佳实施例而已，并非对本实用新型做任何形式上的限制；凡本行业的普通技术人员均可按说明书附图所示和以上所述而顺畅地使用本实用新型。但是，凡熟悉本专业的技术人员在本实用新型技术方案范围内，利用以上所述的技术内容而做出的些许更动、修饰与演变等，均为本实用新型的等效实施例；同时，凡依据本实用新型的实质技术对以上实施例所做的任何等同变化的更动、修饰与演变等，均仍属于本实用新型技术方案的保护范围之内。

说明书摘要

本实用新型公开了一种多功能电脑手套，包括由手套本体及指套形成的一整体结构，所述各指套上设有用于体现键位排列位置的标识层，指套内壁设有多个凸点，凸点内设置具有磁疗作用的磁性物质，使之产生磁场感应，影响人体电流分布、荷电微粒的运动、膜系统的通透性和生物高分子的磁矩取向等，达到对手指的最佳磁疗保健作用。再者，电脑手套的使用避免了电脑操作者感染或传播键盘的细菌，在具有良好保暖作用的同时又实现了对手指的按摩保健作用，避免手指干裂。它结构简单，构思巧妙，非常方便实用，适合普遍推广使用。

说明书附图

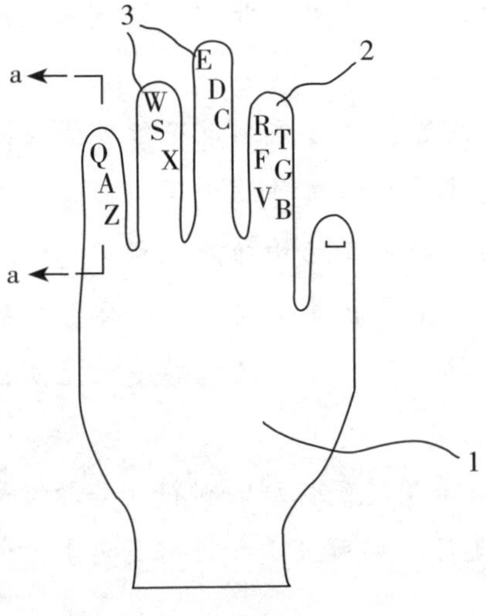

图1

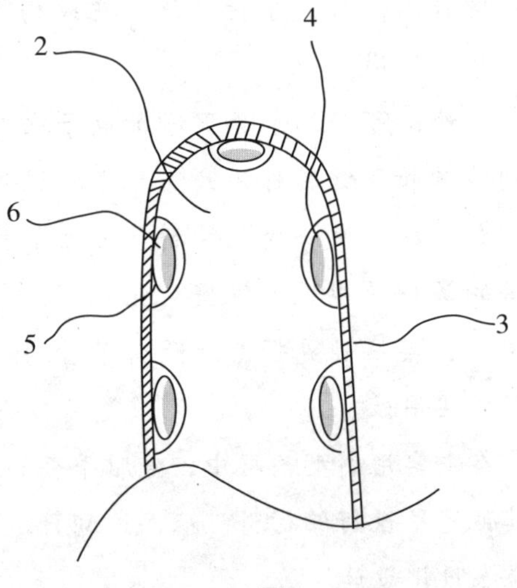

图2

PJHZ132746

中华人民共和国国家知识产权局

518031

广东省深圳市福田区深南中路新城大厦西座 601－605

深圳市千纳专利代理有限公司 唐立平

发文日：

2013 年 09 月 24 日

申请号或专利号：201320588466.9　　　　发文序号：2013092400681420

专利申请受理通知书

根据专利法第 28 条及其实施细则第 38 条、第 39 条的规定，申请人提出的专利申请已由国家知识产权局受理。现将确定的申请号、申请日、申请人和发明创造名称通知如下：

申请号：201320588466.9

申请日：2013 年 09 月 24 日

申请人：廖英淇

发明创造名称：一种多功能电脑手套

经核实，国家知识产权局确认收到文件如下：

实用新型专利请求书 每份页数:3 页 文件份数:1 份

权利要求书 每份页数:1 页 文件份数:1 份 权利要求项数： 3 项

说明书 每份页数:3 页 文件份数:1 份

说明书附图 每份页数:1 页 文件份数:1 份

说明书摘要 每份页数:1 页 文件份数:1 份

摘要附图 每份页数:1 页 文件份数:1 份

专利代理委托书 每份页数:2 页 文件份数:1 份

费用减缓请求书 每份页数:1 页 文件份数:1 份

提示：

1. 申请人收到专利申请受理通知书之后，认为其记载的内容与申请人所提交的相应内容不一致时，可以向国家知识产权局请求更正。

2. 申请人收到专利申请受理通知书之后，再向国家知识产权局办理各种手续时，均应当准确、清晰地写明申请号。

审 查 员：自动受理　　　　审查部门：专利局初审及流程管理部

200101
2010.2

纸件申请，回函请寄：100088 北京市海淀区蓟门桥西土城路 6 号 国家知识产权局受理处收

电子申请，应当通过电子专利申请系统以电子文件形式提交相关文件。除另有规定外，以纸件等其他形式提交的文件视为未提交。

家用菜刀消毒

广东省惠州市第十一小学　任 萍　严伟达

一、活动方案的背景——家庭使用情况

菜刀是我们每个家庭必备的厨房用具之一，一把好的菜刀，不仅能够提高切菜的质量，省下不少工夫，而且还可以给我们的生活带来诸多便利，使我们能够充分感受到美食带给我们的享受。

在生活中，大家非常注意选择菜刀。几乎家家户户都有多把菜刀，从规格上看，有大的、小的；从用途上看，有切菜的、砍肉的、削水果的、刮皮的；从材质上看，有铁刀、不锈钢刀、铁夹钢刀、纯钢刀等。其各自的特点是纯钢刀易崩刃、铁刀易卷刃、不锈钢刀磨不快，而铁夹钢刀的质量最好；从刃口上看，菜刀的开刃方式分为机器开刃和手工开刃，所以单就锋利度而言，钢材硬度更高的，刃口度数更小的，刃口部位弧度更柔和而非线性直降的菜刀会更快、更好用。好的菜刀的刃口一定是直平的、无缺口的。手柄的主要材质有木质、工程塑料、钢质等，各有优点。通常来说，冲压成型的菜刀刀柄更好用、更精致。好的菜刀手柄必须具有良好的抗冲击强度和表面硬度，有合适的尺寸和稳定性，还要有一定的耐化学药品性和良好的电气绝缘性；再者，就是握感要好，光滑亮丽不伤手，有防滑设计。

有的家庭会买一整套比较高级的菜刀，既方便使用，摆在厨房又美观大方。目前在家庭菜刀的选择方面，国内外比较知名的品牌有阳江十八子、株洲钻石切削刀、杭州张小泉实业发展有限公司刀具、北京王麻子、德国WMF、三

叉、双立人、日本藤次郎、紫电等。

二、灵感创意来源——家用菜刀使用存在的隐患

1. 我是个厨房达人，非常喜爱购买比较时尚的厨具。一来心情好，烹饪出来的食物也美味；二来厨房干干净净，看着也舒服。

以前家里购买菜刀总是单独买，缺少哪一种就购买哪一种，时间久了，发现整理摆放很不整齐。于是，有一天在电视购物中，我看见一套物美价廉的刀具，电话预订后如期送到家，我心里美滋滋的。可是问题来了：刀架上面没有漏水板，长期积水后容易形成水垢，很不干净！

2. 家庭主妇很喜欢把厨房收拾得干干净净，而且特别注重卫生。一般家庭洗完厨具（碗筷、盘子、勺子、叉子、水果刀）后都会先控水晾干再放进消毒柜进行消毒。有些厨具太大，实在不能放进消毒柜的，如砧板，就放在太阳下晒一晒来消毒。可是，大多数家庭主妇并没有将菜刀放进消毒柜消毒，也很少在阳光下消毒。

3. 日常使用情况：在家居生活中，人们使用完菜刀后常常是用自来水冲一冲就放回刀架上；下次使用时，多用自来水冲一冲，有的可能会用开水烫一下。可是大多时候，人们进到厨房急匆匆地拿起菜刀就切菜，连用自来水冲一下都没有，这样的菜刀干净卫生吗？广东地区气候湿热，容易滋生蚊虫，家里的蟑螂、蚊子会在有食物残留的厨房趁家中悄无声息时四处乱窜，刀架、砧板就是它们常常光顾的地方。等到人们下班回家煮饭时，怎么会知道这把刀有蟑螂爬过的痕迹呢？倘若不知就里，用自来水随便冲一冲，这样的菜刀干净卫生吗？肉眼看不到的细菌还不知道有多少呢！长此以往，家里的一日三餐能让人放心食用吗？这样的菜刀是家庭消毒的盲点啊！你注意到了吗？

4. 家庭菜刀的常见消毒方法：

（1）用钢丝球使劲搓洗。

（2）放在开水里煮，但是操作起来比较麻烦。

（3）在盆里、水槽里放上消毒液、洗洁精，用刷子刷干净。存在的隐患：消毒液未清洗干净，有残留，给身体带来更大危害。

（4）先用细砂子把锈擦掉，然后再打一层油。要注意保养，用沾了油的棉纱擦，能擦掉灰还可以打油，一举两得。

（5）用75%的酒精擦拭。

（6）菜刀生锈后，可以用淘米水浸泡菜刀的金属部分，然后稍稍擦洗即可；也可以用生姜将菜刀擦拭一遍，放在干燥的地方，这样菜刀不容易生锈；还可以用马铃薯片或萝卜片加少许细砂擦洗，刀锈立刻去除；用切开的葱头涂擦也可除锈……但是以上消毒方法均存在一定的局限性：费时、不科学、不彻底、缺少现代智能家居新理念。

5. 电视新闻激发的灵感。《好奇实验室》实测：菜刀不消毒，细菌增百倍。

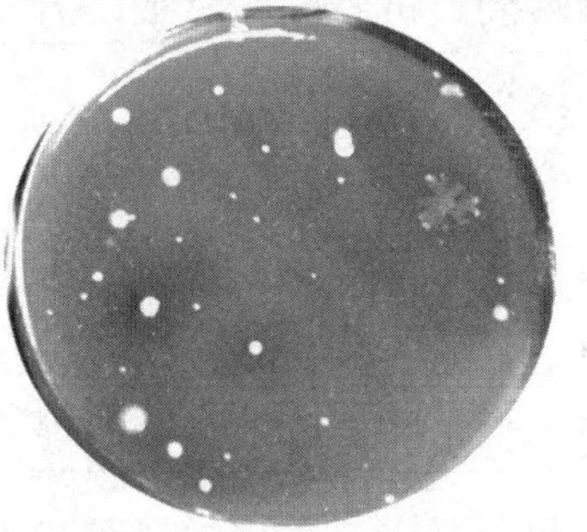

刀具消毒后，有保鲜膜密封西瓜24小时后的细菌数量

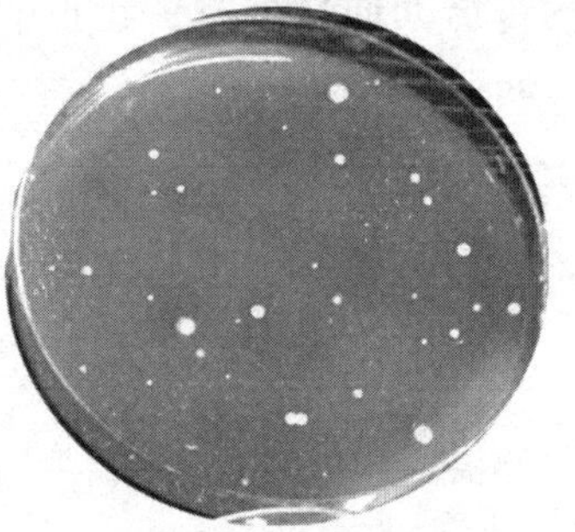

刀具消毒后，无保鲜膜密封西瓜24小时后的细菌数量

刀具未消毒，有保鲜膜密封西瓜24小时后的细菌数量

刀具未消毒，无保鲜膜密封西瓜24小时后的细菌数量

西瓜切开放进冰箱前，用保鲜膜封存是大家的一贯做法。可最近网上有个说法是，封了保鲜膜的西瓜菌落数有1 356个，而没有封保鲜膜的西瓜菌落数仅124个，西瓜放入冰箱，用保鲜膜后细菌反而增多。

有专家解释，因为保鲜膜阻碍了西瓜降温，给细菌繁殖提供了温床。当然，也有专家质疑：保鲜膜很薄，对于热传导的阻碍效果并不明显，但它可以防止食物交叉污染。保鲜膜到底是细菌滋生的帮凶还是保鲜神器呢？口说无凭，实验为证！本期《好奇实验室》实测给你看。

保鲜膜高温生产本身不带菌。有人认为，保鲜膜自身就有细菌，所以用它封存食物，细菌就会增加。《食品包装用聚乙烯成型品卫生标准》中对微生物的指标并没有明确要求。那么，保鲜膜的卫生状况到底如何呢？保鲜膜按材料大致分三种：

（1）聚乙烯（PE）保鲜膜。最初是用作电源绝缘体，耐高温，适用于瓜果蔬菜的保鲜和包装含油脂的食品。

（2）聚偏二氯乙烯（PVDC）保鲜膜。有很好的阻氧性和阻湿性，适用于火腿肠、奶酪等干货的包装。

（3）聚氯乙烯（PVC）保鲜膜。透明性、自黏性、柔韧性更好，不适用于包装含油脂的食品，遇高温容易析出增塑剂等，长期积累会干扰人体的内分泌，造成女性早熟及男性不育等，现在常用来包装超市里的蔬菜。

现在超市里卖的大多是PE保鲜膜。《好奇实验室》随机购买了三种不同品牌的PE保鲜膜——妙洁PE保鲜膜、可爱可PE保鲜膜、新鲜生活PE保鲜膜，并送到浙江省人民医院检验中心微生物实验室做微生物检测。结果，可爱可PE保鲜膜检测出1个菌落，其余两种菌落数都为0。浙江工业大学化材院教授、浙江省塑料改性与加工技术重点实验室主任钟明强表示，保鲜膜中的细菌应该是拆开后贮藏不当而被污染的。

国标《聚乙烯自黏性保鲜膜》中有要求，保鲜膜应贮存在清洁、阴凉、干燥的库房内，不能与有腐蚀性的化学物品和其他有害物质接触等。国际食品包装协会秘书长董金狮建议，拆开的保鲜膜最好在1年内用完。

保鲜膜能阻挡细菌进入。保鲜膜能否阻隔细菌？这是考量保鲜膜安全性的关键。实验道具：一台9成新冰箱。浙江省人民医院检验中心副主任吕火烊表示，细菌可以通过食物、人体和空气等进入冰箱，所以冰箱内是有细菌存在的；而且冰箱内的空气是流通的，细菌分布会很均匀。实验方法：在冰箱里放两块细菌培养皿，一块敞开，另一块用保鲜膜密封住，24小时后，送到37 ℃的恒温箱里培养，最终对比两者的细菌数量。两天之后，结果显示敞开的培养皿上有5个菌落。“微球菌、阴沟肠杆菌、肠球菌都有，这些细菌少量的话不会致病，量多的话会产生一些毒素。”吕火烊医生说。

用保鲜膜密封住的培养皿并未出现细菌。实验表明，保鲜膜对细菌具有阻隔作用。“保鲜膜的原理和口罩是一样的，既要让氧气、二氧化碳能够进出，同时还要过滤掉灰尘、细菌等病毒。”国际食品包装协会秘书长董金狮说。浙江工业大学化材院钟明强教授表示，保鲜膜看似平整，其实上面有很多小孔，小到只有氧气、水分子等能够通过，但比较大的细菌是进不去的。

封上保鲜膜的西瓜细菌增多的原因是菜刀消毒不彻底。既然保鲜膜自身无菌，又能隔离细菌，那么用保鲜膜封存西瓜，真会滋生细菌吗？《好奇实验室》买来一个8斤重的西瓜，用已消毒的菜刀将西瓜对半切开并存放在冰箱里，一半封上保鲜膜，另一半敞开。24小时后，第一次取样做细菌培养；72小时后，第二次取样。结果，菌落数分别是无保鲜膜密封24小时为3 628；有保鲜膜密封72小时为6 143。从时间上看，无论是否用保鲜膜密封，西瓜上的菌落数都有增加，但用保鲜膜密封的西瓜，72小时内细菌增长速度低于没有用保鲜膜密封的西瓜。这样说来，网传“西瓜放冰箱，用保鲜膜后细菌反而增多”的观点有“断章取义”之嫌，可为什么用保鲜膜包裹西瓜，细菌会增多呢？吕火烊医生分析，这和菜刀有关。“虽然消了毒，但不彻底，细菌会被带到西瓜表面；当西瓜包了保鲜膜后，保湿性很好，温度和湿度利于细菌繁殖。”

为了验证吕火烊医生的说法，《好奇实验室》再次进行实验。这一次，菜刀没有经过任何消毒，结果显示，无论是否包裹了保鲜膜，培养皿都长满了细菌，而且比之前消过毒的增加了上百倍。“如果水果、蔬菜已经受到污染，再包保鲜膜可能会加快食品腐烂。”国际食品包装协会秘书长董金狮说，想蔬菜瓜果保鲜，刀具、砧板同样需要清洗干净。

三、制作材料及过程

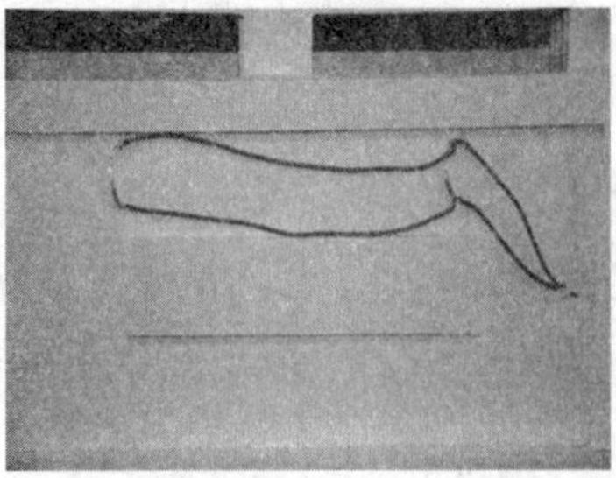

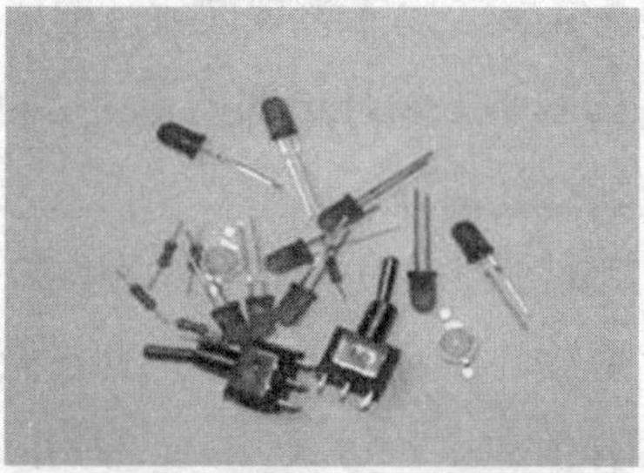
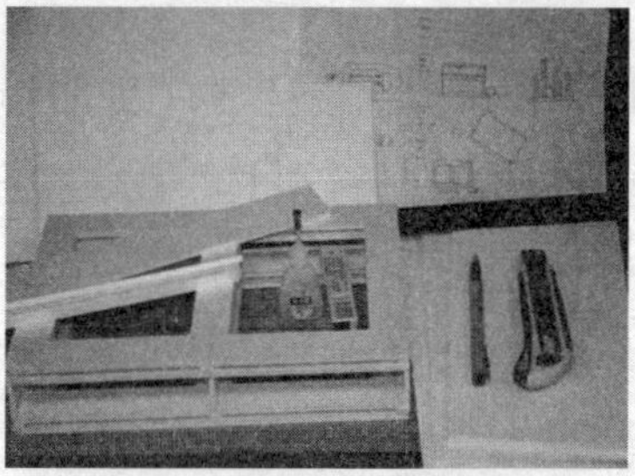

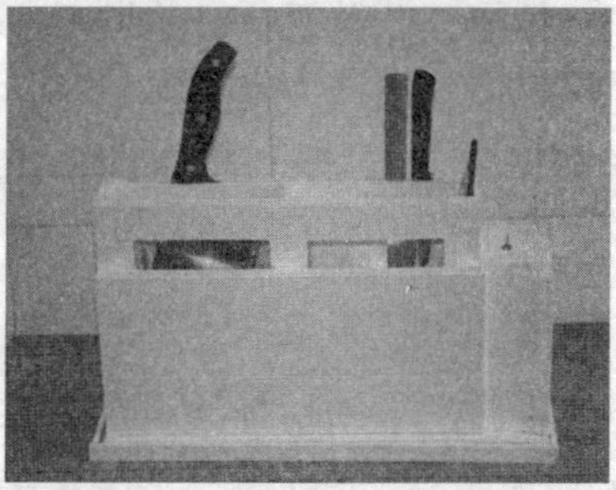
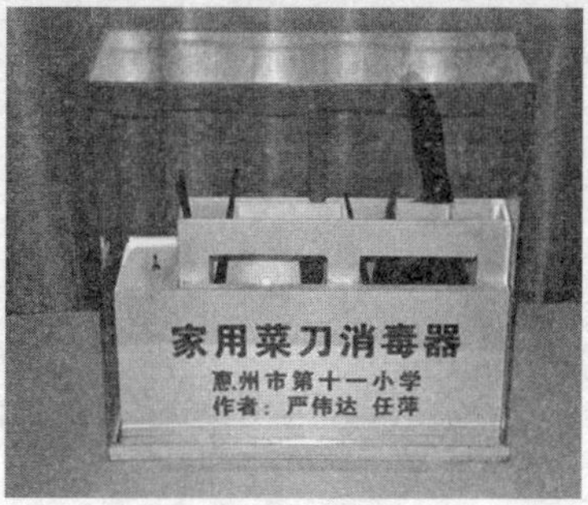

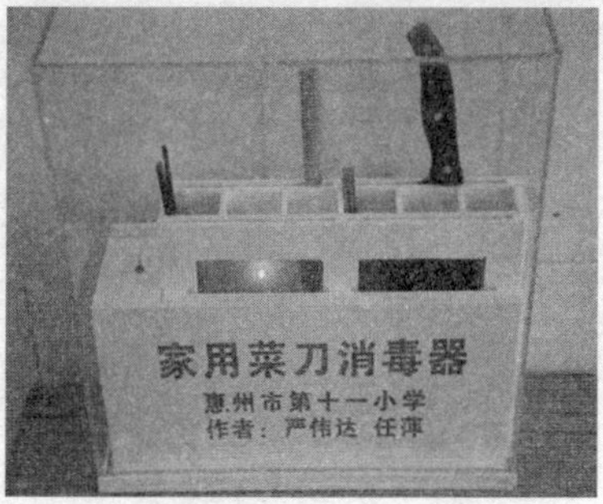

四、活动方案创新点和科学原理

1. 利用市面上常见的消毒碗柜紫外线、臭氧双重杀菌的科学原理，360度无死角杀菌，可有效防止细菌滋生，保障家人健康。

2. 外形美观，易于整理摆放，增加厨房的整洁度。整个结构呈长方体形，在原有刀架的基础上设计透明的罩子，既可以有效防止灰尘的进入，又便于密封进行紫外线抽样消毒。

3. 实用性强。厨房刀具是家家户户每日的必用品，用消毒后的菜刀进行切菜更安全、更放心，可使千家万户真正做到：健康生活从点滴做起。

4. 操作简单。一键式开关，使用方便，操作简单，真正享受“快乐厨房”带来的舌尖上的美味。

5. 设计科学合理。人性化的多分格区域和积水盒的设计具有以下优点：便于收纳，合理利用空间；方便清洗，有效杀菌消毒；防止刀具生锈，延长刀具的使用寿命。

五、活动感受、体会

1. 学会观察，处处留心皆学问。

2. 热爱生活，生活中处处有科学，科学就在身边。

3. 学会思考：有“问题”意识，敢于对生活中不方便、不合理、不科学的事物、物品等进行思考、探究，发明就在眼前，发明就在身边。

4. 广博的知识让想象插上翅膀，让思维更有广度、深度。

5. 坚持不懈的求知精神让自己遨游在更广阔的知识海洋中，乐趣无穷。

6. 静心学习，潜心钻研，学无止境。

7. 养成严谨的治学态度，感受科学无穷的魅力。

奇趣组合——看图说话写话

广东省惠州市第十一小学 任 萍

每一个孩子眼中都有一个全新的世界，每一个宝贝的心里都有许多奇妙的想法。看图说故事，让孩子从描绘喜爱的图画开始，讲述自己眼中的美丽世界，表达心中的真实想法。

追溯历史，人类的所有文明都具有图画叙事的传统，文字也起源于图画，中华民族也一样。从考古发现来看，中国的长江、黄河流域都存有我们祖先留下的图画，如岩画、陶器绘制、壁画等，这些都可以看成中国最早的用图画叙述事件的记录。夏商周青铜器上的图画、秦汉时期的画像石、魏晋南北朝的墓室壁画、五代两宋的卷轴画、明清的木版插画，在一定限度上具有初步的说故事的能力。看图说故事极大地激发了孩子无穷的想象力，甚至可以全面帮助孩子建构精神，培养多元智能。

一、活动方案的背景

1. 儿童语言发展的特点

从三岁到六七岁为幼儿期，这是人生中词汇量增加最快的时期。语言学习是儿童主动建构的过程，是儿童语言个性化的过程，是儿童语言综合化的过程，是儿童语言循序渐进、逐步积累的过程。学前儿童的语言在主动模仿中学习，在言语建构和运用中学习。

看图讲述是一种创造性的讲述活动。幼儿期是学习语言的最佳时期。教师如果能引导幼儿进行正确的讲述活动，对培养他们的创造力、想象力和表达能力都有很大帮助。

2. 国内外专家的相关论述

教育心理学家M. B. 加麦佐在《年龄与教育心理学》一书中说："教育者还要懂得，在每一个年龄期，对于最有效地发展心理的某些方面，都存在最适宜的条件。学龄前期（3～6岁）对发展儿童语言是最有利的，是敏感的年龄期。语言的发展和具有直观效能的思维的发展则是这一年龄期的新构成物。"

我国伟大的文学家鲁迅谈到幼儿学习语言的情况时曾强调："学习语言要经历的阶段是不断地吸取、记住——积累到分析、比较，终于懂得每个词的意义——理解，最后能够说了——运用。"这三个阶段是一个因果键。积累是理解的基础，理解是运用的前提，但无论是理解还是运用都离不开积累。指导儿童积累语言是启蒙教育首要的基础任务。我国当代语言学家吕叔湘先生说："语言教学的根本问题，一是认清教的是什么，二是认清人们学会一种语言的过程。"

3. 看图说话的重要性

看图说话、看图讲故事是提高孩子语言能力最好的教育方法。通过孩子喜欢的图画、图片、连环画，让孩子看图说话，锻炼的不仅是观察能力、想象能力、语言表达能力，更是逻辑思维能力。看图说话极大地激发了孩子想象的空间，为创新思维能力的培养奠定了坚实的基础。

4. 中国小学教育中存在的问题

在城市化进程中各种矛盾日益凸显，城镇小学大多数班级人数超过国家规定的45人一个班，50～60人的班级不在少数；受编制问题、工资待遇、发展前景等因素制约，教师队伍不稳定……成长起来的独生子女一代成为社会的主力军，他们身上"自我、自由、自主"等鲜明的个性特点和时代特点等都打破了对教师这一职业的固化认识，在课堂管理和调控等方面出现较多问题；随着年级的提高，应试教育在师生的学习生活中渗透力愈加明显，"题海战术"成为主要的学习方式……因此，小学的看图说话在方式方法的训练、内容的生动形象、多元评价的可操作性、思维能力的培养等方面都存在诸多问题，效果更加令人担忧。长此以往，学生的想象力得不到应有的激发，创造性思维僵化，甚至渐趋萎缩，学生成了学习考试的机器，在某种程度上变成"产品"……

5.《语文课程标准》的要求

《语文课程标准》（2011年版）对小学低年级学生看图写话的要求是："对写话有兴趣，留心周围事物，写自己想说的话，写想象中的事物。在写话中乐于运用阅读和生活中学到的词语。"

儿童在低年级看图写话的前提条件是：先学会看图"说话"，会"说"的孩子更会"写"；学生有"说"的欲望、兴趣，在"说"之前能认真观察，打开想象的空间和心灵的闸门，而且在"说"之前所选的图画一定要和孩子的生活密切相关，这样才能做到"生活就是语文""语文就在生活之中"。

二、活动灵感创意来源

1. 传统游戏的影响

2005年，笔者曾主持过市级课题"拼图想象作文教学研究"，此课题在立项时曾受中国传统游戏"七巧板"的启发，任意组合变换，结果完全不同。

2. 漫画作文教学创新

在中高年级的漫画作文教学中，有单幅、多幅和连环漫画，尤其是在多幅和连环漫画的写作中，个别学生把图画顺序弄颠倒了，写出来的文章和老师要求不一致，但也有个性，也能自圆其说。笔者于是深思起来，何不"将错就错"？这也是一个新的教学改革之举。

3."桌牌"游戏

学生课间玩"桌牌"游戏时，每人手中都有一沓卡片，可以根据需要自由排列组合，亦如中国的麻将，可以根据需要在不同场合下变换组合，花样多变，层出不穷……如果把看图说话的几张图片顺序打乱，自由排列组合，那岂不是可以写出不同的文章吗？

4. 源于小时候玩的万花筒玩具

万花筒内有一定数量的彩色玻璃片，这些碎片的数量和质量是不变的，但只要转动万花筒，使碎片产生新的组合，就会变幻出无穷的新图案和新花样。其突出特点是：具有很强的创造性、说明性、组合性。

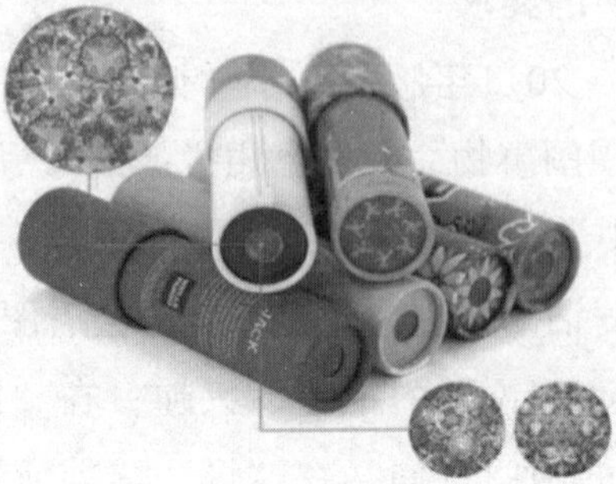

万花筒玩具

5. 便条贴

在工作中，大家有时会用到便条贴，有的便条贴是单张的，有的便条贴是分割成几部分，如果把便条贴的形式变成漫画贴会怎样呢？可以是单张的图片，按照颜色的不同进行归类，这样可以像便条贴的颜色归类一样将几类图片组合成一本连环画，也可以是几张图片组合成一大张。

6. 活页本

在工作中，大家还会用到活页本，它最大的好处是灵活、方便，可以随意增添删减，更可以自由组合。如果采用活页的形式进行单本、组合本（2本、3本、4本）前后、上下自由组合，既方便外出携带，又便于归类学习、整体学习，可以最大限度地激发学生无穷的想象力。

三、活动方案创新点和科学原理

1. 创新点

（1）图画、图片、连环画是孩子语言启蒙和逻辑思维能力训练的良好载体。

（2）开发口头语言，这是初步简单的作文启蒙阶段必经之路。简单有趣的图画、图片让孩子敢说会说，锻炼孩子的口头表达能力，为写作打好基础。

（3）儿童是在活动中长大的，让儿童“动手操作、动手尝试”，亲身体验，产生真情实感，激发了孩子的学习兴趣。

（4）儿童喜欢新奇的、富有挑战性的探索活动。在图片、图画的前后自由重组拼合之下，内容变化多样，形式不断翻新、出其不意，令人感到乐趣无穷。

（5）亲子互动，其乐融融。父母与孩子互动玩耍，在一问一答中加深亲子感情。

（6）促进想象，培养孩子观察、想象、推理、专注、记忆、表达等多种逻辑思维。图图相连，自由排列组合，变幻无穷，乐趣无限，妙趣横生。

2. 基本科学原理

（1）遵循儿童身心成长发育规律和认知发展规律，促使儿童在活动、体验中感知生活、探索世界。

（2）运用脑科学的原理，教儿童学会观察，激发儿童的想象力，不断建立完善的多元智能体系。

（3）充分运用数学学习中的排列、组合、概率的原理进行自由重组。按颜色归类，每一类30张图片，合计120张图片，可以从喜欢的图片、图画中任意抽取1张、2张、3张……30张进行排列组合，不考虑排序，图片变幻无穷，让人感到其乐无穷。

（4）运用建构主义学习原理促使儿童充分发展个性。建构主义主张世界是客观存在的，但是对事物的理解却是由每个人自己决定的。不同的人由于原有经验不同，对同一事物会有不同理解。建构主义学习理论认为："学习是引导学生从原有经验出发，生长（建构）起新的经验。"儿童根据自己的生活经验在一张张图片的排列组合中，构建起独特的个性化的新图片、连环画，不断想象、创造，进而再进行深度的思考以至用口头语言表达出来。

四、制作过程

（1）查找资料，了解连环画的相关资料。

（2）图片制作材料：4种颜色的彩色打印纸、马尾夹、活页本、双面胶等。

（3）图片内容：按照儿童对生活、世界的认知进行图片设计并归类，有喜爱的中外卡通人物、生活场景、生活用品、熟悉的动植物。每一类30张，4类合计120张图片。

（4）图片内容的设计构思目的：逐步培养儿童口头语言表达能力，并为小学低年段的书面语言发展做准备。了解"叙事场景"简单的"六要素"：时间、地点、人物、事件、起因、结果。

（5）将彩色图片裁剪成扑克牌大小并按颜色归类、打孔装订或用夹子夹住；4类彩色图片可以按照顺序，也可打乱顺序用活页圈装订成册，还可一类图片单独拆下，方便随身携带和学习。

五、使用方法

1. 人数不限

一人玩耍、多人玩耍均可。

2. 看图想象

可以对任意一张图片进行想象，也可以2张、3张、30张、60张、90张、120张任意组合后进行想象。1～3岁的孩子可以在家长指导下进行认知想象；3～8岁的孩子可以在家长指导下进行认知想象和口头表达；8～10岁的孩子可以进行想象和记忆。

3. 看图讲述

孩子在家长指导下认真观察画面，知道简单的观察方法和观察顺序。

4. 看图编故事

4岁以上的孩子在家长指导下进行想象并编故事。从单张图片到多张图片，根据孩子认知接受程度逐级进行梯度训练，可以采用“六要素”法或“5W+H”法。

六、有待改进之处

（1）在图片材质的选择上最好用卡纸（扑克牌的材料），卡纸不易折损，方便保管携带。

（2）在图片的画面制作方面，可以从网络上精选图片进行组合。如果有专业美术团队进行统一创作则更好。

（3）在印刷、包装等方面，需要专业生产厂家制作完成。

（4）在此产品的基础上，可以根据儿童的年龄段开发出一系列升级产品，老少皆宜，其乐无穷。

第四章

科技创新大赛教师科教方案获奖作品

4

低碳生活，科学“煮”食

广东省惠州市第十一小学　任　萍

俗话说：民以食为天。饮食文化是中国伟大的非物质文化遗产之一，它不仅让我们中国人吃得津津有味，还登上了大雅之堂。不论大江南北，还是海峡两岸，南到天涯海角，北到漠河龙江，中国人对吃饭极其看重。在中国，光是各种菜系就有十几种，粤菜、湘菜、川菜等菜系更是深受人们的喜爱。但是，随着社会的发展变化，随着西方文化的日益渗透，中国的传统饮食文化如何做到“低碳”和科学化，成为人们迫切关心的话题。

一、活动主题的提出

1. 低碳生活概念

哥本哈根气候变化峰会自2009年12月7日开幕以来，就被冠以“有史以来最重要的会议”“改变地球命运的会议”等各种重量级头衔。这次会议试图建立一个温室气体排放的全球框架，也让很多人对人类当前的生产和生活方式开始了深刻的反思。世界各国就减排问题进行着艰苦的努力，同时低碳这个概念几乎得到广泛认同。

低碳是指较低或更低的温室气体排放。对此，中国环境科学学会秘书长任官平说：“节能就是最大的减碳。”首先，减碳主要落实在生产上，如大力开发水能、核电、风能和太阳能等清洁能源。对我们来说，生活方式描绘了每个人的“碳足迹”。

什么样的人可以算是“低碳族”？低碳的含义是什么呢？简单来说，“低碳”是一种生活习惯，是一种自然而然地节约身边各种资源的习惯，只要你愿意主动去约束自己、改变自己的生活习惯即可。低碳并不意味着就要刻意去节俭，刻意去放弃一些生活的享受，只要你能从生活的点点滴滴做到多节约、不浪费，同样能过上舒适的低碳生活。

简单理解，低碳生活就是返璞归真地去进行人与自然的活动，主要从节电、节气和回收三个环节来改变生活细节。

2. 中国人的烹饪方式

中国饮食文化源远流长，现在普遍承认的有八大菜系，即鲁菜、川菜、粤菜、苏菜、闽菜、浙菜、湘菜、徽菜。我国的菜系，是指在一定区域内，由于气候、地理、历史、物产及饮食风俗的不同，经过漫长历史演变而形成的一整套自成体系的烹饪技艺和风味，并被全国各地所承认的地方菜肴。我国采用的烹饪方式有：煎、炒、烹、炸、煮。

二、活动意义

（1）了解饮食文化的历史、发展情况、菜系和意义，激发对祖国传统文化的热爱。

（2）了解低碳生活的概念，并身体力行践行低碳生活。

（3）对比了解中西方饮食文化的差异，取其精华，让生活更美好。

（4）懂得“科学煮食”的概念，采用更多健康环保的生活方式。

三、活动计划

（1）调查走访左邻右舍，了解普通家庭的烹饪方式。

（2）调查走访家族成员，了解中国烹饪方式的变化。

（3）上网查找资料，了解中西方饮食文化的差异。

（4）品尝各种美味佳肴：家庭烹制、参加美食节等。

（5）生活体验：“今天我来当大厨”。

（6）学生交流合作：“美味菜肴对对碰”。

四、活动形式

活动形式主要采用：调查走访、问卷调查、生活体验等。

五、活动过程

1. 低碳饮食

“低碳饮食”并非指不吃碳水化合物（米饭等主食），而是采用低耗能的烹饪方式。比如，选择节能的炉具、锅具；与其花3个小时煲汤，不如采用真空焖烧锅、压力锅等，因其不仅可以节省时间、节省能源，也可以省钱。

2. 中外饮食差异性的表现

（1）一般而言，吃得重口味的人比世界长寿民族平均少活9年。综合中国国家统计局和日本厚生劳动省发布的数据，2008年，中国人的平均寿命74岁，日本人83岁。其中日本女性人均寿命86岁，连续24年位居世界第一。

世界卫生组织研究发现，个人的健康与寿命，60%取决于生活方式，17%取决于环境因素，15%取决于生物学因素，只有8%取决于医疗卫生。生活方式中，又有30%由饮食决定。

日本人的一个饮食特点是“没滋没味”，他们的烹饪方式主要是生食或蒸煮——这其实是最好的保全食物营养的方式。新鲜的蔬菜只撒少许盐，滴几滴橄榄油，再撒上点芝麻就被端上桌。但这种吃法，对大多数中国人来说，恐怕难以下咽。

“小康饮食调查”显示，在用餐时通常优先考虑的诸要素中，47.8%的人选择了“口味”，比位列第二的“营养”多出16个百分点。各种口味中，喜欢“辣”的人最多，占40.5%；其次是“甜”，占28.4%；然后是“咸”，占17.3%。

营养界有种说法，外国人用“脑”吃饭，中国人用“嘴”吃饭。即外国人根据营养结构决定吃什么、怎么吃，而我们则根据味道决定饮食。中餐的色香味闻名于世，菜品变化多端，但基本上围绕“口味”展开，而很少考虑营养和健康。

“重口味、轻营养”的饮食方式，使越来越多的中国人陷入“生活方式病”：热量过剩、营养不足。国际肥胖病大会宣布，现在世界上胖死的人比饿死的人多。中华预防医学会发布消息说，过去十年，高血压、糖尿病等慢性疾病已经成为我国城乡居民生命安全的主要杀手，其中不少是“吃”出来的。

对于重口味的中国人来说，路边摊虽然不营养更不卫生，但还是充满了诱惑。“小康饮食调查”显示，在10个参访者中，就有1个“经常光顾”路边摊，“有时去吃”的达到59.4%，而“从不去吃”的仅占2.7%。

（2）烧烤的烹饪方式。尽管警示不断——世界卫生组织历时三年的研究结论是，吃烧烤的毒性等同于吸烟的毒性；美国更有一家研究中心精确地算出，吃一个烤鸡腿等同于吸60支烟的毒性，但在“小康饮食调查”中，仍有$\frac{1}{4}$的人表示“爱吃并常吃”这类食物。

（3）中国人爱吃稀罕食物。“小康饮食调查”显示，在过去的12个月，30.5%的人吃过鱼翅、燕窝等名贵食物或穿山甲、娃娃鱼等国家保护动物。

大量研究表明，珍稀食物在营养上并没有特别之处。比如，燕窝的主要成分是风干的金丝燕的唾液，唾液里的主要成分在其他动物的唾液里也可以找到。如鱼翅的主要成分是胶原蛋白质，而且是不完全蛋白质，其营养价值并不高，完全可以用猪蹄、鸡爪、肉皮来替代。而吃非法捕猎的国家保护动物，不但没有证据表明有特别的滋补功效，还可能被传染寄生虫等。

3. 食品选择的低碳建议

食品选择	低碳建议		原因说明
	低碳方式	非低碳方式	
季节	应季	反季	反季节产品会因不是该产品生产的季节而需要更多的资源消耗
产地	当地	外地	选择当地产品可以减少外地产品运送到本地的运输能耗
包装	软包装	硬包装	硬包装中的铝制品在冶炼过程中会耗费大量的煤炭或电能，而软包装的生产和处理过程更节能

4. 低碳的烹调方式——煮、蒸、灼，混合烹调更佳

在生活中，很多人爱吃煎炸食物，在家或外出用膳，“香口”的食物总成为桌上的必选菜式。然而，煎、炸、炆、炖、焗等烹调方式均需不同程度的耗能：煎、炸需要在短时间内消耗大量燃料；炆、炖、焗烹调时间长，令耗能增加。建议多采用蒸或灼的方式，在减少烹调时间的同时，亦可保存更多食物本有的营养，也更健康。最节能的饮食方式当然是选择不用烹调的食材，如水果。烹调方式上选择少费能源的烹调方式，如凉拌、白灼、清蒸、盐水煮等，减少油炸、油煎等，这样不仅节省能源，而且与健康饮食的观点不谋而合。

（1）尽量节约厨房里的能源。食用油加热时间过长会产生致癌物，并造成油烟污染居室环境。减少煎炒烹炸的菜肴，多煮食蔬菜。

（2）不要把饭锅和水壶装得太满，否则煮沸后容易溢出汤水，既浪费能源，又容易扑灭灶火，引发燃气泄漏。

（3）调整火苗的燃烧范围，使其不超过锅底外缘，取得最佳加热效果。如果锅小火大，火苗烧在锅底四周只会白白消耗燃气。

5. 饮食及烹饪方式的低碳建议

饮食选择	低碳建议		原因说明
	低碳方式	非低碳方式	
餐具	可多次使用	一次性	一次性餐具多为木制品或塑料制品。木制品将毁坏更多树木，塑料制品的生产则以石油和化石燃料为原料
剩余	没有剩饭	有剩饭	剩饭将造成资源的浪费
烹饪	余热利用	高峰用电	余热利用：当电饭锅的红灯熄灭、黄灯亮时，表示米饭已经煮熟，可关闭电源开关，利用余热来保温10分钟。同样功率的电饭锅，当电压低于其额定值10%时，则需延长用电时间12%，因此最好避免高峰时使用电饭锅

6. 低碳生活从厨房锅具开始

（1）选择不锈钢锅、焖烧锅和压力锅等。提倡健康饮食、低碳烹饪、智能操作是当今倡导的一种厨房革命。爱护我们的地球、保护我们的生态环境，已让不少家庭主妇从厨房用具开始行动了。

好厨具的标准：锅体主要采用多层不锈钢作为原材料，用这种锅具做菜，只开中小火即可。例如，采用钢铝钢、钢铜银金属组合的锅具，其优点是铝铜的导热要比铁快得多，所以使用起来都极为省火。中餐烹饪讲究的是颠勺，目的是让锅里的食物加热均匀，而用这种钢铝钢、钢铜银多层组合的锅具，由于它的受热均匀，并且密封性很好，就可以免翻炒。在煮海鲜时无须加水，烹饪青菜时也无须加水，在倡导少油、少盐的今天，这种多层组合的锅具不像一般的铁锅那样吃油，而且更加环保。

以往的中餐，讲究的是浓油赤酱，这就导致了多油多盐，因为油多能体现出菜的厚重感，盐多能提高菜的鲜味。这两种元素的增加，就导致了人体其他器官的负担加重，如多油可使人患上心脑血管疾病。不锈钢锅里面含有铝或铜，导热性比较好，可以用中小火进行烹饪，炒菜时放少许油，就可以满足煎、煮、炒、炸、炖、焖、蒸、烤等多种烹饪方式，大大控制了人体在日常饮食中的摄油量。特别是独特的低温免水煮法及层叠煮食法，可以简单便捷地烹饪出各式营养丰富、色香味俱全的菜肴。

（2）不锈钢锅的优点：低温免水、锁住营养、层叠煮食、缤纷佳肴；优异材质、坚固安全、人性设计、精致工艺；节约高效、物超所值、易于收藏、节约空间、低碳环保、开启健康新时尚。

（3）压力锅的好处：用压力锅煮食可节省多达$\frac{2}{3}$的烹调时间，既减少能耗，也可以较多地保存食材的特点。

（4）焖烧锅的好处：具有煲、炖、焖、烧、保温、保冷等多项功能；安全、节能、环保，焖煮过程不冒气、不蒸发，保全食物营养，原汁原味；便于携带；无须守候。

六、活动总结

低碳生活是一种生活习惯，是在生活中节约能源、减少浪费、减少二氧化碳等温室气体排放的习惯。科学煮食是改变中国人体质不良的科学烹饪习惯，让大家吃得更健康、更科学、更有营养、更物美价廉……低碳生活，从我做起，从身边做起，从厨房的革命——科学煮食开始。

七、活动体会

（1）使学生了解了中国传统饮食烹饪文化的相关情况，增加了对祖国文化的热爱之情。

（2）通过对比中西方饮食文化，开阔了视野，拓宽了学生的生活空间。

（3）让学生亲身体验“今天我来当大厨”，感受到烹饪的乐趣、生活的乐趣，激发了对生活的热爱。

（4）让学生懂得了劳动的艰辛，学会了感恩父母。

（5）间学生学会了关注生活、关注环保，明白了“低碳生活，科学煮食”的重要意义。

附：

问卷调查：你是低碳一族吗？

注：括号里的分值。

1. 穿着适合当日天气的衣服，尽量少用空调。是（2）不是（−1）

2. 把旧衣服回收起来，或与体型相仿的朋友交换穿腻了的衣物。是（5）不是（2）

3. 储够一堆衣物才开启洗衣机，这样既省水又省电。是（3）不是（0）

4. 尽量选购本地出产的时令食品，减少不必要的进口运输而浪费能源。是（5）不是（1）

5. 不使用一次性餐具。是（4）不是（−3）

6. 经常采用电炉、微波炉等煮食用具。是（3）不是（−2）

7. 不食用过度包装的食品。是（4）不是（2）

8. 电脑、打印机等电器，一旦不用就及时关掉。是（2）不是（0）

9. 给手机等电子器材充电，一旦充电完成，就拔掉充电插头。是（2）不是（−1）

10. 使用空调时把温度调至25 ℃。是（3）不是（1）

11. 采用或鼓励家人使用节能灯。是（3）不是（0）

12. 减少不必要的冲厕。是（3）不是（1）

13. 购物时，使用可再利用的环保购物袋。是（3）不是（-2）

14. 循环使用纸张。是（2）不是（0）

15. 使用大型公共交通工具，短距离路程则步行或骑自行车。是（3）不是（-3）

16. 鼓励身边的驾车人士选用更省油的汽车，并选用较环保的燃油。是（3）不是（1）

17. 尽量不搭乘飞机。是（4）不是（2）

18. 多用电子邮件、微信等即时通信工具，少用打印机和传真机。是（2）不是（0）

19. 定期清洁炉灶和空调，或更换过滤装置。是（3）不是（2）

20. 使冰箱、冰柜远离炉灶等热源。是（4）不是（2）

21. 定期给冰箱或冰柜除霜。是（2）不是（0）

22. 做饭时尽量盖上锅盖。是（3）不是（-2）

23. 购买饮料时，会选择大瓶装饮料。是（3）不是（1）

24. 尽量购买新鲜的而非冷冻的食品。是（5）不是（3）

25. 定期给车做保养，提高燃油效率，降低尾气的排放量。是（4）不是（2）

评分：

80～64分。恭喜你！低碳生活已经成为你生活的一部分。

63～40分。你已经开始有低碳的意识了，还要多多努力！

40分以下。真抱歉！你完全无法领会低碳生活所带来的乐趣，你可要加油了！

古诗中的妙趣科学

广东省惠州市第十一小学　任　萍

我国古典文化源远流长、博大精深。古诗是我国古典文化宝库中一颗璀璨的明珠，是中国人经典的也是最具中国特色的情感表达方式，它饱含意蕴，饱含中国人的文化、价值与智慧，是中国历史发展中宝贵的精神财富；它培养我们的审美感受和艺术趣味，陶冶我们的生命情操，是中华民族美育和文学教育的经典，也是艺术创作取之不竭的灵感源泉。

但是，当下，我们的中小学教育对古典诗词的重视程度远远不够，出现了学生学习不得其门的窘境。学习古诗的观念要改变，不是要复古，更不是将现代诗歌取而代之，而是要让古诗中蕴含的中华民族千百年来的民族精神得以传承和光大。更重要的是，在学习古诗的过程中要创新学习载体和途径，找到学习古诗和学生生活实际、认知规律、身心发育特点等相结合的最佳契合点。本方案旨在整合古诗教学内容，发现古诗中的科学现象，激发学生的科学兴趣，拓展科学知识，使学生在学习古诗过程中感受奇妙的科学探究的乐趣和魅力。

一、活动主题

1.《语文课程标准》的相关要求

“诵读优秀诗文，注意通过诗文的声调、节奏等体味作品的内容和情感。背诵优秀诗文75篇（段）。”《语文课程标准》对古诗词教学提出了新的要求，教师在教学过程中要善于将传统文化和时代精神糅合起来，形成开放的、创造性的教学思路；要善于调动一切可利用的教学资源，拓展学生的学习空间；要为学生营造思考问题的情境，引导其掌握正确的学习方法。

2. 习近平总书记的讲话

中共中央总书记、国家主席、中央军委主席习近平在去北京师范大学考察时曾经说过："我很不赞成把古代经典诗词和散文从课本中去掉，去'中国化'是很悲哀的。应该把这些经典嵌在学生脑子里，成为中华民族文化的基因。"中国是一个诗歌的国度，先人们给我们留下了大量古典诗词。在今天这个社会变革日新月异、信息爆炸的新媒体时代，古典诗词是否还能活在当下、以什么样的方式活在当下，这是需要我们认真考虑的问题。

3. 古诗是中华民族的财富，是历史的传承

古诗是中国人经典的情感表达方式，也是最具中国特色的情感表达方式。它形式简洁明快，语言含蓄深情，经过几千年的积淀，为中国人所喜闻乐见，是中国人在长期的文学创作实践中提炼出的最具代表性的文学形态；它她内涵丰富，几乎涉及政治、经济、文化、军事、科技等社会生活的所有方面。古典诗词的历史就是中国人的历史。读古典诗词，不仅能读出蕴含其中的情感，更能读出中国人的文化、价值与智慧。

4. 学好古诗词堪比"母乳喂养"

北大中文系教授钱志熙指出，在中国古代文学艺术中，古诗词是发展程度最高的艺术形式之一，是汉语最精致的语言艺术，也是中国传统文化中的瑰宝。学好古诗词，对一个人的思想情操、审美能力、文学兴趣、人文精神的养成等方面都是很重要的。调查显示，72.2%的受访者觉得古诗词让人受益匪浅。学习古诗词是一个熏陶的过程，一个潜移默化的过程，也是一个积累的过程。

腹有诗书气自华，读书万卷始通神。只要我们荡漾在古诗词里，随时都能找到适合我们的现成句子，比如，讲勤俭节约的有"谁知盘中餐，粒粒皆辛苦"；讲励志的有"黑发不知勤学早，白首方悔读书迟"；讲忧国忧民的有"居庙堂之高则忧其民，处江湖之远则忧其君"……无论励志，还是审美，都给我们眼前一亮的感觉。信手拈来岂不快哉?

每个民族都有自己的文化密码，都有自己的言语传统。古诗词是祖国文化的瑰宝，也是和我们的思维习惯、内心传统最为契合的艺术美，它可以使我们固本壮元，为在工作学习中形成健康心灵积累丰厚的底蕴。如果放着这么好的美文不去读，那么这里的"去中国化"，就跟放弃"母乳喂养"相差无几了。

5. 现代生活的诗意

生活处处充满诗意。无论是在微信、微博还是在各大网站上，都可以看到古典诗词已经渗透在我们的社会生活中，成为重要的时尚元素之一。她涵养民族气质，孕育民族品格，培育民族精神，展现民族风貌。所以，我们需要古典诗词，在21世纪的今天，我们更加需要古典诗词古典诗词。

二、活动意义

1. 中国是诗词的国度，在学习古诗过程中可以不断加强对语言的积累，激发学生热爱祖国语言文字的思想感情。

2. 在学习古诗时进行整合教学，挖掘其所蕴含的科学现象、原理、规律，可以激活课堂教学氛围，培育学生的文学情趣，增强其文学修养。

3. 激发学生学科学、爱科学、用科学的兴趣。

4. 解构相关的科学原理，拓展学生的科学知识，陶冶学生情操，培养其科学素养。

5. 创新了古诗学习和科学学习的新途径，加强了对学习资源整合能力的培养和提升。

三、活动计划

1. 准备学习资料：购买《古诗75首》，人手一本；教师准备古诗光盘、录像等资料。

2. 了解古诗的历史和学习古诗的意义。

3. 宣读倡议书并制订活动方案。

4. 营造班级活动氛围——制作墙报。

5. 利用“早读、午读、暮读”时间背诵古诗，每天2～3首。

6. 利用课间、活动课、自习课欣赏古诗，营造良好的学习氛围。

7. 小组合作进行“古诗中的奇妙科学”探究学习并汇报交流。

8. 开展形式多样的古诗竞赛活动：①多种形式的赛诗会，如同桌擂台赛、小组赛、背诗大王等；②诗文图展（诗配画）；③古诗美文名句默写大赛；④创意古诗改写；⑤古诗表演；⑥中华好诗词知识大赛。

9. 教师开发形式多样的多媒体古诗课件、古诗活动课件和教学设计等，激发学生的学习兴趣。

10. 古诗背诵方法大比拼。

11. 古诗中的科学实验。

12. 调查问卷（父母、亲朋好友）。

13. 优秀成果展示：优秀作业、作品集、幻灯片、文艺表演等。

四、活动形式

活动形式主要包括：自主学习、小组合作探究、查阅资料、生活体验等。

五、活动过程

1. 古诗的历史

中国诗歌源远流长，拥有两千多年的历史。早在周代就产生了以四言为主的诗歌体式，留下了最早的一部诗歌总集《诗经》。周代贵族以诗为文化教育的“六艺”之一，春秋时期诸侯国在祭祀、宴飨和朝会时演奏诗乐，贵族交际和使臣应对时也经常用诗来表达，以至孔子发出“不学诗，无以言”的感慨。文学史上第一位伟大作家屈原就是一位诗人，以他的杰作《离骚》为代表的《楚辞》与《诗经》共同构成中国古典诗歌的伟大传统。从汉魏到南北朝，诗歌体式不断完善，艺术表现技巧不断丰富，声律形式不断完备，到唐代终于形成近体诗的完美形式。

唐代留下诗作的2 000多名诗人多数是官员，而文人几乎成了诗人的同义词。只有不能作文的诗人，没有不能作诗的文人。唐代以后，有许多单纯的诗集，却很少有“只有文而没有诗”的文集。既有李白、杜甫、苏轼、陆游这样的伟大诗人，也有只留下片言只句的无名作者，整个社会无不崇拜诗人、喜爱诗歌。许多典故、轶事都表明，中华民族是一个热爱诗歌的民族，中国是一个诗歌的国度。唐代留下的诗歌，经近年学界仔细整理，有4.7万首之多；而不到100年的元朝，编成的《全元诗》竟收录14万首作品；清代诗歌数量更是无法估量，现存1万多名作者的4万多部别集，加上上千种总集，最保守地估计也有几百万首。

2. 学习古诗的意义

古典诗词中蕴含了中华民族千百年来凝聚而成的以爱国主义为核心的团结统一、爱好和平、勤劳勇敢、自强不息的民族精神，这种民族精神又促进了优秀民族文化的不断发展。中华民族精神始终是维系中华各族人民共同生活的精神纽带，是支撑中华民族生存、发展的精神支柱，是中华民族之魂。

3. 古诗词中的妙趣科学探究学习

（1）古诗词学习分类、小组探究内容

走进古诗词植物园、古诗词动物园、色彩古诗王国、声音古诗王国、味道古诗王国、自然现象古诗王国。

（2）各小组古诗词的分类情况

① 古诗词植物园：《咏柳》《晓出净慈寺送林子方》《山行》《墨梅》《四时田园杂兴》《绝句》《江南春》《惠崇春江晚景》《江畔独步寻花》《赋得古原草送别》《晚春》《梅花》《寒食》……

② 古诗词动物园：《蜂》《咏鹅》《渔歌子》《小儿垂钓》《逢雪送芙蓉山主人》《所见》《宿新市徐公店》《无题》《枫桥夜泊》《塞下曲》《绝句二》……

③ 色彩古诗王国：《咏鹅》《相思》《绝句》《忆江南》《暮江吟》《春日》《鹿柴》《游园不值》《乡村四月》《书湖阴先生壁》《望洞庭》……

④ 声音古诗王国：《春晓》《绝句》《江雪》《村居》《渔歌子》《菩萨蛮·夜行黄沙道中》《鸟鸣涧》《独坐敬亭山》《乌衣巷》……

⑤ 味道古诗王国：《咏梅》《悯农》《凉州词》《江上渔者》《渔歌子》……

⑥ 风俗文化古诗王国：《静夜思》《元日》《清明》《九月九日忆山东兄弟》《鹊桥仙》……

⑦ 儿童生活乐趣古诗王国：《小儿垂钓》《所见》《村居》《宿新市徐公店》《舟过安仁》……

⑧美食文化古诗词王国：《渔歌子》《荔枝》《过华清宫》《凉州词》……

⑨ 中国旅游地图古诗王国：《饮湖上初晴后雨》《使至塞上》《忆江南》《凉州词》《山居秋暝》……

⑩ 自然现象古诗王国：《静夜思》《春夜喜雨》《春晓》《六月二十七日望湖楼醉书》《枫桥夜泊》《咏柳》《滁州西涧》《暮江吟》《竹枝词》……

4. 古诗学习中科学知识探究的方法

（1）切入衔接点，激发学生学习情趣。

（2）融入知识点，在交互与渗透中拓宽认知视野。

（3）引入对接点，在梳理与归纳中培养思维能力。

（4）导入生成点，在体验与感悟中激活探究过程。

（5）注入小热点，在生活与实证中拓展探究时空。

（6）嵌入情感点，在整合与默化中提升人文素养。

六、活动体会

1. 学生在积累背诵大量古诗的过程中，弘扬了中国优秀传统文化。背诵古诗使学生能够了解祖国优秀文化，增加自身人文素养，增进对祖国传统文化的热爱之情。

2. 通过对古诗中的妙趣科学的学习，整合了学习资源，拓宽了学习渠道；丰富了课内外知识，充实了学生的精神世界。

3. 激发了学生“学科学、爱科学、用科学”的兴趣，使学生感受到了科学的魅力，享受了快乐，体验了成功，增强了自信。

4. 掌握了背诵古诗的巧妙方法，锻炼并提高学生的记忆力，培养小学生的注意力和记忆力并发展学生的思维能力。学习能力得到极大提高，并带动学生良好学习习惯的养成和自学能力的培养。

5. 通过诵读中华经典，营造和谐的校园文化氛围。

6. 培养小学生的读书兴趣，增加历史、地理、天文、数学、文学、艺术等各方面的基本素养。

植物生长情况探秘

广东省惠州市第十一小学　任 萍

一、活动主题

这学期我校开展了第九届“校园科技艺术节”活动，一系列丰富多彩的活动引领我们走入生活、亲近科学、体验科技，在科技活动中拓展知识。开发潜能和培养创新精神的各类科技实践活动，极大地激发了学生的兴趣，提高了学生的综合实践活动能力。

本学期的语文课本上有《鸟的天堂》《爬山虎的角》《那片绿绿的爬山虎》等描写植物的文章，在学习中学生懂得了部分植物的特点、生长习性等，激发了浓厚的探究兴趣。此外，教材中还要求安排学生进行一定的植物生长情况的观察记录，在老师的要求下，学生们兴趣盎然，受益匪浅。

班级里有许多学生购买了“我的家庭小农场”“我的五谷种植”等实验材料，担任了小小“实验员”“植物学家”等角色。在课余时间，他们经常津津有味地探讨植物生长的相关情况，掀起了爱科学、学科学的浓厚兴趣。

二、活动意义

1. 初步了解植物生长需要的条件及植物生长的简单过程，了解植物与环境的关系及其对人类生存的重要性。

2. 知道保护植物的方法，能逐步养成爱护植物的良好行为习惯。

3. 通过实践活动，走进生活，培养收集和处理信息的能力，增长科普知识，增强社会实践活动能力，培养合作精神。

4. 在活动过程中，学生感受到科学的魅力，享受了快乐，体验了成功，增强了自信心。

5. 学生通过运用观察、对比、分析等思维方法提高了动手操作能力，从而开发了创造潜能，培养了科学素养。

三、活动方案所涉及的对象、人数和需求分析

1. 活动对象及人数：小学4～6年级学生均可，人数不限，以兴趣爱好和自愿为原则。

2. 需求分析：

（1）确定有爱心、肯钻研、知识广博的教师做此次活动的策划者、合作者和指导者。

（2）教师要鼓励学生积极踊跃报名，在报名前要通过张贴海报等方式进行宣传，随后根据学生性格、爱好、知识、能力和水平的差异等分成由4～6人组成的若干兴趣小组。

（3）由学生自我讨论推选出组长并确定好各自的分工及任务等。

（4）争取取得学校、教师、家长的支持。

（5）争取取得科协、卫生局、医院、林业局、环保局等社会相关部门的支持和配合。

四、活动方案主体部分

1. 活动内容

根据分工，学生有目的、有计划地通过收集资料、观察、分析、对比、调查、科学实验、模仿游戏、艺术手工劳作、数学游戏、表演、实地考察、集体活动、烹调等方法了解植物生长需要的条件及植物生长的简单过程，充分认识

到森林是陆地生态系统中的重要组成部分，是有效的“隔音板”，与人类的生活关系极为密切。树木不仅可以减少声波、降低噪声，而且还可以美化、绿化环境。

2. 活动重难点

（1）教师利用活动课等对学生进行必要的科学知识讲授、科技技能操作演示、实验步骤解说等。

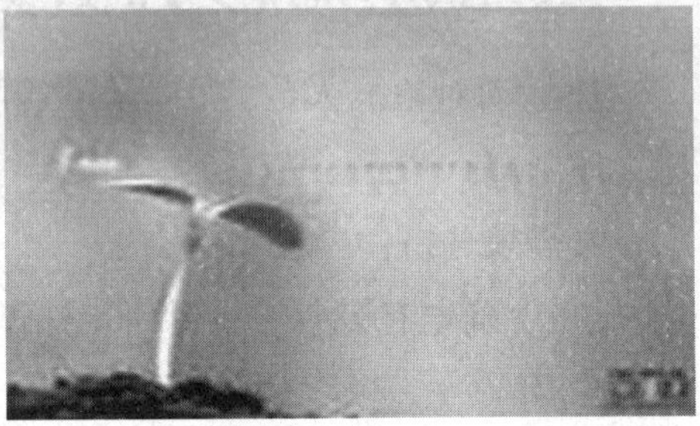

（2）学生在居民小区、花园等实地考察时所需要准备的工具：相机、试管、牙签、塑料吸管、玻璃容器、放大镜、花洒、手套、帽子等。

（3）学生如何根据选题恰当地收集、处理信息。

（4）学生在实地考察时如何对所收集的资料、观察的数据做进一步的分析、对比并得出相应的结论。

（5）学生在教师指导下，能够绘制简单的图表、设计调查问卷、撰写小论文和调查报告等。

（6）学生在教师指导下，能够积极动手实践和大胆探索。

3. 活动过程和步骤

第一阶段——活动准备。

（1）确立活动方案后，师生共同讨论活动内容，写好计划书。

（2）确定活动开始的时间、人员组合及分工（包括指导教师、家长、花工等）。

（3）教师根据学生收集的资料进行手抄报的创作、展板的布置等工作，努力营造浓厚的科学知识氛围。

（4）聘请林业局、环保局相关专业人员进行知识讲座。

（5）教师检查各组学生准备的工作情况，并交代若干注意事项。

第二阶段——调查实践和创作交流。

（1）在小区、花园内漫步、嬉戏，尽可能多地辨别各种植物，并进行相应资料的收集。

（2）熟悉的植物：画一张熟悉的植物地图，可以将采集的植物的一部分作为标本粘贴在地图上。

（3）植树：购买“我的小农场”等动手操作实验材料，亲自种植并进行观察，讨论种子或者花需要得到什么样的照顾。

（4）利用业余时间照顾所种的种子、树、花等。

（5）参观植物园，观察不同的植物和树，并请教花匠是如何照料它们的。

（6）品尝蔬菜的聚会：在班上让学生们准备好生蔬菜，谈论每一种蔬菜的颜色、质地和特殊的香味。

（7）建立感觉箱：在感觉箱中，放上一株植物的不同部分（根、茎、叶、花、果实、种子），让学生们在看之前就能用手感觉并口头说出植物的不同部分及特点。

（8）让豆类植物生长、蔬菜生根：每名学生可以准备一个小罐子，用水浸泡豆类或蔬菜，做好观察记录，以便充分了解植物的生长特点。

（9）表演“会说话的豆子”，从而使学生懂得豆子的成长过程。

（10）草长出“头发”：留下废旧的包装盒、饮料罐等，让学生将盒子的外部装饰成人脸的样子，在其内部放入土和草籽。观察一周后草的长势并定期给予修剪。

（11）精美的美术剪贴：收集花和野草并夹在书本之间，用7~10天时间使其充分变干，做自己喜欢的剪贴画。

（12）种子的图画：让学生收集各种各样的种子（草籽、豌豆、玉米、花生等），根据自己的创意用胶水将种子粘贴在精美的纸张上。

（13）生长曲线：学生通过记录植物生长的表格来观察它们的生长过程。

（14）植物生长的序列图：通过观察植物的生长，画出关于植物的生长图（种子—发芽—茎破土而出—叶子—花）。

第三阶段——分享成功。

举行小论文展览、绘画比赛、手抄报展览、小制作展览等。

4. 活动可能出现的问题及解决预案

（1）邀请相关部门人员进行知识讲座时，要注意使用合适的交际口语，做到讲文明、懂礼貌。

（2）学生在实地考察中对所收集的资料、观察数据难以做出进一步的分析、对比时，教师要及时教给学生分析、观察、思考等相应的方法。

（3）学生在进行动手操作的科学实验时，教师要及时讲解实验步骤及注意事项，特别注意做好安全工作。

（4）学生在活动实施的整个过程中，因植物生长慢，不能立即体验到成功的乐趣，容易失去兴趣，缺乏持之以恒的毅力。因此指导老师要注意控制好活动的进度，寓学于乐，并及时给予学生精神上或物质上的奖励。

（5）在活动实施过程中，要及时做好原始资料的收集、整理、归纳等工作，以防丢失。

（6）在活动方案的实施中，要妥善处理好课内任务与课外任务的关系。

（7）学生在进行总结时，教师要指导学生学写科学小论文、调查报告等。

（8）在活动实施中，要及时建立一套完善、有效的评价机制。

（9）在活动结束时，要做好总结、宣传、推广，使学生充分体验到成功的乐趣和科学的魅力。

5. 活动结果及呈现方式

（1）每名学生设计一份手抄报，展示自己喜欢的小制作，写一篇心得体会或小论文，拍摄3～5张照片并进行相关的文字说明。

（2）运用生生评价、师生评价、社会评价等如实填写评价表。

（3）举办小论文展览、绘画比赛、手抄报展览、小制作展览等，邀请家长及社会相关部门参观、交流等，提高学生的综合实践活动能力和综合素养。

6. 评价标准

凡是能够根据个人兴趣爱好确定不同参与方式，在整个活动过程中积极动手、动口、动脑，细心观察、大胆探究、持之以恒，对不同程度的收获者都应给予各种不同形式的奖励。

（1）建立星级评价和等级评价。

（2）建立成长档案，及时收集自己的优秀作品并存放好。

（3）综合运用多种评价标准：生生评价、师生评价、社会评价。

7. 活动对学生的教育作用

（1）通过实践活动，走进生活，培养学生收集处理信息的能力，使他们增长了科普知识，增强了社会实践活动能力及培养合作精神。

（2）此项活动培养了学生学科学、爱科学、用科学的兴趣，激发了学生的创造潜能。

（3）学生在活动过程中感受科学的魅力，享受快乐，体验成功，增强自信心。

（4）学生通过运用观察、对比、分析等思维方法提高了动手操作能力，从而开发了创造潜能，培养了科学素养。

（5）此项活动使学生的生活视野得到拓宽，他们走进生活，亲近科学，真正感受到科学就在身边。

（6）学生的表现将会得到家长、同学、老师的好评，并将扭转部分家长、老师的不正确的教育观念——“唯分数论”，进一步使新课程理念得到实施，使素质教育真正落到实处，使学生身心健康地成长。

附：

植物生长情况实验方案

一、实验目标

1. 播种时种子的方向和种子生长是否有关。

2. 缠绕植物的缠绕方向是否有不同。

3. 重力作用对植物生长的影响。

4. 重力作用对植物种子生长的影响。

5. 植物的趋光现象。

6. 植物会跟着阳光缠绕生长。

7. 植物在阴暗处的生长状况。

8. 阳光对植物生长的影响。

二、实验准备材料

实验一的材料：菜豆、几张纸巾、一卷胶带纸、一只玻璃杯、一支笔。

实验二的材料：水、玻璃杯及菜豆、4支铅笔、几张纸巾、一卷胶带纸。

实验三的材料：一株盆栽植物、几本书。

实验四的材料：菜豆、有水的玻璃杯、铝箔纸、几张纸巾、一个电动转盘、冰箱。

实验五的材料：鞋盒、纸杯、菜豆、栽培用土、水、两张厚纸片、剪刀、胶带纸。

实验六的材料：一株盆栽植物、一张黑纸、一卷胶带纸。

实验七的材料：一株盆栽植物、一张黑纸、一把剪刀、一卷胶带纸。

实验八的材料：葱、玻璃杯、栽培用土、水、一把小刀、一把尺子、一支红色或黑色的笔。

三、实验步骤

实验一：

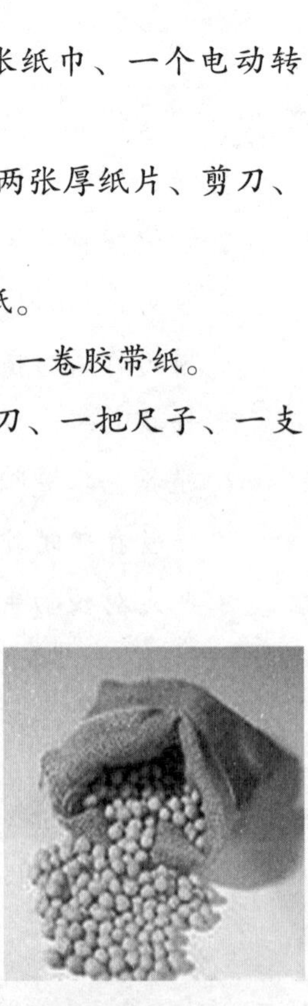

1. 将纸巾卷成筒状，贴着玻璃杯的内壁放入杯中。

2. 将几张纸巾揉成团塞在玻璃杯里，使前面放下去的纸巾紧贴着玻璃杯。

3. 在玻璃杯外侧贴上一圈胶带纸。

4. 在胶带纸上标出表示上、下、左、右四个方向的箭头。

5. 在每个箭头的下方各放1粒菜豆。一定要使每粒菜豆的种脐都朝向箭头所指的方向。

6. 向杯子里的纸巾上洒一些水，使纸巾有一些潮湿，但不要将纸巾弄得太湿。

7. 使纸巾保持潮湿的状态。连续7天观察杯子里的菜豆。

实验二：

1. 用胶带纸将4支铅笔分别固定在玻璃杯的外侧，铅笔的位置要比玻璃杯里的菜豆的位置高一些，要把铅笔粘牢。

2. 静置一个星期。注意要让杯里的纸巾一直保持潮湿状态。

3. 在这个过程中，如果在外面有机会看到缠绕植物，可以观察一下它的缠绕方向。

实验三：

1. 把几本书重叠堆在一起，然后把盆栽植物斜靠在书堆上。

2. 一周以后，观察盆栽植物的茎和叶的方向。

实验四：

1. 将菜豆全部放入有水的玻璃杯里。

2. 把玻璃杯在冰箱的冷藏室里放一夜。

3. 在每张铝箔纸的中央放一张纸巾，然后将水洒在纸巾上使纸巾湿透，但水不会溢出来。

4. 在每张纸上各放4粒用水泡过的菜豆。

5. 分别用铝箔纸将每张纸巾和菜豆一起包起来，最后形成4个长方形的铝箔包，静置3天。

6. 将4个铝箔包均匀地放在电动转盘上，并使转速达到每分钟75转。

7. 让电动转盘连着旋转5天，然后在转盘上轻轻打开铝箔包。

实验五：

1. 把纸杯装满土。

2. 把菜豆种在纸杯中的泥土里。

3. 给泥土浇水，然后等待菜豆发芽（要5～7天）。

4. 剪下两张厚纸片，纸片的大小以能放入鞋盒为宜。

5. 用胶带纸把厚纸片粘在鞋盒里做成迷宫。

6. 用剪刀在盒盖的一端钻一个洞。

7. 当菜豆发芽钻出土以后，将纸杯放在鞋盒的一端。

8. 盖上鞋盒盖，使盖子上的洞在杯子的相反一侧。

9. 每天开一次盖子，观察植物生长的情况。

10. 当泥土变干时，就要浇一些水。

11. 一直观察到豆苗的茎从鞋盒盖上的洞里钻出来为止。

实验六：

1. 将一株盆栽植物在窗边放3天。

2. 然后把盆栽植物的方向转180度，再在窗户边放3天。

实验七：

1. 用剪刀将黑纸剪成两片，纸张的大小要能将叶子完全包住为宜。

2. 用这两片黑纸将叶子的正反两面完全包住。

3. 用胶带纸将包住叶子的两片黑纸粘起来。一定不要让叶子被阳光照到。

4. 静置7天。

5. 然后把两片黑纸拿掉，观察叶子的颜色。

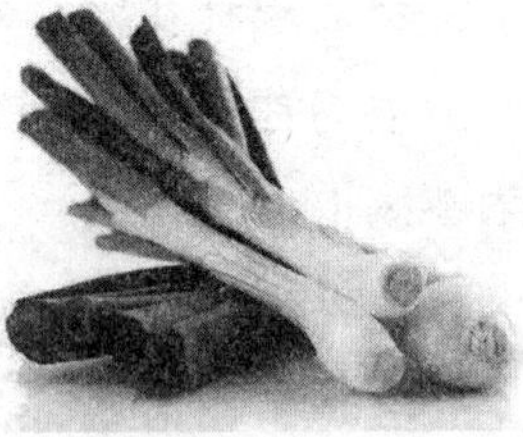

实验八：

1. 将两根葱的葱白至葱头的部分切下15厘米。

2. 将栽培用土倒进杯子里，并用水把土淋湿。

3. 用笔的末梢在泥土表面插两个洞。洞的大小要能让葱放进去。

4. 将葱的根向下插进洞里。

5. 将葱周围的土压实，使葱能挺立即可。

6. 把杯子放在远离窗户的地方。

7. 在葱的顶端用笔做个记号。

8. 每天都在葱的顶端用笔做记号，并连续观察两周即可。

四、实验结果

实验一：无论菜豆放置的方向如何，长出来的根都是向下生长的，而茎都

是向上生长的。一般要7天后才能看出这种变化。

实验二：豆苗的茎会绕着铅笔按逆时针方向上升。如果没有看到缠绕的现象，过几天再来观察。

实验三：盆栽植物的茎和叶会朝上生长。

实验四：菜豆的根部都朝向转盘外，而茎都朝向转盘的中心。

实验五：菜豆的茎会在盒子里绕过厚纸片弯曲生长，并且会从鞋盖上的洞里伸出来。

实验六：植物的叶子会朝向窗户。如果改变盆栽植物的方向，3天后，植物的叶子又会转向窗户生长。

实验七：被黑纸包过的叶子的颜色比别的叶子淡。

实验八：虽然两根葱的生长速度不同，但是两周后，它们都能长到30厘米左右。

五、实验揭秘

揭秘一：植物生长素是一种调节植物生长速度的植物激素。植物体内就有植物生长素。重力作用会使植物生长素在植物体内较低的部位聚集。植物不同的器官对生长素浓度的要求是不同的。生长素浓度低时促进根生长；浓度高时抑制根生长，但促进茎生长；浓度更高时则抑制茎生长。当植物平放时，由于重力作用，生长素移向下侧，茎部下侧生长素浓度高，根部下侧生长比上侧快，使茎尖向上弯曲；根部下侧生长素浓度高到产生抑制的作用，根部下侧生长比上侧慢，使根尖向下弯曲。植物的根和茎的这种特性为农业生产提供了很大方便，所以播种时可以不管种子的姿态。否则，人们只好弯腰曲背，将种子一粒一粒地正向播到土里，那可麻烦了！记住，切不可扔掉这个试验中的材料，因为它们还可以接着做一个试验呢。

揭秘二：有些植物的茎本身细长而柔软，不能直立，只能缠绕在其他物体上向上生长，这种茎就叫作缠绕茎，如牵牛花的茎。植物会缠绕，是因为在接触支持物的一面生长较慢，而对面生长较快，因此就螺旋式地缠绕在支持物上。牵牛花的细茎会沿逆时针方向旋转，金银花等植物始终为顺时针方向旋转，而何首乌却有时左旋，有时右旋。有科学家假设，植物旋转缠绕的方向特性是它们各自的祖先遗传下来的本能。远在亿万年以前，有两种缠绕植物的始祖，一种生长在南半球，一种生长在北半球。为了获得更多的阳光和空间，使其生长发育得更好，它们茎的顶端就随时朝向东升西落的太阳。这样，生长在南半球植物的茎就向右旋转，生长在北半球植物的茎则向左旋转。经过漫长的适应、进化过程，它们便退步形成了各自旋转缠绕的固定的方向。之后，它们虽被移植到不同的地理位置，但其放置缠绕的方向特性却被遗传下来而固定不变。而起源于赤道附近的单援植物，由于太阳当空，它们就不需要随太阳转动，因而其缠绕方向没有固定，可随意旋转缠绕。

揭秘三：植物体内含有植物生长素，植物生长素会使植物的细胞变长。由于重力作用的影响，植物生长素会向下聚集在茎的底部，植物生长素浓度增高，促进茎细胞伸长，从而使茎向上弯曲。

揭秘四：旋转的转盘所产生的离心力会起到一个类似重力场的作用，它会对菜豆的根和茎的生长产生影响，这种离心力会使植物生长素向外聚集在转盘的边缘。菜豆的茎会从生长素多的转盘边缘向里生长，而根则会向外生长。

揭秘五：植物会朝向有光的方向生长，植物的这种特性就称为“趋光性”。在植物茎的背光一侧，植物生长素会在此聚集，从而使植物的细胞变长，生长较快。所以，茎就会朝向有光的方向弯曲。

揭秘六：植物体内含有能帮助植物生长的植物生长素。植物生长素会在植物茎部背光的一侧聚集，所以背光一侧的茎部细胞会长得更快，茎就会朝向光线的方向弯曲。植物这种趋向光线方向运动的特性就称为“趋光性”。向日葵的趋光性就很明显。

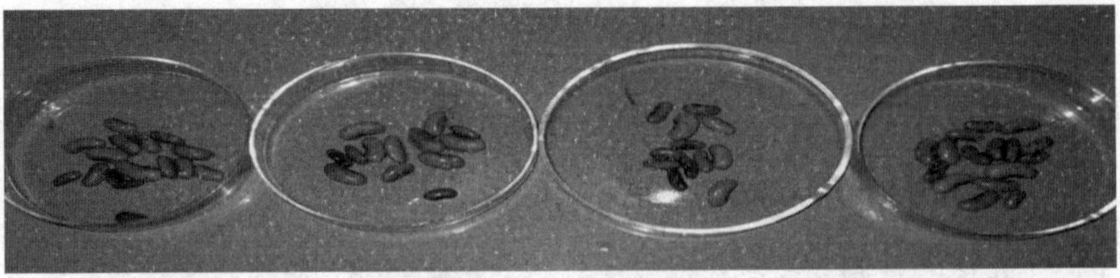

清水　　糖水　　盐水　　磁化水

揭秘七：叶子中的叶绿素能使叶子呈现绿色。在阳光照射不到的地方，叶子中的叶绿素会因无法补充而被耗尽，所以叶子的颜色就会变淡。没有叶绿素，植物便无法生存。如果植物一直照射不到阳光的话，叶子就会枯萎。

揭秘八：植物生长需要水、养分和阳光这三种原料，缺了任何一种，都会影响到植物的生长。当光照不足时，植物就会努力长得很高。许多种植在花坛里的植物，茎都会很长，就是因为它们能得到更多的阳光。茂密森林中的树木长得又细又高，也是为了得到更多的阳光。在这个实验中，葱为了获取阳光会长得又细又长。

传承家乡文化——龙门农民画的调查报告

广东省惠州市第十一小学　任　萍

龙门地处岭南山区，是客家人和瑶族聚居的地方，岭南的自然风光、民俗风情带给龙门农民画浓郁的乡土气息。岭南传统的民间艺术也为农民画提供了丰富的可资借鉴与吸收的造型与装饰语言，使龙门农民画真正形成了具有岭南民间特色的艺术风貌。

近几年，龙门农民画正成为龙门县、惠州市乃至广东省的一张文化名片，与上海金山、陕西户县（今鄠邑区）的农民画齐名。龙门也因此成为首批被文化部（现为文化和旅游部）命名的“中国现代民间绘画画乡”之一。

龙门农民画，结合水墨画、水彩画、油画的表现形式，借鉴传统的民间刺绣、木雕、剪纸等艺术手法进行创作，这种别具一格的表现手法和具有抽象风格及民间审美情趣的绘画，使龙门农民画成为现代民间绘画门类中一个独有的画种。

龙门农民画自20世纪70年代初发展至今，已有近50年的历史。作品大多以浓墨重彩渲染丰富多彩的劳动生活、节庆喜事、特色民俗等主题，充满了岭南的民俗风情和人们对自然、生活、劳动、爱情的思考，表现手法也多用明快的色彩、夸张的构图，画面生动质朴、亲切感人，在审美视角上彰显着自身的特色。

一、活动主题

1. 龙门农民画——世界艺术奇葩。2008年北京奥运会期间，龙门农民画一举走进神圣的“奥运殿堂”，成为奥组委赠送客人的礼物，接受世界各地友人的欣赏品评，大放光彩。

2. 农民画走出国门，“秀”出文明路。近年来，龙门农民画先后在美国、加拿大、澳大利亚等国家展出，收到了很好地宣传推广效果。它既成为官方进行文化交流的使者，同时也被美术机构和喜爱它的人们所广泛收藏。龙门农民画先后在中国国际文化产业博览交易会、省运会、首届全国农民绘画展、上海世博会、广州亚运会和第八届国际农交会等场合进行了展示。

3. 中国首部龙门农民画动画片《舞火狗》开拍。“舞火狗”是龙门蓝田瑶族古老的民间习俗，既是祭拜祖先的舞蹈，又是瑶族少女的成年礼，为蓝田瑶乡独有。龙门农民画是一种具有浓郁乡土风情的画种，创作始于20世纪70年代初期，风格浪漫、夸张，色彩丰富绚烂，生活气息浓厚。动画片《舞火狗》以“舞火狗”为故事蓝本，以龙门农民画为视像基础，剧情时空跨越古今，风格追求幽默风趣、夸张浪漫。作品借助“火狗文化”中对狗、天地、自然、母亲的崇拜和感恩，讲述尊重与责任，唤起年青一代对传统文化的回望和传承的愿望。

4.“乡情岭南——龙门农民画展”在关山月美术馆的展出引起轰动。在关山月美术馆的展厅里，龙门农民画用鲜艳的色彩、古朴的造型、生动的题材把观众带入生机勃勃的晒柿饼、养鱼苗、做糍粑的农家乐园中。

二、活动意义

1. 通过活动让学生了解龙门农民画的艺术价值和文化内涵。

2. 通过形式多样的调查、走访、观赏、绘画、实地观摩等方式，让学生了解龙门农民画的起源、发展和现状等，加深对客家文化的了解。

3. 在活动中，通过主题鲜明的绘画内容，不断激发学生对生活的热爱。

4. 让学生通过了解龙门农民画的创作和与之相关联的链条产业的发展情

况，激发学生对家乡的热爱和对家乡未来美好前景的憧憬和期待。

5. 激发学生为弘扬和传播传统客家文化而做出力所能及的事情。

三、活动形式

1. 通过搜集资料，了解龙门农民画的历史发展情况和特点等。

2. 通过调查走访，感受客家文化的源远流长和独特魅力。

3. 通过设计广告语、导游词，向中外游客介绍龙门农民画。

4. 通过书信比赛，邀请海内外人士到惠州龙门参观农民画，使之能走出国门，为国争光。

5. 通过巧手绘画比赛，培养学生的审美情趣，激发学生的绘画创作热情。

6. 开展“家乡美”手抄报比赛。

7. 通过开展龙门农民画衍生产品设计大比拼活动：龙门农民画扑克牌、挂历、画册、环保袋、装饰画、陶瓷玻璃饰品等，积极引导广大学生为美化生活、振兴家乡经济做出应有的贡献。

四、龙门农民画的特点

龙门是广东省的一个传统农业县，农民画作者多身居农村，没有受过正规教育的农民从家乡的山山水水中汲取养分，以艳丽的色彩和热闹的画面来描绘农村多姿多彩的生活。龙门农民画和别的画乡的农民画一样，具有天真、率真、朴实的浓郁乡土气息，同时又富有独特的艺术魅力，岭南特色非常明显，内容与画风在融合了现实主义特色之外又极具浪漫主义色彩。龙门农民画结合水墨画、水彩画、油画的表现形式，借鉴传统的民间刺绣、木雕、剪纸等艺术手法进行创作，同时大胆运用夸张变形的艺术手法，表现出对自然、风俗、生活、劳动、爱情、社会的思考。这种别具一格的表现手法和具有抽象风格及民间审美情趣的绘画技法，使龙门农民画成为现代民间绘画门类中的一个独有画种。

五、龙门农民画的历史发展历程及现状

1. 龙门农民画的发展历程

龙门农民画创作活动始于1972年。20世纪70年代的农民画作者满怀豪情地创作家乡发展变化的墙报画、生活画、劳动画等，描绘的内容主要配合工

作宣传。

20世纪80年代改革开放后人们吸收继承传统民间艺术形式，把木雕、刺绣、扎花灯、糊狮头和画花床的一些技法和造型因素引入农民画创作中。由于大量吸收了传统民间美术的元素，龙门农民画在造型上具有平面化、图案化和对称性等特征，成为富有岭南风情的文化品牌。

20世纪90年代以后，我国香港一些客户来龙门购买农民画，经过多年的交易，一些具有中国民间节日和喜庆习俗的农民画，特别受欢迎。龙门农民画家基于对“南蛮文化”的思考，创作了《舞火狗》《五谷之神》等作品。龙门农民画的独特风格在时代的变迁中不断演变、创新、发展。

至今，龙门农民画创作活动有近50年的历史，曾在广州、北京、香港等国内大都市展出，也曾到美国、日本、瑞典、挪威等国举办展览，龙门县被文化部（现为文化和旅游部）命名为“中国现代民间绘画画乡”。

2. 现状

（1）龙门县是山水绿洲、农民画乡。龙门县位于广东省中部偏东，地处珠江三角洲边缘，在九连山、罗浮山两大山系之间。东江支流——增江河上游龙门河东北向西南贯穿全县。

龙门县始建于明弘治九年（1496年），据史载：“其地为增之上龙门，故以龙门名县立。”把这块丰美的地域取名“龙门”，符合其险要奇秀之实，且此地还有一个类似“鲤鱼跳龙门”的传说：古时的龙门县，不但地处偏远，而且道路崎岖难行。据说有一位士子赴考落榜，无意之中在这里逗留了一晚，梦见自己变成鲤鱼，跳跃过龙门。第二年，他便考中状元，于是这位新科状元又回到龙门逗留了一天才上京赴任。说也奇怪，从此之后，他事事如意，在官场上更是得意非凡。就这样，人们认为龙门是个“转运”的福地，龙门也因此名传四方。

龙门县有国家、省、市、县级自然保护区共5处，其中“古代桃源今日传”的南昆山国家森林公园被誉为“北回归线上的绿洲”和“天然氧吧”，不少人专程上南昆山“洗肺”，呼吸清新的空气。在中部沙迳香溪堡旅游区，田园风光和古民居建筑群吸引了无数的游客前往。此外，龙门的“亚洲第一泉”龙门温泉、南昆山温泉大观园、天堂湖和桂峰山生态旅游度假区、蓝田瑶族风情区等都是游客向往的好地方。

（2）农民画廊、农民画村，风景这边独好。例如，景新画廊位于龙门县东

门路11号，与景新酒家合为一体。走进画廊颇具气势的大门，是一条长达100米的古色古香的雕梁长廊，两边挂满了各式色彩艳丽、乡土味浓的龙门农民画，大到长达五六米的巨幅墙画，小到20多厘米的小画作，还有各种以农民画为装饰的背包、T恤，等等。

长廊边专门有一间宽敞的房间，那是农民画师的画室。十几位农民画师当场作画。据说这些画师中有好几位是画廊老板三顾茅庐才请来的龙门最有名的画家。游客可以近距离地观赏画师们作画，真切地了解农民画创作的全过程。有些年轻画师还兼作导游，为客人介绍农民画的历史、特点及每一幅画的独特深蕴。

又如，嘉义庄龙门农民画村被称为最“土”的绘画艺术。嘉义庄位于龙门永汉镇油田村，与南昆山温泉大观园相隔仅数分钟车程。传说在清代，嘉义庄由梅州嘉应县搬迁到这里的三四户人家发展而成。如今，嘉义庄的建筑还保持着清代建筑那种古朴的质感，虽说是客家围龙屋，但这里的围屋又有另一番新意，村落整体呈圆形，但每家每户的屋形却方方正正，很独特。

嘉义庄在当地乃至全省都小有名气，因为村中有股画画风气，有“农民画家村”之称。2005年6月，嘉义庄成为首个龙门农民画示范村。从田野回来，放下锄头便拿起调色板画农民画，这是嘉义庄农民的日常生活。在这个以耕田为主的村庄，不少人开始以画画谋生。2005年年初，嘉义庄被龙门县委定为“龙门农民画示范村”。

（3）农民画家闻名遐迩。目前，龙门从事农民画创作的有300多人，但是大部分都是业余的，以创作农民画为生的约有50人。农民画始终都是以农民为主体，表现农民生活中的经验、感悟等，往往其他人难画出精髓来。有的农民画虽然看起来很粗糙，但是画中内容却很有意思，构思也很新颖，这些都是农民自身难得的经验，一般人难以模仿，这也是农民画能够发展至今并且保持其独特性的重要原因。

龙门农民画家陈权枢和王汉池是全国闻名的农民画家，他们目前没再从事农村生产劳动，而是加入了由县文化局组织的龙门农民画创作中心，专门从事农民画创作，还有些农民画家有了自己的工作室。

（4）农民画刚开始创作时，就是农民在自家完成的。一开始的创作空间都很随意，你也完全可以感受到农民画作品的天马行空。目前农民画的创作场所一般分为两大类：一类是拥有自己工作室的农民画家，这些有的已经不是农民，而是以农民画创作为生的人。另一类农民画家没有自己的工作室，他们的画架大多都放在自己的院子里或者村庄的某一处。农忙时，他们就把画架收起来；农闲时，他们就把画架拿出来画画。有时候，一些农民画家也会将画架搬到田地里，他们就在水稻收割田里边收割边画画。

六、龙门农民画的现实意义

1. 文化产业的发展促进了新农村的建设

提起农民画，可能会让人不自觉地联想起大红大绿的风俗画，可经过我们的深入调查研究后，不禁让人惊呼：农民画不仅已然成为中国绘画中不可或缺的一个画种，而且农民画的画家业已形成一支规模庞大的创作队伍，农民画正在实现产业规模化。河南民权“画虎村”、上海金山等地的百姓不仅因为农民画创作住进了新房，开上了小轿车，而且其部分作品远销海外，成为当地的一张特色文化名片。

“三农”问题一直以来都是中国市场经济发展中的“软肋”，国家提出“建设社会主义新农村”，不仅仅解决农民增收的问题，而且全面提升农业、农村、农民的发展品质。在这之中，农民画的繁荣发展，不仅可以有效改善当地百姓的生活水平，丰富其业余生活，提高其文化品位，更重要的是为营造和谐农村、和谐社会的良好氛围贡献颇大。

例如，嘉义庄是龙门县画风最盛的村落，从2006年开始，龙门县引进企业，将嘉义庄打造成为农民画主题的旅游村落，将画村作为旅游的一部分，让游客全面接触农村，了解真实的农民生产生活场景，了解龙门农民画的整个创作过程，企业将旅游收入拿出来和村民分成。

有了农民画，村民的收入大幅提高，村风、民风也改善了很多。最重要的是，嘉义庄村民的经济意识日渐增强，因为与各地的游客交流多了，眼界自然开阔，村民们越来越善于经营自己的产品，不但能卖画，还能通过经营其他农产品以及配套服务来挣钱，村民的素质也有明显的提高。随着农民画的发展，龙门县农民的生活习惯有了明显的改变，邻里关系也得到大大改善，30年前农民画的宣传教育功能在今天新农村建设中得到了全新的演绎。

2. 农民画将有产业园

嘉义庄村企结合大获成功之后，2009年，龙门总投资1.5亿元的龙门农民画产业园动工开建。园区内还建有农民画培训学校、文化一条街、画家村等。

3.“农民画”培养新型农民

发展农民画，使龙门县的许多农户都参与农民画的生产和经营，改变了村民们的生活方式。目前，龙门县已有1 000多名农民画爱好者参与农民画创作。龙门县通过普及农民画，培育了新型农民，拓宽了农民的增收渠道。

农民画的普及改变了当地农民的生活面貌。越来越多的群众参与学习、创作农民画，很多原本沉迷于麻将桌、酒桌的年轻人被吸引到画布前，一大批农村富余劳动力有事可干。以往农闲时喜欢赌博或参与封建迷信活动的农民也拿起画笔，开始学习农民画创作。

七、惠州龙门农民画的发展前景

1. 与旅游业“联姻”，推广当地农村文化艺术

据悉，龙门县政府目前正大力培育农民画创作人才，接下来将推动龙门农民画产业与当地旅游业的“联姻”，促进龙门农民画产业发展，推广当地农村文化艺术。

2. 龙门农民画的传承靠企业开发衍生品

龙门农民画的发展，不但吸引越来越多的农民画爱好者加入创作队伍当中，也吸引了更多企业加入。该县某旅游企业就在其温泉度假村内，出资兴建了中国农民画艺术博物馆，这在全国60多个农民画乡中属首创。该馆的建成，不但增加了县内旅游文化的内涵，更提高了龙门农民画在国内外的影响力，为全国农民画的交流提供了平台。现如今该馆成为全国农民绘画展览的场所之一。

从20世纪70年代初的宣传画到表现蓝田瑶族乡的传说和民间习俗的抽象农民画，发展到今天，龙门农民画已经由单一纸品画演变到多品种布艺、竹片和布袋画，并开创出一系列衍生产品。

目前已经有很多企业前来联系，其中有3家佛山的陶瓷企业非常积极，他们筹划将农民画融入陶瓷产品，以农民画的品牌进行销售，目前合作意向已经达成，不久后就将投入生产。

八、相关链接——龙门旅游小贴士

1. 美食

观音菜、三黄胡须鸡、冬菇蒸走地鸡、冬笋、原始烧鸡、山坑螺、鲜冬菇、清蒸山坑鱼、山坑螺鸡煲、山水滑豆腐、客家甜酒、钵仔喷香腊味饭。

2. 住宿

要感受农民画有两个地方可去，一个是嘉义庄，另一个是县城的农民画工作室。嘉义庄靠近南昆山温泉大观园，有车可直接抵达大观园，非常方便。而住在县城的话可以住在景新大酒店，且景新大酒店本来就有农民画廊，也可以到县城那些农民画家的工作室去看画。

3. 联游景点

南昆山：南昆山生态旅游区总面积129平方千米，平均海拔600多米，主峰天堂顶海拔1 228米，北回归线穿山而过，故得名“北回归线上的绿洲”。境内层峦叠嶂、古树参天、青竹遍野，有24万亩原始森林，6万亩连绵竹海，森林覆盖率达97.94%。原始森林空气中负离子含量浓度最高达每立方厘米11万个，是名副其实的“南粤大氧吧”。南昆山生态旅游区内有九重远眺、川龙瀑布、石河奇观、观音潭、将军拜佛、仙霞瀑布、天堂顶、七仙湖等30多处奇特景点。自驾车从广州出发，行驶90多千米，便可抵达南昆山。

香溪堡：香溪堡旅游区是以“神秘的古堡风情、秀丽的田园风光”为主题，以“溪河漂游、古堡探胜、竹林乐园”为项目特色，融自然风光和文化古韵于一身，集知识性、娱乐性、参与性等于一体的绿色生态旅游度假区。香溪堡旅游区以独特的历史文化遗产和建筑风格，享有“华南第一古堡”之美誉；大自然的鬼斧神工，造就了香溪堡沿河两岸的奇林秀水，故又有“小漓江”之美称。

九、附件及实物（略）

1. 学生制作的龙门农民画魔方。
2. 学生实地参观的照片。
3. 学生制作的龙门农民画精美书签。
4. 学生收集的部分龙门农民画纪念邮票。

第五章

科技创新大赛学生科技小论文获奖作品示例

5

让海龟成为我们永远的朋友

广东省惠州市第十一小学六（2）班　谢 琳　蒋 琳
指导老师　任 萍

一、调查背景

以前，不了解海龟的我，总是以为这种看上去憨厚可爱的海洋动物和许多动物有着一样的生活习性，一年四季都是如此，它们每个季节都生活在同一个地方，产卵期也可以在任何一个时间段，不会改变。但是，当我怀着好奇的心情和爸爸妈妈一起参观了惠东海龟湾海龟养殖场时我才发现：海龟们一年四季的生活方式竟有着天壤之别！海龟一年四季的生活习性到底有什么不同？就是这种对海龟生活的好奇，把我带进了研究海龟的新奇世界中。

二、调研计划

调研主题	调研对象	考察地点	调研时间	调研人	指导老师
惠东海龟四季生活习性	海龟	惠东海龟养殖场	历时6周	谢琳　蒋琳	任萍
目的	1. 了解惠东海龟四季生活习性，增长知识，开阔知识面				
	2. 宣传保护海龟在保持生态平衡中的积极作用				
	3. 让人们知道，海龟是一种温顺可爱的动物，我们不应该伤害它们，破坏大自然的生长规律。让大家都能去保护海龟，保护大自然中的每一种珍稀动物				
准备	1. 购买有关海龟及动物保护的书籍				
	2. 家中配有能上网的电脑和笔记本、照相机				
	3. 聘请任萍老师为我们的指导老师				

续 表

调研主题	调研对象	考察地点	调研时间	调研人	指导老师
惠东海龟四季生活习性	海龟	惠东海龟养殖场	历时6周	谢琳　蒋琳	任萍
过程	1. 成立调查研究小组				
	2. 前往惠东海龟养殖场海龟生长地进行实地考察研究				
	3. 阅读有关书籍，上网查找有关资料				
	4. 写出调研报告，让市民们更加了解海龟，更加喜爱这种憨厚的海洋动物。呼吁人们保护大自然中的动物，与动物交朋友				

（一）海龟的处境

已经在地球上生存了两亿多年的海龟，可算得上是海洋中当之无愧的“老人家”了。在许多国家的海域里生活有世界上绝大多数的海龟，但是这些海龟的处境却越来越不妙，有的甚至面临着生存危机。而这些海龟数量的急剧下降，是人类因为它的价值而无节制地肆意捕杀所导致的后果。惠东海龟养殖场的建立，给许许多多的海龟提供了一个舒适安全的家。

（二）惠东的地理位置、自然条件及海龟生存现状

惠东位于广东省东南沿海的大亚湾和红海湾畔。海岸线长171.8千米。惠东气候宜人，环境优美，年平均气温26 ℃，年平均降雨量1 805毫米。惠东依山傍海，风景秀丽，既有奇峰异石，又有海湾沙滩，真可谓是海龟生存繁殖的最佳地点。

惠东于1986年建立了海龟自然保护区，至今已经有许多年的养龟历史。自从成立了海龟自然保护区，滥捕海龟和掠夺龟卵的违法行为得到有效的遏止。近年国家和广东省投资800万元扩建“海龟之家”，更有利于海龟的保护、繁殖、研究和游览参观。

（三）海龟活动的正常温度

惠东的年平均气温是26 ℃，而海龟不是哺乳动物，所以不管是摄食还是繁殖，都必须有一个适当的温度。那么惠东的天气温度适合海龟生存吗？海龟最适应的温度是多少呢？遇到海龟不适应的温度，它会有哪些反应呢？为了解决这几个问题，我们做了一个调查记录表，记录表如下。

海龟活动	冬眠	摄食	产卵	游泳	游泳
天气温度	10 ℃	30 ℃	25 ℃	5 ℃	15 ℃
海龟反应	进入冬眠状态	正常摄食	开始产卵	死亡	正常活动

从以上表格可以看出：

（1）海龟找凉或热的地方来控制每天体温的波动。有些海龟的致死温度在适宜温度上限之外5 ℃左右。当温度较低时，海龟不活动。

（2）当温度在10 ℃左右时，海龟开始进入冬眠状态。

（3）温度上升到15 ℃左右，海龟便开始活动，有的甚至能开始进食。

（4）一般把25 ℃视为海龟摄食、活动时的正常温度。

（5）30 ℃左右则是海龟最佳的进食、活动、生长的温度。

（四）海龟饮食情况

世界上的每一种生物，都必须靠食用含有适合自己身体所需的养分的食物，才能生存下来，当然海龟也不例外。但是，海龟喜欢吃什么食物呢？人类可以接受的酸、甜、苦、咸几种味道，海龟能适应吗？为了弄清这几个问题，我们用自己攒下的零花钱买下了海龟湾养殖基地中一只只有5个月大的小海龟，做了一个实验并记录下相关内容，记录表如下：

食物 \ 味道及食用反应	味道	食用反应
猪肉（生）	无味	正常食用，无异样，每次食用3克左右
大白菜	微甜	并不理睬，不闻不问
水果	甜	很受欢迎，起到了解渴的作用
牛奶	酸甜	舔了一口后，就没有再理睬
软糖	甜	吃一小口后，又吐了出来
猪肉（熟）	咸	可能是因为油脂过多，海龟并不理睬
凉菜	苦	海龟舔了一口，便用爪子将凉菜打翻，然后满地乱爬

从这个表格和所做的实验来看，得出了以下几点结论：

（1）海龟比较喜欢吃生猪肉，并且食用量也较大，每次在3克左右。但是，对于油脂过多的熟猪肉，海龟却并不喜欢。

（2）海龟还很喜欢带淡甜味并且有充足水分的水果。

（3）海龟对许多没有味道或微甜的蔬菜并不喜欢，可能是水果已经补充了海龟体内的水分，所以蔬菜已经成为海龟眼中的多余食品。

（4）海龟对牛奶和软糖都不喜欢。因为海龟体内的营养已经过于充足，对牛奶和软糖过浓的甜味不习惯，所以才不喜欢食用。

（5）海龟对凉菜一类带有苦味的食物并不喜欢，说明海龟适应不了苦味对身体的刺激，所以无法食用。

（五）海龟的产卵期

春天到了，春风又吹绿了惠东海龟湾。四月的惠东，天气已感闷热，日晒很强，海龟们成双成对地来到海龟湾开始繁殖。趁着这种好天气，我也和几个小伙伴一起来到惠东海龟养殖基地参观调查。经过对解说员的一番询问，又观看了基地中的图片、文字等资料，然后仔细观察了一只清代的巨型海龟标本，我们都惊叹万分，从中也了解了许多关于海龟产卵的知识。

（1）4～12月都能发现龟蛋，以4～6月为盛季，有经验的渔民根据龟道捕龟、挖龟卵，借日晒而孵化，约50～70天，幼龟破壳而出，100多只可爱的小海龟就出生了。

（2）从4月份开始，海龟就常在礁盘附近的水面交尾，需3～4小时。雌性海龟在夜间爬到岸边沙滩上，先用前肢挖一深度与身体相当的大坑，伏在坑内，再以后肢交替挖一口径20厘米、深50厘米左右的“卵坑”，在坑内产卵。

（3）产毕以砂覆盖，然后回到海中。每年产卵多次，每次产91～157枚。卵白色，圆形，径41～43毫米，壳革质，韧软。

（4）海龟无法在任何时间段都产卵，但每次的产卵数量很大。

（六）海龟活动所受的外界环境影响

我们人类的行动，总会受到外界的干扰而影响工作的心情和效率。但令人十分好奇的是：海龟会被什么外界环境所干扰呢？和我们有什么差别吗？为了将这些问题一一弄清，我将小海龟盆里的水换干净，然后发出各种声音，制造各种光线，静静观察着小海龟的反应并将结果记录下来，记录表如下：

项目 \ 反应	海龟的反应
阳光	会把前爪稍稍抬起遮住光线，在水中大力滑动
铁勺碰撞的声音	并无特殊反应
钢琴	不时将脑袋透出水面，似乎在认真欣赏着音乐的美妙
手机铃声	在池内不断游动，并不时将头伸出水面
人的大声喊叫	并无特殊反应

做完这个有趣的实验，我们又得出几个新的结论：

（1）海龟对阳光的刺激有些不适应，但是对适当的阳光还是有一定的喜好，并且适当的阳光能够促进海龟的运动。

（2）海龟对铁器碰撞和人大声喊叫的声音都无动于衷，说明海龟的听力比人类迟钝，对这些声音并没有特殊反应。

（3）海龟对钢琴优美的声音十分欣赏，总是会想办法将头伸出水面，说明它对音乐这种美的声音有很好的感知。

（4）海龟对手机铃声所发出的微声波刺激很不适应，因而辗转于水面和水下。

（七）海龟群的迁徙

惠东海湾的地理位置十分特殊，位于广东省东南沿海的大亚湾和红海湾畔之间，存在没有规律的涨潮和退潮现象。和许多动物一样，海龟群也进行群落迁徙。每当海龟感到水温的不适或者对栖息地各方面的不足感到不适时，就会向同伴发出“建议”，然后迁徙。如果大海龟独自居住，就会依靠自己的体能和力量进行搬迁，移居到一个舒适的栖息地生活，但一般不会移居到水位太深的地方，适宜的水深大约在5～6米。

三、调查结果

我们的感想：

1. 让我们更深刻地了解了家乡富饶的海洋资源，激发了我们对家乡无限热爱的浓厚感情。

2. 激发了我们学科学、爱科学的兴趣，让我们更加热爱科学。

3. 丰富了我们的课外知识，锻炼了我们的观察能力和对比分析能力，让我们更全面地了解了大自然。

我们觉得，大自然中的动物并不像我们想象得那么神秘、可怕，它们其实很可爱。人类总是抱怨动物的凶残，但是又何时反思过自己对动物的所作所为？其实，动物和人类都生活在同一个地球，只要我们发自内心地去关爱动物、了解动物，动物和人类就能和平共处，让我们共同精心打造美丽的地球家园！

七星瓢虫的生活习性探秘

广东省惠州市第十一小学四（4）班　凌国榕
指导老师　任 萍

一、探秘背景

我们学校事务处门前有一个小花园，每到中午放学时分，爸爸妈妈还没来接我时，我就会在小花园前驻足观看，尤其喜爱观察七星瓢虫。它又被人们称为“花大姐”，属于昆虫纲，体长6.5 ~ 7.5毫米。在橘红色的鞘翅上有7个黑色的斑点，明快的色彩使你很容易就记住了它。

二、七星瓢虫的生长和特性

七星瓢虫一生要经过卵、幼虫、蛹和成虫四个不同发育阶段。它在我国分布相当广泛，分布的地区有北京、辽宁、吉林、黑龙江、河北、山东、山西、河南、陕西、江苏、浙江、上海、湖北、湖南、江西、福建、广东、四川、云南、新疆、西藏、内蒙古等地，常见于农田、森林、园林、果园等处。

七星瓢虫是著名的害虫天敌，成虫可捕食麦蚜、棉蚜、槐蚜、桃蚜、介壳虫、壁虱等害虫，可大大减轻树木、瓜果及各种农作物遭受害虫的损害，被人们称为“活农药”。

七星瓢虫有较强的自卫能力，虽然身体只有黄豆那么大，但许多强敌都对它无可奈何。它的三对细脚的关节上有一种“化学武器”，当遇到敌害侵袭时，它的脚关节能分泌出一种极难闻的黄色液体，使敌人因受不了而仓皇退

却、逃走。它还有一套装死的本领，当遇到强敌和危险时，它就立即从树上落到地下，把三对细脚收缩在肚子底下装死，以欺瞒过敌人而求生。七星瓢虫之间还有一种奇妙的习性：益虫和害虫之间界限分明，互不干扰，互不“通婚”，各自保持着传统习惯，因而不论传下多少代，不会产生“混血儿”，也不会改变各自的传统习性。

三、探秘七星瓢虫的生活习性

1. 七星瓢虫会采蜜

众所周知，七星瓢虫是吃肉的，它以苹果树、梨树、蔷薇、卷心菜、洋槐……上面的蚜虫为食，吃起蚜虫来简直就像头狮子，一天可以吃100多只呢，真是个“贪吃鬼”！可没有蚜虫的时候，七星瓢虫怎么办？它们能找到东西充饥吗？我就见过这样一件有趣的事。

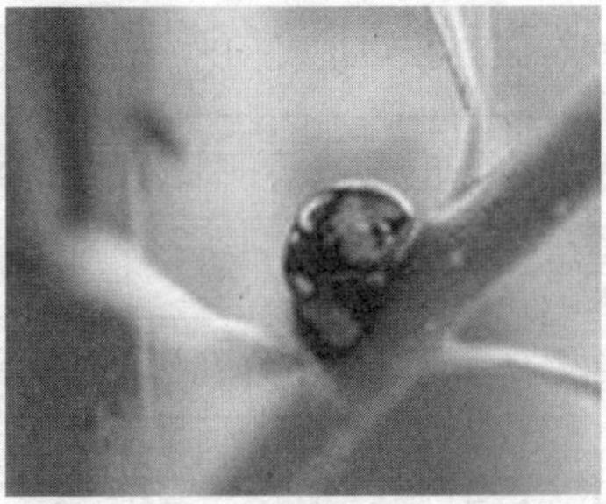

那是去年的一个深秋，蚜虫赖以生存的鲜嫩植物都枯萎了，只剩下那些叶面上覆有蜡膜的硬叶植物还坚强地挺立在一片枯黄中，有的植物居然还开出一丛金黄色的小花来。

我看见一只小小的七星瓢虫飞到这丛小花上，在花序上来来回回地搜寻起来，还不时把头伸进花筒中，它是在找蚜虫吗？显然不是，蚜虫都是趴在植物嫩茎叶上吸食汁液的，这吃蚜虫的行家是绝不会爬到花序上来找的，难道它像蜜蜂一样在采蜜？

我摘下一朵小花仔细观察，发现花的顶端有四个很小的花瓣，下面被花托包裹着的部分像个高脚杯，用手指捻破，里面有一些黏黏的透明液体，用舌头舔舔（对于不认识的植物来说，这样做是有危险的！小朋友千万不要尝试）——嗯，没错，是甜的。

我想起在课外书中曾看过的相关知识：如果没有蚜虫，要喂养这种馋嘴的家伙也能对付过去，使用糖水喂七星瓢虫，它们也会活得很好，直接把一撮淋上水的糖放在喂养笼里也行。看来，在食物缺乏的时候，七星瓢虫也采蜜。

2. 七星瓢虫也有语言

七星瓢虫是一种弱小的昆虫，也许你会觉得七星瓢虫非常罕见，我现在就告诉你，你错了。七星瓢虫除沙漠、两极以外，到处可见。平时看不见七星瓢虫，是因为七星瓢虫太小，体长仅有几毫米。

七星瓢虫属于节肢动物，经常吃蚜虫，只要是蚜虫，它都不放过，有时也吃飞蚂蚁。雌虫体长5.7~7毫米，宽4~5.6毫米，呈半球形，背面光滑无毛。雄虫与雌虫看上去没什么差别，最大的差别是雄虫第六腹节后缘平截中部有横凹陷坑，上缘有一排长毛。

也许你会问："人类有复杂的语言与动作表态，七星瓢虫就没有吗？"这个问题提得好。我也有过这样的疑问，经过长期的观察，我终于把观察结果整理成一个表格。你想知道吗？如果想知道，就请看下面的表格吧！

昆虫	动作	意思
七星瓢虫	抬头（前腿不抬）	表示起飞动作
	抬头（前腿抬）	表示召集伙伴
	扭动身体，然后不动	表示睡觉、休息
	平视	表示渴望、生气
	张嘴	表示自己很厉害
	低头	表示放弃、悲哀

3. 七星瓢虫实验妙趣多

（1）捉一只七星瓢虫，用手轻轻捏一下，手指上就会沾一些黄水，这是它的保护液，气味很难闻，不过对人体无害。七星瓢虫遇到敌人侵袭的时候，就立即分泌这种难闻的黄水，使敌人闻而生畏，它则趁机逃走。

（2）七星瓢虫还有伪装本领。当它遇到强敌感到危险时，立即从树上掉落到地面上，把它那三对细足收缩起来，像"失去知觉"一样一动不动，躺下装死，瞒过敌人。根据七星瓢虫的假死习性，你突然摇动植物枝条，地面上往往有装死的七星瓢虫。你可以用这种方法在野外寻找七星瓢虫。

（3）刚从蛹壳中钻出的七星瓢虫一动不动。这时候，你可以做一个有趣的实验：用手指把它突然推下来，吓唬它一下，过了一天多，七星瓢虫的鞘翅逐渐变硬，但是七个斑点始终不能出现，成为一只“无斑点的七星瓢虫”。

读者朋友们，经过我的介绍，你们一定对七星瓢虫有了一定的了解，也知道了关于七星瓢虫的许多知识。那么就让我们走进大自然去探秘吧，你将会发现其中更多的奥秘！

看我七十二变，我的课间游戏

广东省惠州市第十一小学五（4）班　廖英淇
指导老师　任 萍

一、阳光体育提出的背景

1. 阳光体育

2006年，教育部就已向全国各中小学校发出倡议：为切实推动全国亿万学生阳光体育运动的广泛开展，吸引广大青少年学生走向操场、走进大自然、走到阳光下，积极参加体育锻炼，掀起群众性体育锻炼热潮，简称阳光体育运动。以“健康、运动、阳光、未来”为宣传口号，深入研究体育在青少年思想品德、智力发育、审美情趣形成中的重要作用，探讨以体育为手段，促进中国青少年全面发展的理论与实践问题，旨在落实《中共中央国务院关于加强青少年体育增强青少年体质的意见》精神，全面推动阳光体育运动在全国的深入实施。

2. 阳光体育的现状和学生当前的身体素质

学生视力不良检出率继续上升并出现低龄化倾向、肥胖检出率继续增加、身体素质继续呈现缓慢下降趋势……教育部发布的《2010年全国学生体质与健康调研结果公告》显示，与五年前相比，学生体质健康不容乐观。

近几年，清华大学首次将体质测试纳入自主招生，结果显示超六成学生体质不合格。测试根据《国家学生体质健康标准》，选取身高、体重、肺活量、握力、台阶运动试验及立定跳远六个项目检测考生的体质健康状况，满分为100分，近700名考生选择参加此项测试。测试结果是无人获得“优秀”（总分90分以上），而“不及格”（60分以下）的考生占总数的63.5%，只有

7.8%的考生获得“良好”（总分75～89分），仅有28.7%的考生获得“及格”（总分60～74分）。

中学生课业压力过大、缺乏体育锻炼、科学锻炼知识淡薄、体育课安排不尽合理等现象已严重威胁中学生的体质健康。广州体育科学研究所的运动医学专家们认为，中学阶段是学生身心发育旺盛、体力明显增强的阶段，科学地进行体育锻炼，对增强体质是最积极有效的途径。

近三年，广东省中学生体质健康监测结果显示，大部分中学生的体质处于一般水平，很少学生可以达到优秀水平，近两成学生体质“不合格”。中学生体质存在的最大问题主要是蛋白质、脂肪质营养状况缺乏，肌肉控制力差，未发育完全的中学生体重偏轻、已发育完全的学生体重超重问题也值得重视。

3. 中高考对体育的重视

这几年，体育成绩计入了广州市中考招录总分中，满分60分。不少体育成绩不理想的学生为了在这一项中争取更高的分数，也会“临时抱佛脚”，请个“体育家教”专攻某一个项目。“体育家教”主要陪学生做运动，传授一些体育项目技巧，或者针对中考体育测试中的某个项目进行专项训练。对此，有教育界人士表示，无论是出于锻炼还是应试的目的，“体育家教”的兴起都是一个好现象，表明家长已逐渐走出“重智轻体”的误区。

4. 中小学校体育课的不足之处

中小学阳光体育运动开展起来比较难。“阳光”体育活动只有长跑，“危险器械”收进库房，体育课成了“放羊课”，“每天锻炼一小时”被变相“落实”。

二、中国现行教育对男孩成长的制约

大多数男孩不是中国教师所希望的那类男孩。男孩超乎寻常的精力常常被认为是一个缺点，而不是优点。男孩需要运动，需要少动口、“多动手”，而这恰恰是当前中国教育中最缺乏的。

中国是看重学历的国家。当前，教育面临的一个最为严重的问题就是应试教育的倾向日益突出。孙云晓用“教育新四化”对其进行了概括——幼儿教育小学化、小学教育中学化、中学教育大学化、大学教育小学化。其中，幼儿教育小学化、小学教育中学化对男孩最具杀伤力，让许多男孩过早地在学业上掉队，最终丧失了在学业上追平女孩的机会。

在应试教育的高压下，教育教学主要围绕考试进行。今天最受重视的科目是语文、数学和外语，实验课、体育课等往往都不受重视，课外活动更是可有可无。在一些学校甚至有两张课表：一张贴在墙上，应付检查；另一张则藏在学生的文具盒里，那上面，体育课和课外活动往往被“语数外”占用了。而体育课、实验课、课外活动等可以动手和探索的项目是男孩最需要、最偏爱和最擅长的。

应试教育把学生的学习局限在校园，把学习局限于书本，把教学等同于言语灌输。与国外孩子相比，中国孩子动手实践、身体运动和野外探险的机会较少。在这种环境下，男孩的长处几乎无处施展。

由于成绩不佳或者调皮捣蛋，男孩常常不受老师喜爱，要么被忽视，要么成为批评和惩罚的对象，这让他们很泄气，难以建立对自己的信心。研究表明，小时候因学业失败所形成的糟糕自我形象往往会保持一生，最可怕的是，这种失败经历可能会慢慢上升为一种失败型的人格，不愿尝试，缺乏改变的勇气，缺乏男子汉气概。

孙云晓指出，男孩的学习更倚重于体验，缺乏体验使男孩对枯燥的单纯书本学习丧失兴趣，从而危及他们的学业表现。而不了解男孩的学习方式、否定男孩的学习方式，则加速了男孩成为现代教育的牺牲品。

孙云晓表示，包括父母和教师在内的大多数人都没有认识到或者不愿意相信，在幼儿园和小学阶段男孩的发展普遍落后于女孩的事实，我们往往以同样的难度要求男孩和女孩，以同样的标准来评价他们。更需要警醒的是，我们同样没有意识到，男孩的很多“落后”表现其实是暂时的，只要我们改变对他们的态度，对他们抱有信心，他们将来仍有机会赶上女孩。然而，由于我们对男孩错误的认识，我们过早地对男孩做出各种失败性的评价，导致许多男孩很早就被贴上了失败者的标签。

孙云晓又强调指出，“差生”现象更是中国教育的顽疾。从小学一年级开始贯穿到高中，“差生”的标签成为许多男孩一生挥之不去的阴影。不少学校甚至在中考、高考前，动员“差生”不参加考试，以保证更高的升学率。据有人测算，按照现行评价标准，我国现有的2亿多中小学生中，有5 000万是“差生”，其中80%以上是男孩。

三、男孩对游戏的特殊偏爱——教师和家长现实中的困惑

解惑之一：男孩刻意违反纪律

男孩并非有意跟老师作对，而是因其大脑中控制冲动的区域——额叶发育得更缓慢。由于自制力差，男孩在课堂上往往难以长时间坐着听老师讲枯燥的内容，他们更容易分心，更容易做小动作（男孩的小动作是一种对大脑的自我刺激，以保持大脑清醒），因而更容易违反纪律而遭到批评或惩罚。

男孩血液中的多巴胺（可增加冲动性冒险行为）含量较多，流经小脑的血流量更大，而小脑是控制“行为”和“身体运动”的部分。这导致男孩在静坐或久坐过程中的学习能力总体上不及女孩。事实上，这种运动对男性大脑的学习至关重要。

女孩的额叶通常较男孩的活跃，而且发育期更早，因而女孩不像男孩那样容易做出冲动的决定。不过，冲动有时在学习中更有用，尤其是需要在户外进行更多的独立学习时。

解惑之二：男孩为何更适合深度学习

男孩大脑处理血流的总量较女孩少15%，同时男孩会对大脑活动进行区分，这种特性不利于同时进行多项任务的学习。因此，男孩在长时间专注于单一任务时成绩较好，此时深度学习在发挥作用。如果非常频繁地变换任务，他们的表现则不佳。

女孩的胼胝体（连接大脑两个半球）体积大于男孩，可在两个大脑半球间进行更多的交叉信息处理，可同时等质量地完成多项任务。

解惑之三：男孩为何上课更容易走神

由于大脑血流量少于女孩，男孩的大脑需要更多类似小憩的“睡眠状态”，为下一个任务做好准备。然而，这种对男性大脑至关重要的睡眠状态很可能在教室里酿成大麻烦。大部分未完成作业、在课堂上停止做笔记或睡觉，甚至以摆弄铅笔或坐立不安等方式进行自我刺激（这样可以保持清醒以便继续学习）的学生都是男孩。与此相反，一个女孩即使对上课内容感到厌烦，她仍可以睁大双眼听课、做笔记。女性大脑的血流在睡眠状态下也非常活跃。

女孩大脑颞叶中拥有更强大的神经连接，帮助她们有更多复杂感知记忆的储存以及更好的听力，特别是当这些声音是以语言的形式出现时。与女孩相

比，男孩需要更多触觉型的体验，以便激发大脑学习的积极性。

解惑之四：男孩的记忆力为何不如女孩

男孩大脑中的海马（大脑中的另一记忆存储区）与女孩的工作方式也不同。男孩需要更多的时间才能记住课堂上老师讲的内容，特别是写出来的文字内容。不过，因为男孩的海马更偏爱序列，因而在记忆大量序列式和层次要点的信息时非常成功。

男孩的大脑有更多的白色物质，这些物质主要负责脑细胞间的联络以及神经冲动在大脑和四肢及躯体间的传递，所以男孩生来就具有强大的空间感知力。女孩的大脑比男孩多出15%的灰色物质，这些灰色物质主管人类的语言思维，所以女孩天生具有强大的语言优势。

解惑之五：男孩写的字为何不如女孩

男孩控制精细动作的大脑区域和神经系统的发展总体落后于女孩，因此让男孩握住铅笔并写出漂亮的汉字更加困难。这些发育上的差异往往使男孩被视作愚笨或迟钝，这可能使他们从一年级开始就讨厌学校。

男孩大脑中许多负责学习功能的区域发育较晚，如果它们承受过多加速发育的压力，就会成为男孩在生命早期经历高压力和高失败率的主因，等到这些男孩读四五年级时，便显现出缺乏学习动机的早期信号了。

四、男孩的危机

调查显示，我国高校中近$\frac{2}{3}$的国家奖学金获得者为女生，大学男生的学业成绩远远落后于女生；近10年来，全国高考状元中男生的比例已由66.2%下降至39.7%。

事实上，“男孩危机”是全球性的。大量研究显示，男孩的学习方式与现行教育模式不匹配是男孩学业危机的最主要因素。

20世纪八九十年代，为帮助女孩获得学业成功，研究人员尝试在数学、科学等学科考试中，增加更多对女孩有利的解释性说明和论证性文章等答题方式，结果发现女孩的成绩普遍提高。该项研究成果已被广泛应用到了考试中。

当著名教育专家孙云晓和两位儿童心理学博士联合推出新著《拯救男孩》时，其产生的社会反响不亚于当年孙云晓的另一篇文章《夏令营中的较量》。

在《拯救男孩》一书中，3位作者用大量的数据表明，从中小学到大学，男孩的学业成绩正一路下滑、全线告急，不仅如此，越来越多的男孩因为学业不良或失败而被学校蔑视甚至抛弃。

放眼全球，男孩教育中的学业危机并非中国独有。包括美国、英国、加拿大、澳大利亚、德国、法国和日本在内的35个发达国家的研究显示，女孩在所有教育评分上均胜过男孩。

在人们开始惊呼中国男孩为何学业如此失败时，放眼全球可以发现，男孩教育中的这一危机并非中国独有。国际经济合作与发展组织（OECD）曾实施了一项国际学生评估计划（PISA），该评估计划主要衡量青少年对语文、数学和科学知识的掌握及运用能力，对包括美国、英国、加拿大、澳大利亚、德国、法国和日本在内的35个发达国家的研究显示，女孩在所有教育评分上均胜过男孩，其中差距最大的是阅读和写作科目。

美国《商业周刊》曾以《新两性鸿沟》为封面报道，尖锐地指出："从幼儿园到研究所，男孩变成弱势。"美国女生在学业表现上一路领先男生，2000年拿到硕士学位的女生是男生的1.38倍，大学中男生所占比率低于44%。大部分学校中，男生占成绩等级得分D和F的绝大部分，高中辍学人群中约80%是男生。

在英国，"男孩危机"已受到高度重视，不管是英国政府还是教育部门都已认识到"男孩危机"的严重性。在大学阶段，女生入学比例也已超过男生。从英国中等教育普通证书考试（类似于我国的高中会考）的结果看，女生不但在语言类学科上继续保持着极大优势，而且在过去男生占优势的数学、科学学科上的成绩也迅速提升，并在1995年首次"与男生抗衡"，自此男生总体上显得越来越弱势。

在德国，大学里的男生同样少于女生。各类学校中完全不能毕业的男生是女生的3倍，每年留级的男生比女生多一倍，特殊学校的学生中64%是男生。

澳大利亚是最关注"男孩危机"的国家之一，因为认识到"男孩危机"越来越严重，澳大利亚政府与教育研究部门多方合作，以应对"男孩危机"。澳大利亚公布的数据表明，男孩不仅在读写能力、学校投入和喜欢学校、教育成就等方面与女孩存在差距，在出现纪律问题和被学校开除的学生中，男孩几乎占了绝大多数。男孩休学和退学的人数也在上升，在有些学校，每10个休学或退学的学生中有8个是男孩。2002年，澳大利亚联邦议会发布了一份题为《男孩：正确地成长》的报告。报告证实，大量男孩的学业成就和更为广泛的社会指标上的表现都不尽如人意。该报告认为，人们对男孩教育的诸多关注是合理的，而这些关注在目前的政策框架内还没有得到充分考虑。该报告还特别指出：提升男孩的成就并不会危及女孩过去十几年里所取得的成果，两者并非是此消彼长的关系。

男孩因学业不良而带来的心智发展危机已在国际上引起越来越多的相关研究与关注。哈佛大学研究员丹·金德伦与心理学家迈克尔·汤普森在针对小学教育的《该隐的封印》一书中写道："在学校，男孩普遍面对一种挣扎：为满足学校的学业期望，有些男孩在发展曲线中取得领先，有些女孩落后了，但我们在对比男孩与女孩的平均成绩时发现，在早期学校环境中，男孩普遍居于劣势。"

《真实的男孩》的作者、哈佛大学心理学家威廉·波拉克在对初、高中男孩的学习自尊心进行研究后指出，男孩不仅在自尊心方面较女孩更脆弱，作为学习者的自信心更易被削弱，同时男孩比女孩更易违反校规校纪、被停课或辍学。

克里斯蒂娜·霍夫·萨默斯在她的《对抗男孩的战争》一书中提到，在当今的教育体系中，女孩比男孩更期望接受良好教育，而更多的男孩认为老师不理睬他们的声音。该书还引用了美国教育部进行的研究：在对八年级和十二年级学生进行的职业期望调查中，女孩均比男孩抱有更高的职业期望。

美国古里安学院创始人迈克尔·古里安根据该学院针对美国、加拿大和澳大利亚学区近20年的研究断定：无论男孩的学习成绩优劣，都面临着在一个有可能认为他有缺陷、不了解如何引导他或修正自身的体系下接受教育、管理和指导的风险。

五、课间游戏的发展

代表人物	家庭孩子数目	游戏名称	游戏场地	游戏乐趣
爷爷奶奶	4～6人	钻城门、香烟人、糖纸	房前屋后	身心变得愉悦，紧张的学习变得轻松，大脑思维更加活跃，同学之间的友谊更加深厚，生活也更加快乐和丰富多彩。课间时间虽然短暂，却带来了无限乐趣
爸爸妈妈	3～6人	翻绳子、跳绳、踢毽子、打沙包、跳皮筋、转陀螺、跳格子、抓花样珠子、下棋	学校、教室、操场、房前屋后	
我	1人	打牌、下棋、电脑游戏	教室、家里	

课间本是同学们最喜欢、最快乐的时间。适当的课间活动对我们的身心是非常有益的。但通过近期的调查发现，我们许多同学并没有充分认识和利用好这宝贵的课间活动。

六、无奈的课间

时间	课间活动情况		原因	危害
	男生	女生		
上午课间 下午课间 放学后	追逐 打闹 打牌 下棋	改作业 看书 作业	1. 老师拖堂占用了我们的课间活动时间。 2. 老师布置的作业太多，有的同学忙着赶作业。 3. 学校不允许带活动器材，没有器材。 4. 独生子女交往能力差，同学之间不知道玩什么……	1. 会降低学习效率。 2. 下课后继续看书写字，会损害视力，还会成为只会学习的书呆子。 3. 追逐打闹既容易受伤而造成安全事件，在上课铃响了后，又无法收心继续上课

七、了解课间活动的好处

1. 课间活动可以调节身心，是缓解身体和大脑疲劳、释放压力的有效方法。同学们在上课时注意力非常集中，时间长了会疲劳，从而影响了学习效率。下课后进行课间活动，可以消除疲劳，提高学习效率。

2. 课间活动还可以保护视力，上课看书、写字时间长了，会引起眼睛疲劳，视力减退。课间活动时，到室外望望远，可以预防和减轻视力损害。

3. 开展课间活动，可以保持教室内的新鲜空气。下课了，同学们到室外活动，呼吸新鲜空气，开门换气，让下一节课时室内空气变得清新。

4. 通过有益的课间活动，在与同学们交往活动的过程中，既能培养我们文明健康的情趣和积极向上的生活态度，又能培养团结协作、互相帮助、公平竞争和诚实守信的良好品质。

八、我的课间游戏我做主——创新游戏

课间十分钟虽然很短，但是对男生来说仍然很宝贵，我和同学课间常玩的游戏有香烟人、弹珠、弹硬币、百变夹子、折纸、画格子、桌牌、扑克、文具游戏等。

隆重推介我的创意游戏：百变夹子、文具游戏。

百变夹子

（1）材料：各式各样的夹子都可以，不锈钢、木制、塑料等，大小均可。

（2）目的和意义：衣夹作为每个家庭的必需品，仅仅用于衣服的晾晒，大部分家庭的衣夹一般都按最大使用量购买，多数时候都有剩余，或堆在一起，或夹在衣架上，不美观、易脏乱。将家里不常用的衣夹作为玩具拼装成不同的形状，不但可以美化收集衣夹，而且锻炼了我们的动手能力和想象力，一物两用。

通过活动，增强了我的动手拼装能力，也启发了我对事物的观察能力，使我的想象力得到了很大的提高。

（3）创意灵感：现在的家庭注重从小就对孩子进行各种能力的开发和培养，积木作为启智最常见的玩具，是许多家庭的首选。而衣夹作为家庭的必需品，也是每个家庭必备的，常常堆放在一起，如果能将衣夹作为拼装积木，不但能装饰家用，而且节省了购买积木的钱。

衣夹虽小，但其形状、颜色多样，通过想象和仔细观察可以拼装出各种各样的事物，如飞机、机器人、恐龙等（我的同学都认可，要求跟我学）。而且衣夹作为日常用品，价格便宜，每个家庭都有，推广容易。

（4）步骤：首先收集衣夹；接着观察要拼装的东西，如大概形状、关节位置等。

（5）方法：

① 可用一个衣夹去夹前一个或下一个衣夹的塑料尾部。

② 也可以用衣夹去夹前两个或下两个衣夹紧靠在一起的塑料尾部。

③ 衣夹可以水平夹，也可以垂直或任一角度夹。

④ 当要做活动的关节时，就用相对尖头的夹子去夹前一个衣夹的铁丝部位，此时可以做到180° 的旋转。

⑤ 如要做得漂亮，可以选择不同形状、颜色的衣夹，考虑好是否需要对称、活动等位置，就可以做出各种各样的实物。

（6）实物照片：

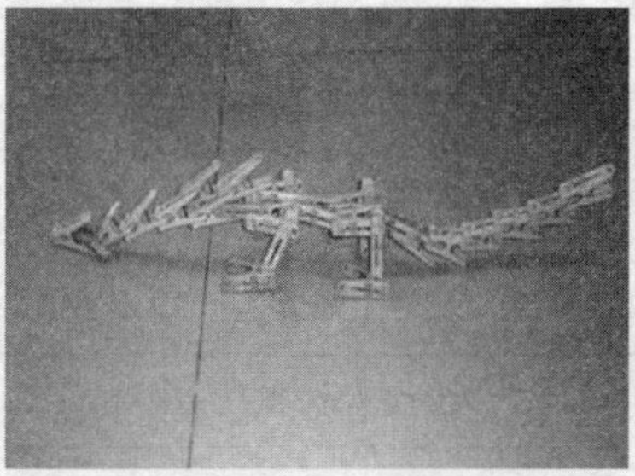

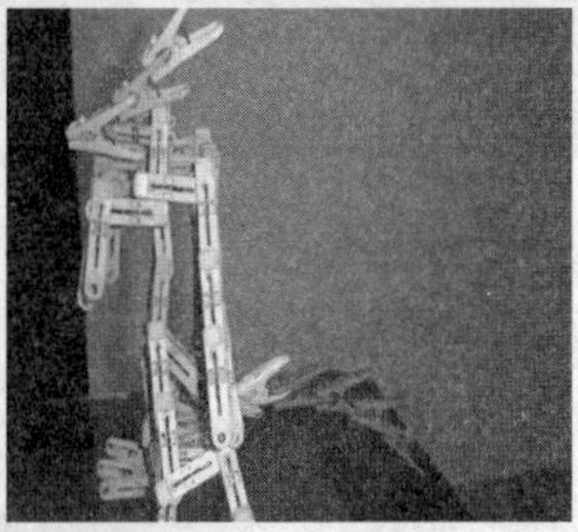
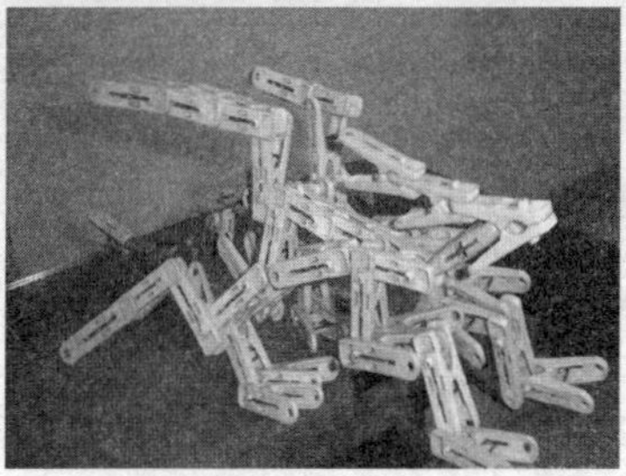

我的恐龙（约20～60个衣夹）

详细介绍：雷龙（食草动物）、霸王龙（食肉动物）、怪兽的正面和侧面。

文具游戏

（1）起因：为了防止安全事故发生，学校提出：不准在走廊追逐打闹，不准到大操场打球，不准……不准……，哎，我们男生可真苦啊！爱玩是我们男生的天性，现在我们大多数都是独生子女，回到家没有什么可玩，也没有人能陪我们好好玩一玩，玩具虽多，但到了小学高年级，好玩的玩具也不能带到学校了，难道课间我们就不能有好玩的游戏了吗？错，大错特错，我们的游戏可多呢，尤其是我和同学们开创的文具游戏更是“百玩不厌”，乐此不疲！

（2）意义：就地取材，开拓视野，拓展了创新思维，动手动脑，其乐无穷！

（3）材料：铅笔、橡皮、直尺、三角尺、垫板等。文具成了小学校园里最流行的游戏玩具。小学生们运用手中仅有的学习工具，组合出几十种不同的玩法。同学们说：“学校不让带玩具，下课不准去操场，不玩铅笔玩什么？”

（4）种类：扮家家、搭飞机、灌篮、打保龄球等。具体玩法介绍见下表：

<table>
<tr><th>场地</th><th>游戏类型</th><th>游戏名称</th><th>游戏材料和玩法步骤</th></tr>
<tr><td rowspan="4">课桌
走廊</td><td>亲情体验</td><td>过家家——
文具一家亲</td><td>两支铅笔分别做爸爸、妈妈，橡皮做孩子，课桌成了卧室、客厅、游乐场等区域</td></tr>
<tr><td>生活体验</td><td>1. 跷跷板（也称天平秤）
2. 滑滑梯
3. 独木桥</td><td>1. 把尺子架在橡皮上，两头分别放上不同的东西，然后比较什么重、什么轻。
2. 把垫板架在铅笔盒里做滑梯，分别把东西放在上面，让它们从上面滑下来，比谁的滑梯滑得远。
3. 把连在一起的两张课桌分开，把尺子架在当中做桥，让橡皮从尺子上滚过去，不掉在地上的一方为胜</td></tr>
<tr><td>体育活动</td><td>打保龄球
灌篮高手</td><td>1. 把所有的笔都竖放在课桌上，并排成保龄球瓶排放的形状。把橡皮磨成圆形做球。用橡皮打铅笔，看谁打倒的“瓶”多。
2. 在一张硬纸上挖个洞，把铅笔盒垫高，用盒盖夹着硬纸板。把橡皮做的“篮球”放在尺上，用手弹尺子把橡皮投到篮里</td></tr>
<tr><td>军事体验</td><td>大炮</td><td>把尺子架在支点上，在一头放上炮弹（一般为橡皮），另一头用手猛压，橡皮会应声弹起，击中“发射目标”（通常是某名同学的后脑勺）</td></tr>
</table>

注意事项：不能在课堂上随意玩耍，不能因发明“文具创意游戏”而浪费金钱、影响课堂听课效率。

拿什么拯救你，我的睡眠

广东省惠州市第十一小学五（4）班　彭意舒
指导老师　任　萍

“啊——”“啊——”！一个哈欠接着一个哈欠，昨晚又到了三更半夜才睡觉，哎，现在的中小学生都好“苦”啊！

各位家长，如果你们不信，那就告诉你们一个很恐怖的消息吧：现在我国超过70%的中小学生睡眠严重不足，与别的国家相比，我国儿童的睡眠时间约少50分钟至1小时！

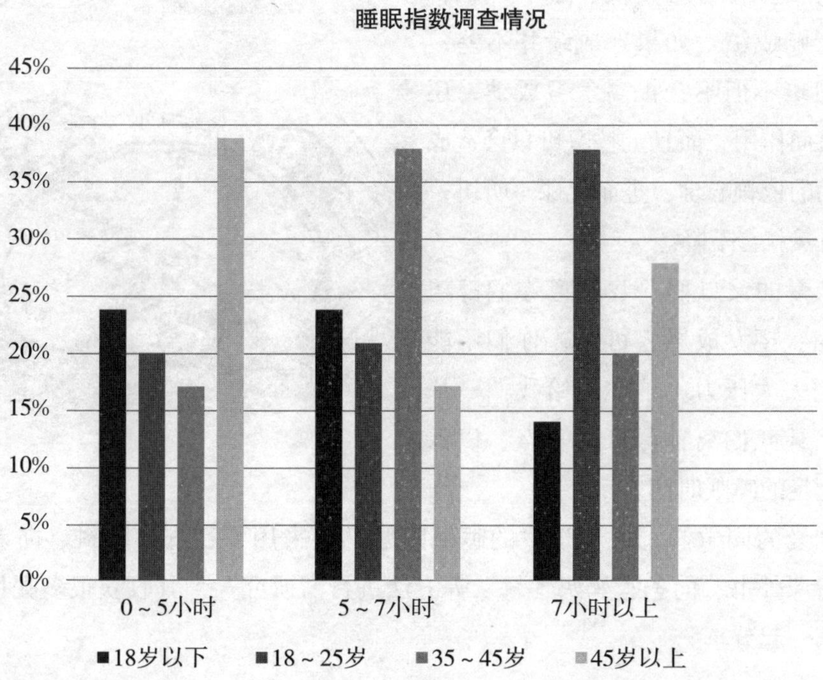

比如，你们眼前的我就一直被这个问题所困扰。我每天差不多只能睡7~7.5个小时，上课时有时还会无精打采的，课又上不好，觉又睡不好。怎样才能做到两全其美呢?

造成睡眠不足的两大元凶就是娱乐和学习。

说到娱乐，玩手机、玩电脑、玩游戏、看电视等，因玩得太厉害，而忘记时间，睡眠自然就少了。当然玩也不是不可以，但要有时间限制（我们也需要放松的嘛）。我有个好办法，可以给自己制订一个计划表，一周的游戏时间不超过两个小时，每晚必须在10点前入睡。

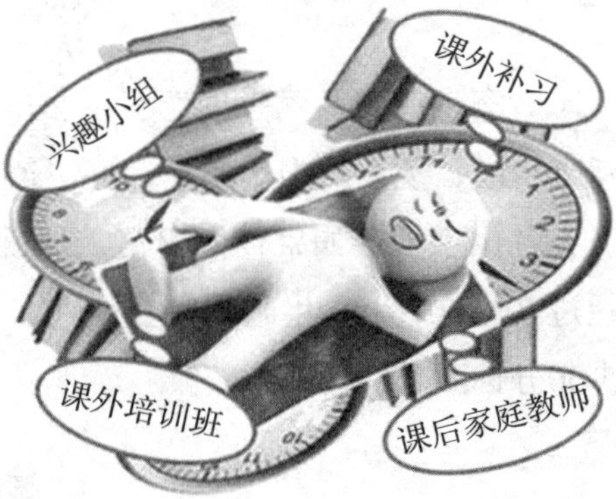

还有学习。你肯定很疑惑，学习?学习也有坏处吗?当然，但你不要误会，我说的这个学习是课外补习班。想必大家都有被父母逼着去上补习班的经历吧，那滋味可真不好受。想当初，我可是有三个英语补习班要上，可以说，我为补习班“英勇献身”了，想想都可怕。补习班不仅会影响睡眠，还会影响成绩。如果你成绩并不差，上补习班不但不会提高学习成绩，还会有负面作用，而且上补习班只会造成同学们的依赖心理，进而上课不听讲，成绩自然就会下降。

亲爱的父母们，我知道你们都望子成龙、望女成凤，可是，你们不能给我们太大压力，请你们给我们一片天地，让我们离补习班远一点，以保证有充足的睡眠时间。

亲爱的同学们，关于学生的睡眠问题，我采用了“查找资料、向老师询问、看课外书、向爸爸妈妈了解”等方法进行“研究”，其收获很多呢！现在和大家一起分享。

一、国际睡眠日

每年的3月21日是世界睡眠日，今年的主题为“规律作息，健康睡眠”。而《2018年中国的“90后”年轻人睡眠指数研究》显示，“90后”的睡眠均值为66.26分（满分为100分），普遍睡眠不佳，呈现出“需要辗转反侧才能安然入睡”的状态。

二、睡眠问题

据中国睡眠研究会不完全统计，我国人群中，有各类睡眠障碍的人群占38%，高于27%的世界平均水平。睡眠作为身体休养生息的自然生理，却成为许多人的困扰。无论睡多久，醒来总是疲惫；夜间辗转反侧，总是睡不着；半夜醒来，很难再次入睡……

中小学生睡眠不足是一个普遍性的问题：有调查研究发现睡眠质量好的学生只占少数，78.7%的学生存在睡眠障碍或睡眠时间不足现象。他们的平均睡眠时间为7小时，睡眠不足率为30.5%。

调查显示，学生上课打瞌睡现象非常普遍，1个月内曾上课打瞌睡的发生率高达91.7%；72.6%的学生每天上课至少打瞌睡1次，每次上课打瞌睡的平均时间长达18分钟。学生上课打瞌睡的原因很多，睡眠是影响上课是否打瞌睡最关键的因素——晚上睡觉时间越晚的学生打瞌睡的情况就越多。

三、熟睡的重要性

1. 自我修复

当睡眠被强制剥夺时，身体总是感觉非常痛苦。这是由于睡眠在帮助我们的身体和大脑进行自我修复。睡眠可以促进身体中蛋白质的合成、细胞更新、生长激素的释放和新陈代谢等。因此，睡眠能很好地去除疲劳，这也是为何我们在一夜好觉之后总感觉神清气爽、神采飞扬。

2. 增强免疫

睡眠与身体免疫功能也息息相关。如感冒的时候，我们就算睡得再久，也还是昏昏欲睡，这是因为受到了具有免疫机能的白细胞中细胞激素成分的影响。为了抑制病毒的繁殖，让体力能够恢复，这些细胞激素会发挥作用，让身体陷入深度睡眠，利于自我修复和调节。

3. 强化记忆

大量的实验研究显示，睡眠对学习后的记忆巩固起着决定性作用。在睡眠中，我们的大脑会根据白天经历的工作、体验、学习内容的轻重缓急进行“记忆整理”。

四、不佳睡眠的危害

长期的睡眠不足，会导致我们的记忆力、注意力和自控力严重下降。而这会让学生进入一个恶性循环——因为睡眠不足，导致记忆力、注意力和自控力的严重下降，上课的听课效率就会下降，本来可以在课堂上掌握的知识就无法掌握。到了晚上写作业的时候，因为知识没有学会，就会遇到各种难题无法解决，而自控力的缺乏导致学生虽然心里希望抓紧时间做作业，可是却把大量时间浪费在刷手机、玩游戏、看网络小说或者发呆之类的事情上，作业又会拖到很晚，睡眠越来越少。而自控力的降低，让我们的情绪控制能力也越来越差，就更容易出现和父母的冲突，更容易出现考试焦虑的问题。

五、全社会都要重视中小学生的睡眠问题

青春期的学生因为生理的快速发展，本来就很容易导致睡眠质量下降，如果睡眠时间不能保证，会对学生生理、心理的发展都产生不良的影响。

1. 睡眠比写作业重要。学生的睡眠非常重要，想要提升学习效率，提高学习成绩，形成良性循环，必须要从好好睡觉开始。

2. 建议教育主管部门，做调查研究，重新考量学生作息时间，延后中小学生到校时间。

3. 平常的睡眠不足，可以周末补觉。在目前的教育状况下，学生的睡眠不足有可能是常态，家长也要想办法改善孩子的睡眠质量，增加睡眠时间——周末不要上10点以前的辅导班。

总之，睡眠很重要，做梦对于我们的认知发展具有重要的意义。睡眠不足的问题已经严重影响了学生的学业表现。要想学习好，就要好好睡觉，认真做梦！

为什么马铃薯会变色

广东省惠州市第十一小学五（4）班　柳 彬
指导老师　任 萍

马铃薯属茄科一年生草本植物，块茎可供食用，是全球第四大重要的粮食作物，仅次于小麦、稻谷和玉米。马铃薯又称地蛋、土豆、洋山芋等，属茄科植物的块茎，与小麦、稻谷、玉米、高粱并称为世界五大作物。

马铃薯原产于南美洲安第斯山区，人工栽培历史最早可追溯到大约公元前8000年到公元前5000年的秘鲁南部地区。马铃薯主要生产国有中国、俄罗斯、印度、乌克兰、美国等。中国是世界马铃薯总产量最多的国家。2015年，中国启动马铃薯主粮化战略，推进把马铃薯加工成馒头、面条、米粉等主食，马铃薯成为稻谷、小麦、玉米外的又一主粮。

马铃薯蛋白质营养价值高，含有多种维生素和无机盐。马铃薯可提供大量的维生素C，块茎中含有维生素A（胡萝卜素）、维生素B_1（硫胺素）、维生素B_2（核黄素）、维生素PP（烟酸）、维生素E（生育酚）、维生素B_3（泛酸）、维生素B_6（吡哆醇）、维生素M（叶酸）和生物素H等，对人体健康都是有益的。此外，块茎中的无机盐如钙、磷、铁、钾、钠、锌、锰等也是人的健康和幼儿发育成长中不可缺少的元素。马铃薯可作为蔬菜制作佳肴，亦可作为主粮。每人每天吃250克的新鲜马铃薯，就能产生100多千卡的热量，而且食用后有很好的饱腹感，所以食用马铃薯十分耐饿，加上马铃薯没有异常味道，所以完全可以作为主食来食用。

马铃薯也是所有粮食作物中维生素含量最全的，其含量相当于胡萝卜的两倍、大白菜的3倍、番茄的4倍，B族维生素更是苹果的4倍。特别是马铃薯中含有禾谷类粮食所没有的胡萝卜素和维生素C，其所含的维生素C是苹果的10倍，且耐加热。有营养学家做过实验：250克的新鲜马铃薯便够一个人一昼夜消耗所需要的维生素。

马铃薯含有丰富的膳食纤维和钾盐，属于碱性食品。从营养角度来看，它比大米、面粉具有更多的优点，能供给人体大量的热能，可称为“十全十美的食物”。人只靠马铃薯和全脂牛奶就足以维持生命和健康。马铃薯具有抗衰老的功效。它含有丰富的维生素B_1、B_2、B_6和泛酸等B族维生素及大量的优质纤维素，还含有微量元素、氨基酸、蛋白质、脂肪和优质淀粉等营养元素，很适合水肿型肥胖者食用，有减肥的功效。

了解了这么多马铃薯的知识，现在来听听我最近发现的一件奇怪的事吧：哎！今天家里没人，又是我做饭。我无奈地去市场买菜。今天的“美味佳肴”有土豆炒肉片、番茄汤，再加上白米饭。

一回到家，我就开始准备做饭菜。我先给土豆削皮，然后切成丝。这时门铃响了，原来是邻居来找我爸爸聊天，但是爸爸不在家，我就先招呼邻居，又是泡茶又是聊天。大约过了20分钟，我一进厨房，“啊！”我大惊失色，原来马铃薯变成了红色。过了一会儿，居然变成了褐色，这使我大吃一惊。

等我冷静下来以后，立刻拿起手机去查阅马铃薯变色的原因：经科学研究发现，在植物细胞中普遍存在着一种叫氧化酶的有机物。氧化酶有多种，其中有一种叫酚氧化酶，它存在于马铃薯的块茎中。酚氧化酶中含有铜离子，在正常情况下，酚氧化酶和底物酚在细胞质中是分开的，当细胞受伤、重创或组织衰老时，细胞结构部分解体，底物酚被释放出来和氧化酶接触，发生生物化学反应，酚氧化酶将酚氧化成一种叫醌的有机物，它的颜色是棕褐色的。所以，去皮的马铃薯都会变成褐色。另外，在苹果、梨的果实里也存在大量酚氧化酶，醌对微生物有毒，可防止感染，故酚氧化酶能保持植物正常的生命活动。后来我又发现，在生活中，像马铃薯这样会变色的植物还挺多呢，像淮山、茄子、苹果等都会有这样的现象。

科学永无止境，只要你有一双发现的眼睛，并勤于思考，就会成为生活的智者！

马铃薯为什么会开花?

广东省惠州市第十一小学五（4）班　黄梓恩
指导老师　任　萍

“马铃薯”因酷似马铃铛而得名，此称呼最早见于清朝康熙年间的《松溪县志食货》。中国东北、河北、鄂西北一带称其为土豆，华北称山药蛋，西北和两湖地区称洋芋，江浙一带称洋番芋或洋山芋，广东称之为薯仔，粤东一带称荷兰薯，闽东地区则称之为番仔薯，在鄂西北一带被称为土豆。

17世纪时，马铃薯已经成为欧洲的重要粮食作物且已传至中国。由于马铃薯非常适合在高寒地区生长，于是很快在内蒙古、河北、山西、陕西北部得到普遍种植，马铃薯、玉米和番薯等从美洲传入的高产作物成为贫苦阶层的主要食品，对维持中国人口的迅速增长起到了重要作用。

马铃薯块茎水分多、脂肪少、单位体积的热量相当低。马铃薯还有药用价值，可以用来主治胃痛、痄肋、痈肿、湿疹、烫伤等。

但是马铃薯也含有一些有毒的生物碱，尤其是食用发芽的马铃薯后可能中毒，严重的会导致头痛、腹泻、抽搐、昏迷，甚至会导致死亡。因此，一般发芽的马铃薯都应及时丢掉，以免误食之后危害身体健康。

说了这么多关于马铃薯的知识，我也不由得想起了小时候的一个故事：

记得那是在一个夏天，我才刚刚6岁，发生了一件奇怪的事情。在夏天，人们都喜欢吃“沙拉”。我就把做沙拉的工具放回了仓库里。没过几天，我再次进仓库，发现土豆开了花。天呐！土豆居然开花了，而且不只长出了一朵花，有两三朵呢。于是我开始思考：番茄、青菜、黄瓜在这里会不会长出花来呢？为什么土豆放进去就会开花呢？土豆的里面或者外壳会有什么奇怪的东西吗？

带着这个问题，我再次做了实验。把土豆放在袋子里多久才能开出花来

呢？为什么只有土豆会开花，难道土豆是来自外星的吗？土豆为什么会开花？然后我再次拿出黄瓜，把它也放进一个袋子里。

过了几天，袋子里的土豆也一样开了花。我想：如果我把黄瓜和土豆一起放进去，黄瓜会不会被感染呢？做了这个实验我发现：其实土豆开花也有繁殖的好处。土豆发芽产生有毒的龙葵碱，所以土豆发芽不能吃。黄瓜却没有影响。但是，土豆和苹果放久点都不会烂。因为苹果会散发叫作“乙烯”的气体，可以减缓土豆的“发育”。而且把土豆放进草袋、麻袋里，可以延缓土豆的发芽和生长。

什么叫科学？是大自然。什么叫发现？是留意大自然。什么是发明？是你把几样东西变成简便的工具。我发现了土豆的奇迹，你呢？

神奇的唾沫

广东省惠州市第十一小学五（4）班　叶倬君
指导老师　任 萍

唾沫，在我们眼里是最平凡不过的。但就是这些被很多人说“恶心”的“水”，对我们的帮助太大了。

还记得在我四五岁时，卫生间门口有一摊水，而我在家里跑来跑去，我真“疯”啊！我跑到卫生间门口，不小心踩到了水，我脚底一滑，身体往前一倾。“砰！”我额头一阵刺痛，就“哇——”的一声大哭了起来，额头上多了一个“朋友”——又大又肿的红包，妈妈看见了，就用手指沾了一点口水，轻轻涂在我的额头上，很快，那个“新朋友”不再淘气，我便不哭了。真神奇！

记得还有一次，我和一名同学出去玩，我们都没有带“风油精”，玩着玩着，有一只讨厌的蚊子咬了我一口，吃饱喝足后就飞走了，而我还不知道，过了一会儿，我感到手有些痒，就拼命地抓，仿佛一刻不抓都不行，直到同学看见了，她告诉我：“不要去抓，皮肤会被抓破的，抹点口水就好了！”我按照她的话去做，沾了一点口水抹在上面。果然，不久之后就不痒了，口水真是太神奇了！

直到有一天，也就是今天，老师让我们写科技小论文，我想起了这些事，我就在想，口水这么神奇？上次不小心咬到了舌头，破了点皮，出了点血，没几分钟，伤口就好了，也是因为唾沫吗？我很好奇，于是上网查了一下，发现关于唾沫的知识还真不少呢！

一、什么是唾沫？

唾沫就是口水，我们往往认为它是脏东西，尤其是看到恶心的事物时，总想吐口水。其实口水非但不脏，对人还有很多益处。

口水，医学上称之为唾液，属于无色、透明、有泡沫的液体。而我们人体每天唾液的分泌量非常大，与排尿量相似，大约每天分泌1000～1500毫升。

唾液主要来自口腔黏膜下方以及附近组织腺体的分泌。唾液的主要成分是水分，占有99%以上，其中固体、有机物、无机物等不足1%。

二、唾液的作用

有资料显示，唾液含有血浆中的各种成分，以及多种酶和维生素、矿物质、有机酸，甚至是激素，对人体起到消炎、解毒、助消化以及抗衰老的作用。具体来说，可能具有以下八大好处：

1. 疾病提示的作用。正常情况下唾液是无色无味的，当含有细菌、病毒、食物残渣以及其他分泌物时，便会发生异味。

2. 润滑作用。口水润滑口腔，保持口腔的湿润，让食物更容易通过口腔进入食管、胃部。

3. 抑菌作用。正因为有口水的存在，我们的口腔才得以健康，口水抑制口腔细菌的繁殖，使咽喉、口腔、牙龈等部位少产生炎症问题。

4. 助消化。口水其实也是一种消化液，其中含有消化酶，最具代表性的是唾液淀粉酶，它可以分解淀粉食物中的单糖，让食物产生甜味，让我们享受食物的美好。

5. 让我们吃得更快乐。我们之所以能尝到食物的味道，是味蕾感受到了不同的刺激，但是味蕾一般在舌头上隐藏得比较深，且分布位置不同。只有靠口水使食物湿润，让食物上的小分子能够刺激到味蕾，才产生了我们所知道的酸甜苦辣咸。

6. 冲洗以及稀释作用。大量的唾液在吞咽过程中也带走了食物残渣，保护牙齿干净健康。同时唾液也稀释了刺激性的味道，如苦的、咸的、辣的，减轻口腔的痛苦。

7. 止血作用。口水确实有促进血液凝固的作用。

8. 有资料显示，唾液还含有神经生长素，可能缩短伤口的愈合时间，加速烫伤皮肤的愈合。

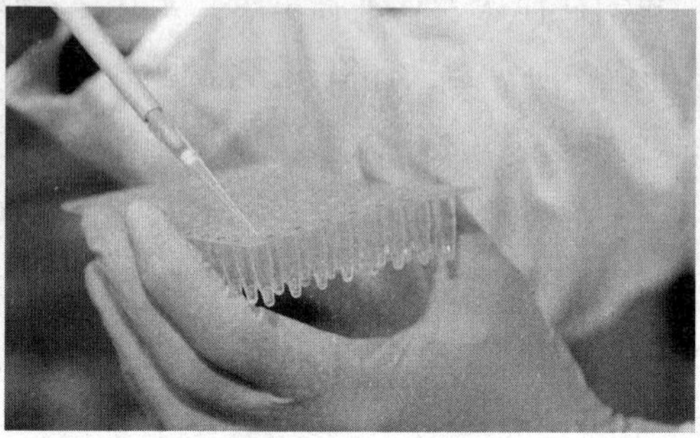

哇！唾沫真的是好神奇啊！看似只是普通的东西，却一点儿也不简单。看来生活中处处有科学，只要我们细心观察，就能发现科学、了解科学。同学们，让我们都拥有一颗善于发现的心吧！

我家的桃树会“流血”

广东省惠州市第十一小学五（4）班　杨清丹
指导老师　任　萍

中国是桃的故乡，桃树至今已有3000多年的栽培历史。世界上桃的品种有3000多种，中国占$\frac{2}{3}$以上，可分为食用桃和观赏桃两大类，观赏桃主要是观赏桃花，有桃红、嫣红、粉红、银红、殷红、紫红、橙红、朱红……真是万紫千红，赏心悦目。

关于桃，在中国有许多美丽的神话和传说。在传说中，桃是神仙吃的果实，桃子被称为“仙桃”“寿桃”。因其肉质鲜美，又被称为“天下第一果”。桃肉含蛋白质、脂肪、碳水化合物、粗纤维、钙、磷、铁、胡萝卜素、维生素B_1、有机酸（主要是苹果酸和柠檬酸）、糖分（主要是葡萄糖、果糖、蔗糖、木糖）和挥发油。每100克鲜桃中所含水分占比88%，蛋白质约有0.7克，碳水化合物为11克，热量只有180千焦。桃子适宜低血钾和缺铁性贫血患者食用。

在《西游记》中，天宫里的王母娘娘做寿时，就曾设蟠桃盛会招待群仙。这虽然是神话，也说明桃绝非一般水果可比。至于齐天大圣孙悟空以及他的子孙们均以桃为食。有些地区民间年画上的老寿星，手里总是拿着桃——“寿桃”。老人过生日时要蒸桃形的馒头，在老人生日那天献给老人，以祝福老人健康长寿。

其实在我们学习的古诗文中，也有很多赞美桃的篇章呢，如《诗经》：“桃之夭夭，灼灼其华。”唐代张志和的《渔歌子》中有“西塞山前白鹭飞，桃花流水鳜鱼肥”；晋代文学家陶渊明的《桃花源记》更把人们带入一个令人神往的天地。

相信每一名同学都喜欢吃桃吧，桃花也十分美丽。我家阳台上有一棵桃树，它除了在每年的阳春三月开出一树粉嫩的桃花、初夏结出诱人的桃子之外，树上还常有些小小的、颜色像咸蛋黄一样的“木耳”，后来我才知道那叫桃胶。它是桃树树干上分泌的胶质，可用作黏结剂等，为一种聚糖类物质，水解能生成阿拉伯糖、半乳糖、木糖、鼠李糖、葡糖醛酸等，可食用，也可供药用，有破血、和血、益气之效。

桃胶是焦黄色的，带着一点血红，半透明的，阳光一照很是好看，看上去就像桃树上有一块血痂似的。

桃胶的外形虽然在一些人看来不太好看，可营养价值却很高。它富含蛋白质，可以清血降脂，还具有美白的功效，使皮肤紧致，颇受女性喜爱。其主要成分有半乳糖、鼠李糖、α-葡萄糖醛酸等，更是对人体有益无害！我妈妈常常去桃树上摘取桃胶，并用它煲汤、煮糖水。

桃胶还有不少好听的“外号”呢，如桃花泪、桃油、桃脂、桃凝等。是不是很形象呢?

桃胶是从桃树上流出的胶，原本是液态，经过与空气的接触，渐渐硬化、变色、成形，最终成为吸附在树上的桃胶，从清水一样的颜色逐渐变成黄褐色。

这就是桃胶。我家的桃树会流“血”，有趣吧！

我家的多肉也要喝酸奶

广东省惠州市第十一小学五（4）班　杨一一
指导老师　任 萍

酸奶营养丰富，老少皆宜。我最爱喝酸奶，尤其是一到夏天，酸奶冰冰的，简直令人爱不释手。因此，我对酸奶的了解也能如数家珍呢！朋友，还是来听我说一说吧！

酸奶的发展：酸奶作为食品至少有4 500年的历史了，最早期的酸奶可能是游牧民族装在羊皮袋里的奶受到依附在袋上的细菌影响自然发酵，而成为酸奶。

最初的酸奶可能起源于偶然。那时羊奶存放时经常会变质，这是细菌污染了羊奶所致，但是有一次空气中的乳酸菌偶然进入羊奶，使羊奶发生了变化，变得更为酸甜可口了，这就是最早的酸奶。牧人发现这种酸奶很好喝，为了能继续得到酸奶，便把它混入煮开后冷却的新鲜羊奶中，经过一段时间的培养发酵，便获得了新的酸奶。

酸奶的发酵过程使奶中糖类、蛋白质有20%左右分别被水解成小的分子（如半乳糖和乳酸、小的肽链和氨基酸等）。奶中脂肪含量一般是3%～5%，经

发酵后，所含脂肪酸可比原料奶增加两倍，这些变化使酸奶更易被人体消化和吸收，各种营养素的利用率得以提高。酸奶由纯牛奶发酵而成，除保留了鲜牛奶的全部营养成分外，在发酵过程中，乳酸菌还可以产生人体营养所必需的多种维生素，如维生素B_1、维生素B_2、维生素B_6、维生素B_{12}等。

酸奶的作用非常多：能将牛奶中的乳糖和蛋白质分解，使人体更容易消化和吸收；有促进胃液分泌、提高食欲、促进和加强消化的功效；乳酸菌能减少某些致癌物质的产生，因而具有防癌作用；能抑制肠道内腐败菌的繁殖，并减弱腐败菌在肠道内产生的毒素；有降低胆固醇的作用，特别适宜高血脂的人饮用……

最近天气有些冷，妈妈从超市买来了一箱酸奶，我们一家人都忙着取暖、吃火锅，把酸奶“冷落”了。周末大扫除时，发现有一箱酸奶过期了，唉，真可惜，那箱酸奶还是进口的呢！“哦！我有个好主意！”我大声说。“姐姐，你有什么好主意吗！每次都闯祸，害得我们挨骂，倒霉！”妹妹嘟着嘴巴说。

“哎呀！这一次一定不会出错的！就相信我嘛，好妹妹！”

“嗯，那好吧，千万不要出错了哟！”

“一定不会的，我保证！”

我跟妹妹说了我的想法：“我们把过期的酸奶倒入阳台的多肉里，看看多肉会不会长胖。”说起“多肉植物”，在这里请允许我给大家“脑补”一下：多肉植物（succulent plant）是指植物的根、茎、叶三种营养器官至少有一种是肥厚多汁并且具备储藏大量水分功能的植物。其至少具有一种肉质组织，这种组织是一种活组织，除其他功能外，它能储藏可利用的水，在土壤含水状况恶化、植物根系不能再从土壤中吸收必要的水分时，它能使植物暂时脱离外界水分供应而独立生存。

“好！”妹妹说干就干。我们拿出一瓶酸奶，小心翼翼地倒进多肉的花盆，哈哈！多肉的泥土变白喽！妹妹用她那稚嫩的声音说：“多肉宝宝，你一定要快快长大，不要让我们失望哦！”

我们每天都坚持给“多肉宝宝”喂酸奶。终于有一天，“多肉宝宝”长肉了！原本瘦瘦的它，现在已变得肥肥的了，我们把这件事情告诉妈妈，并把多肉的成长图片拿给她看，妈妈都觉得这事不可思议。

通过上面这件事情，我明白了一个道理：不论你想做什么事情，只要你勇于尝试（只要不是危险的），就一定能成功。

我的“多肉宝宝”太可爱了，喝了酸奶，变得更加“珠圆玉润”呢！后来，我又采用“查找资料、向老师询问、看课外书、向爸爸妈妈了解”等方法进行“研究”，收获多多呢！现在和大家一起分享一下：

哎哟，不错哦！用酸奶盒养多肉植物居然也能养出好状态。说到酸奶盒想必大家都不陌生吧，在这之前，空酸奶盒我都是直接扔掉的。自从养了多肉才发现酸奶盒是多肉植物的真爱，真是完美搭配啊！注意事项：过期的酸奶、纯牛奶都是浇花的最好肥料。但是直接浇灌容易产生肥害，会引起烧根、生虫等，对植物不利。你可以用饮料瓶把它们积攒起来，发酵一两个月，稀释后浇花，保证你的花草郁郁葱葱、非常喜人。如果你嫌味道不好闻，在发酵好后可以放几片橘皮，就可以有效地减轻臭味。

辞旧迎新，新年马上就到了，我的“多肉宝宝”和“酸奶”要携手迈向新年呢，各位和我一起期待吧！

我家池塘的鱼要吃薯片

广东省惠州市第十一小学五（4）班　邓宇佳
指导老师　任　萍

有的鱼爱吃蚯蚓，有的鱼爱吃糠，有的鱼爱吃米饭。鱼缸里的鱼可以吃鱼虫，也可以吃馒头渣。河里的大鱼吃小鱼，小鱼吃虾和螺蛳。沼泽地的鳄鱼连河马都能吃掉，而大海里的鲨鱼会吃人……

在人工喂养的鱼塘里，草鱼爱吃草，据说吃草的草鱼肉很鲜美。也可以给鱼喂鱼食饲料，我也见过有人给鱼喂玉米的外皮的。可是，最近我做了一个关于鱼食的有趣实验，想听我讲述来龙去脉吗？听好！

“咔嚓，咔嚓……”悠闲的我正在享受着太阳底下吃薯片的暖意呢！“又吃垃圾食品！”唉，又听妈妈念经了。我可不敢违抗“上将”的命令，马上停止吃零食。又要浪费了。嗯……有个好办法，把剩下的薯片掰成小块并将其扔到鱼塘，鱼儿吃不吃？好奇心驱使着我拿着剩下的薯片跑向鱼塘。

来到鱼塘，我看了看，鱼儿还在水中嬉戏游玩，看那优美的身段，骨碌碌转的眼睛，可爱极了！经过父母的同意，我买了几十条金鱼做实验品，算为科学付出了我的心血和金钱。我小心翼翼地把掰好的薯片扔进鱼缸里进行观察，哟，鱼儿们还抢着吃呢！我又多放了几片薯片，鱼儿们又以迅雷不及掩耳之势全抢光了，然后若无其事地悠闲地游开了……

一天过去了，我再次来看我的实验鱼，哇，一条都没死。我家鱼也怪，咋吃薯片呢？还长胖了呢！看来，是可以给鱼吃薯片的，但别喂太多就行，要不然就真的出事了！

事实证明，鱼是可以吃薯片的，我怀着好奇心到网络上查找了关于薯片的营养价值，不查不知道，一查吓一跳，原来薯片的营养价值还不少呢：薯片的主要原料是土豆，含有丰富的维生素B_1、B_2、B_6和泛酸等B群维生素及大量的优质纤维素，还含有微量元素、氨基酸、蛋白质、脂肪和优质淀粉等营养元素。但是部分B族维生素在高温下热稳定性不高，在烹调中容易被破坏。薯片是由土豆经过切片在高温下与油一起加工制成的，一般含有30%～40%的脂肪。依口味不同，一些薯片中还含有较高的盐。

但是，薯片的坏处也不少，因味道鲜美，味觉能够得到极大满足，但多吃会破坏食欲。长期大量食用薯片，待导致人体内盐分增加，会引起血压增高等症状。因此食用薯片要有节制，给鱼儿食用时更要小心谨慎，只能当作调剂的饵料，偶尔食用即可。

当然，我进行实验的是金鱼，大家也可以试着用这一方法喂其他鱼，说不定有更大的发现呢。动动手，亮点就闪在眼前。

一个星期后，参加过实验的那些金鱼还活着，还在水中和其他鱼儿们嬉戏打闹，好一片欢快的场景！

看到了吗？生活中你们也动动手和脑，也许会像牛顿那样发现惊天动地的大秘密呢！生活中的亮点无处不在，缺少的是发现它们的那些眼睛。

第六章 科技创新大赛学生小发明获奖作品示例

6

新型筷子

广东省惠州市第十一小学四（4）班　廖英淇
指导老师　严伟达

一、项目的目的、意义、解决的问题

筷子是一种食具，人们用它来起食物并把它们送往口中。筷子从中国古代就流传至邻近国家，当今已成为东南亚多个民族常用的饮食工具。筷子多为竹制，亦有金属、象牙与塑料等材质。虽然筷子在中国人普通的日常生活中使用非常普遍，但也存在一定的不足之处。

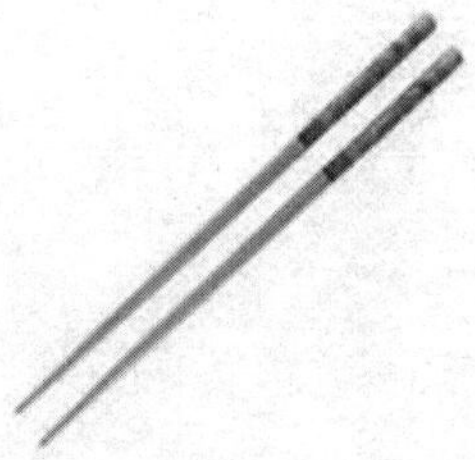

1. 目前筷子的功能比较单一，如果将筷子、勺子、叉子等用具的功能组合起来，这样将给人们的生活带来极大的方便，生活更加充满情趣。

2. 小孩子、外国人使用筷子不太灵活。

3. 小孩子、老弱病残人群在喝汤时使用筷子也不方便，如果把筷子的中间部分设计成吸管的样式，这样一举两得，岂不更方便吗？筷子过于光滑，夹肉丸、豆子等食物不方便，很费力气，如果能够在筷子的前端增加摩擦力，就可以在就餐时方便地夹起食物。

4. 出门旅游时携带不方便，如果可以拆卸、组合，这样将给出门旅游带来极大方便。

5. 经常使用一次性筷子容易造成大量浪费，不利于节约资源。

二、创新点

1. 将筷子、叉子、勺子组合在一起，即在筷子的尾端安装可以拆卸的勺子、叉子。

2. 将筷子和吸管的功能合二为一，为就餐带来一定的方便。

3. 将筷子设计成可以折叠、伸缩的筷子，再安装上可以拆卸的勺子、叉子。

4. 在筷子的前端刻出一圈一圈的圆环增加摩擦力。

三、作品的基本科学原理

利用组合、伸缩、拆卸、摩擦等原理科学合理地将筷子、勺子、叉子、吸管等组合在一起，制作出“新型筷子”，既给人们的生活带来方便，又充满了乐趣，有较强的实用性，值得大力推广。

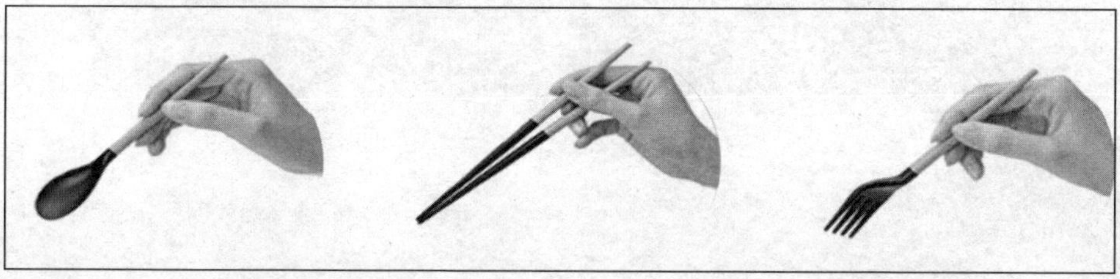

四、发明过程

1. 有时我吃饭时，面前的餐具很多，有筷子、勺子等，一会儿吃饭，一会儿夹菜、喝汤……不是一不小心把汤碰洒了，就是把筷子、勺子掉在地上了。每当这时，我总会想：如果有一种多功能的筷子该多好啊！

2. 有一次，我和家人外出旅游，就餐时看到当地的筷子，我就皱起眉头：怎么这么脏啊……“妈妈，快看。那个阿姨带了一套可以折叠的筷子，多好啊！”如果我能将“旅游折叠筷子”再次改进就好了，如果设计成可以拆卸的该多好啊！

3. 我和家人一起找来许多材料：502粘胶剂、板材、尺子、戒刀、吸管、不锈钢的旅游餐具等，在老师的帮助下，我的“新型筷子”终于做好了，我高兴极了。

附：制作过程图片

鞋盒改进小学问

广东省惠州市第十一小学四（4）班　廖英淇
指导老师　任 萍

一、项目的目的、意义、解决的问题

鞋子是人们生活的必需品之一。随着生活水平的日益提高，人们对鞋子的款式、色彩、功能等要求越来越高，大家可以随处看到以下现象：

1. 家家户户买新房装修时会有一两个鞋柜，甚至用一面墙壁那么大的空间来放置大鞋柜，以便存放鞋。

2. 大商场中知名品牌的鞋子占据显眼的位置，节假日的促销活动更是吸引了无数爱美人士的光临。

3. 大街小巷有许多比较高级的“修鞋店”，可以提供许多便利服务，如修补、保养、改外观等。

为了便于归类存放，人们还是喜欢将鞋子放在鞋盒里，可是这样就会带来一个巨大的麻烦：鞋子都放在盒子里，急用时很难找到自己需要的鞋子。有什么好办法吗？于是带着疑问我就开始了不同寻常的制作过程。

二、创新点

1. 将鞋子的彩色照片印刷在外包装盒上，再配上简短的“材质、注意事项、保养说明”等，这样人们在寻找自己急需的鞋子时就再也不用那么麻烦了，而且可以提醒自己随时爱惜自己的鞋子，真是“一举两得”啊！“能给别人带来方便”，这是多大的快乐啊！

2. 给商场售卖鞋子的专柜服务员带来很大的方便。既可以加强修鞋店对鞋子的科学管理，又可以给顾客带来极大的方便。

三、作品的基本科学原理

利用色彩美学和科学管理等理念改装鞋盒的外观设计，这样既可以给人们生活带来方便，又充满了乐趣，有较强的实用性，值得大力推广。

四、发明过程

1. 有时候妈妈出门急着找鞋子时，左拿一双不是心仪的，右拿一双又不是自己能搭配上的……既浪费了时间，又影响了心情。于是，妈妈就问我：“孩子，你能帮妈妈解决这个难题吗？”

2. 爸爸妈妈工作比较忙，经常会把鞋子送到小区的“鞋子护理专营店”。可是保养好的鞋子全部都用保鲜袋包好，放置在地板上，既占用空间，又不美观。有什么好办法吗？

3. 我和家人一起找来许多材料：双面胶、照相机、电脑等，在妈妈的帮助下，我的“创意鞋盒改进小学问”终于成功了，我高兴极了。

附：制作过程图片

产品示意图（我的运动鞋）注意事项：

1. 定期清洗鞋子。鞋面脏后，用柔软的抹布蘸水或洗涤剂轻拭，切勿用刷子猛刷。

2. 切勿直接用水或任何鞋油清洗，请用湿布擦拭运动鞋。

3. 避免浸水、暴晒及火烤；洗后避免阳光直射，以免引起老化、变形、褪色及网面断裂。

4. 避免与锐利物、化学品接触。

5. 确保有两双以上可替换的鞋子，让鞋子轮流休息。

6. 要注意专鞋专用，休闲鞋、凉鞋不适合剧烈运动，室内运动鞋不宜在室外进行剧烈运动。

新型胶带盒小发明

广东省惠州市第十一小学五（4）班　廖英淇
指导老师　任 萍

一、项目背景

国内情况：在全国范围内，胶带应用范围相当广泛，尽管胶带的生产总量不断扩增，但市场潜力依旧非常大，可以说，凡有纸箱包装的产品以及企事业单位及家庭基本都会用到胶带。目前，国内除东部沿海地区使用量继续增大外，西北部、西南部、中部正处于开发阶段，随着时间的推移，胶带的销售市场孕育着的巨大商机必将进一步凸现，胶带行业就像一块巨大的蛋糕，谁抢先夺得，谁占有的蛋糕就越大。

我的学习生活情况：

1. 以前每学期开学时，老师怕我们把练习册《小状元》《一课一练》的封面弄破损，总是要求家长帮我们用胶带把练习册、作业本的封面粘贴好，这样一个学期下来，作业本就保管得比较好。

2. 有一天，我在家做作业时，我的作业本封面不小心被撕烂了，妈妈让我用胶带把它粘好，于是我找来一大卷胶带，费力地粘起来，可是太麻烦了：不是胶带撕不下来，就是胶带撕得不整齐，要不然就是还没有撕好就已经粘到本子上了……后来在妈妈的帮助下，我终于用胶带把作业本的封面粘

好了。

3. 我观察到：在学习生活过程中，胶带的使用范围非常广泛，工厂、学校、企业、邮政、货运、仓储等都经常要用到胶带，胶带的使用在粘贴、包装等方面给人们带来了很大的方便，但是人们在使用时也遇到了很多麻烦。

（1）使用一次过后，胶带的接口处不容易找到。

（2）没有剪刀时，不方便将胶带撕扯下来，用笔尖、指甲、牙齿或其他锋利的物品等都不太方便，还会在接口处留下不整齐的边痕。

（3）使用胶带时，不容易把握尺寸的长短，有时撕得胶带纸太长了，有时又撕得太短了，没办法确定准确的尺寸，这就会带来一定的麻烦和浪费。

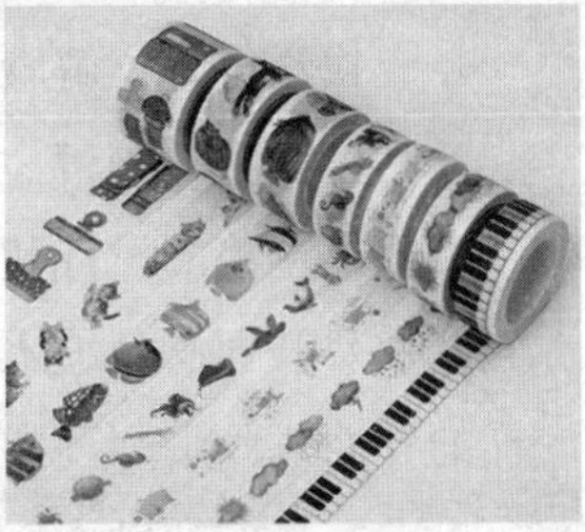

于是，我就想：如果在胶带纸上安装一个计量尺该多好啊！

在好奇心和强烈求知欲的驱使下，我在网上搜索了国内外相关资料，发现我的“新型胶带盒子”有一定的科学性、实用性和可推广性，于是我就开始了一番制作。

二、灵感创意来源

1. 妈妈在厨房使用保鲜膜时，它的盒子外面有一排锯齿状的小金属薄片，使用时只要将保鲜膜在金属小薄片上轻轻拉一下，保鲜膜就整齐地被撕下来了，真方便啊！看着妈妈一连串的举动，我就想：对于胶带也可以如法炮制地做出一个小盒子啊！

2. 我们家有一种纸巾盒很方便，如果我的胶带也可以放在一个盒子里就好了。

3. 我看到同学使用的涂改带，有的外观很美丽，有的操作起来很方便，我的“新型胶带盒”能采用这种原理就好了！

三、创新点

利用保鲜膜、纸巾盒使用时的便利方法，为胶带设计一个新型盒子，将二者的优点集于一体，再将计量的软尺置于其中，这样一个新型胶带盒就做好了。

四、作品的基本科学原理

科学合理地利用抽拉和锯齿的特点，可以方便胶带的裁剪，既给人们生活带来乐趣，又能够美化生活，有较强的实用性，值得大力推广。

五、发明过程

1. 查找资料，了解胶带的相关资料。

2. 制作材料：胶带、铁皮桶、金属锯齿、502粘胶剂、戒刀、直尺等。

3. 根据草稿的设计和构思设计草图。

4. 将铁皮桶侧面进行切割，大约4～6毫米；再将锯齿金属小薄片粘贴在铁皮桶的外面；胶带圆环内侧安置软尺，方便测量长短。

5. 在家长的帮助下，我的“新型胶带盒”终于做好了，我高兴极了。

六、活动感受、体会

1. 通过这一发明过程，让我锻炼了双手，学会了简单的手工劳作。

2. 让我感受到劳动的艰辛，学会了珍惜物品。

3. 激发了我学科学、爱科学的浓厚兴趣。

4. 我学会了绘画草图和简单的设计，学会了运用观察、对比、分析等科学方法去分析问题，既增长了科普知识，又增强了社会实践活动能力。

5. 明白了在生活中节约资源、美化生活、保护环境的重要作用。

新型多用水壶

广东省惠州市第十一小学四（4）班　廖英淇
指导老师　任　萍

一、项目的目的、意义、解决的问题

随着人们生活水平的日益提高，水壶成了人们生活的必需品之一，在生活中有着举足轻重的地位，学生使用它，上班族使用它，出门旅游更是必不可少。

但是，在生活中，我对目前使用的水壶有许多疑惑：

1. 大水壶能随意改变成小水壶吗？

2. 水壶一次只能装一种液体吗？白开水、牛奶、果汁、凉茶能否统一装在一个水壶里呢？能否根据个人的喜好将水壶进行功能区域的分隔呢？

如果以上问题得以解决，人们将日益喜爱水壶，它在人们的学习生活中将发挥更大的作用。

二、创新点

1. 利用“俄罗斯套娃”的原理设计出“套壶”。这样可以很方便地将白

开水、牛奶、果汁、凉茶等统一装在一个水壶里，方便饮用，携带方便，又营养均衡。

2. 利用收纳盒的原理将水壶进行功能区域分隔：一分为二或者一分为四。这样人们可以根据自己的需要在水壶中将“白开水、果汁、牛奶、凉茶”进行组合。例如，夏天很热，我的水壶里可以一半是白开水，一半是果汁；也可以根据营养来搭配，一半是果汁，一半是牛奶；也可以一半是白开水，一半是凉茶……随心所欲，自由搭配，多么惬意！多么富有乐趣啊！

三、作品的基本科学原理

利用“俄罗斯套娃”的原理设计出“套壶”，也可以利用收纳盒的原理将水壶进行功能区域分隔，这样可以给人们生活带来方便，又充满了乐趣，有较强的实用性，值得大力推广。

四、发明过程

1. 每天上学时，我要拿的东西除了书包，还有水壶、牛奶、水果等，唉，我的书包真重啊！谁能让我的书包减负呢？每当这时候，我就会想：如果有一款多功能水壶就好了！

2. 妈妈给我买来了漂亮的“套娃”玩具，我爱不释手地琢磨着：生活中还有什么东西也可以仿照“套娃”的原理制作出来呢？我仔细一想，运用“套娃”原理的物品在生活中使用还挺广泛，我们家就有好几样呢。例如，一套精美的餐具、食品盒……

3. 我们家有一种底座也可以拧开的水壶，我想：如果把底部的盖子拧开，将特制塑料分隔板放进去，那么水壶就可以随意分割区域了。

4. 我和家人一起找来许多材料：各种水壶、照相机、戒刀、硬塑料板、小塑料瓶子等，在妈妈的帮助下，我的“多功能水壶”终于做出了雏形，我高兴极了。

附：制作过程图片

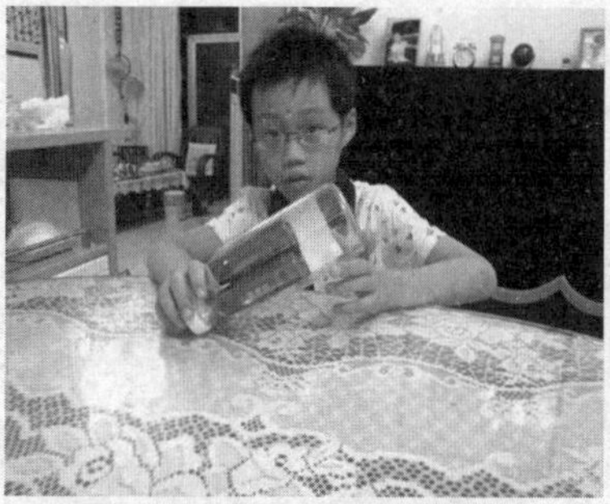

会发光的鼠标

广东省惠州市第十一小学四（4）班　廖英淇
指导老师　严伟达

一、项目的目的、意义、解决的问题

现在，无论是在城市，还是在乡村，电脑都成为人们生活中不可或缺的一种学习、娱乐工具，尤其是在城市，电脑早已进入寻常百姓家。由此可见，电脑在人们的生活中占据着重要的地位，发挥着巨大的作用，真正做到了“秀才不出门，尽知天下事”。

可是随着电脑的普及和发展，电脑的配套产品——鼠标也悄然发生着变化：大而笨拙的老式鼠标以及小巧玲珑的创意鼠标、无线鼠标……真是五花八门、应有尽有。每当看到别人用电脑工作时，我总会想：鼠标还有其他功能吗？鼠标可以连接U盘吗？鼠标可以发光吗？鼠标可以报警提醒吗？鼠标可以调温吗？于是带着疑问我开始了具体的探究过程。

二、创新点

本发明重点根据自己的知识面和生活经历，在现有无线鼠标的基础上加以改进，使之具有发光的功能。

三、作品的基本科学原理

利用发光集成电路的原理和鼠标内部电路集成的原理对现有鼠标进行内部改装，给鼠标增加“发光”的功能，这样可以给人们的生活带来方便，又充满了乐趣，有较强的实用性，值得大力推广。

四、发明过程

1. 在家里经常看到父母使用电脑，家里的鼠标就有好几个。随着技术的进步，鼠标更新换代很快，落后的鼠标丢弃不用太可惜，如果能让它们“旧貌换新颜”“废物利用”，那该多好啊！

2. 在学校，这学期我们开始上电脑课，接触鼠标的机会更多了，但是关于鼠标的疑问一直在我脑海中萦绕，该怎么解决这个问题呢？

3. 有一天，我身体不太舒服，想撒娇在妈妈房间休息，可是妈妈手头的工作还没有完成，为了既不影响我休息，又不耽误工作，于是妈妈关掉房间的大灯，我静静地躺着睡觉，妈妈的电脑发出微弱的光。我心想：妈妈能看得见吗？眼睛会不会太辛苦了……想着想着，一个新奇的想法在我的脑海中产生了：妈妈使用的鼠标可以发光吗？鼠标会发光又会怎样？鼠标还可以增加哪些功能？

4. 我把自己的想法大胆地告诉老师，于是我和老师一起找来许多材料：几种样式的鼠标、二极管、电池、电脑等，在老师的帮助下，我的“会发光的鼠标”终于做好了，我高兴极了。

惠州风光无限好

广东省惠州市第十一小学四（4）班　廖英淇
指导老师　任 萍

一、项目背景

1. 惠州是历史名城，素有“粤东重镇”的美称。通过制作此款扑克牌，既可以宣传惠州，又可以为省运会添彩，集知识、娱乐、休闲于一体，老少皆宜，乐趣无穷！

2. 扑克牌也叫纸牌，现代扑克起源于我国唐代一种名叫“叶子戏”的游戏纸牌。相传早在秦末楚汉时期，大将军韩信为了缓解士兵的思乡之愁，发明了一种纸牌游戏，因为牌面只有树叶大小，所以被称为“叶子戏”（也叫“叶子牌”，有两个手指大小。长8厘米、宽2.5厘米的“叶子牌”，用丝绸及纸裱成，图案是用木刻版印成的）。据说这就是扑克牌的雏形。

因为扑克造价低廉、玩法多样，又容易学，很快就在民间流行开来。中国人将四种花色理解为春、夏、秋、冬四个季节；法国人将四种花色理解为矛、方形、丁香叶和红心；德国人把四种花色理解为树叶、铃铛、橡树果和红心。

二、项目的目的、意义

1. 我为省运添光彩：我的家乡是惠州，我为家乡能够举办省运会感到骄傲和自豪。从电视、报纸的报道中，我了解到：运动会是展示城市形象和风貌的重要盛会。省运会是我省规格最高、规模最大、水平最高、影响力最强的体育盛会，省运会放在惠州举办，体现了省委、省政府对惠州的信任、关心和支持，是对我市综合实力的一次大检验。成功地举办省运会，有利于促进惠州体育事业的发展，还可以进一步展示惠州城市形象，不断推动惠州经济又好又快发展。

惠民之州　精彩省运

2. 我爱自己的家乡：我想通过做自己力所能及的事情为家乡出力，让更多的人知道我的家乡，了解我的家乡。相信我的家乡明天将越来越美好！

三、项目设想的科学性

1. 平时在家里，我很喜欢和父母一起玩扑克牌，经常会变换很多花样来玩，而且我是个扑克收藏爱好者。有一次，我去西安旅游时看到博物馆中收藏了历代品种繁多、各式各样的扑克，就恳求妈妈给我买了“历代帝王”“三国演义”“红楼梦”“水浒传”“西游记”“历代楹联”等主题的扑克。回家后，我爱不释手地和父母一起玩这些扑克，深深地陶醉在扑克的乐趣中……

2. 通过制作“惠州风光无限好”扑克，启发了我的思维，锻炼了双手，使我受到了美的熏陶……真是受益匪浅啊！

四、项目的计划、内容和实施步骤

（一）项目计划

通过喜闻乐见的扑克牌形式，让更多的人认识惠州、了解惠州；让美丽的家乡——惠州走向全国、走向全世界……相信惠州的明天一定会更加美好！

（二）项目内容

根据扑克牌的分类，将收集到的惠州资料（文字、图片）按照“风景名胜”“历史人物”“名优特产品”等进行归类。

（三）项目实施步骤

制作材料：

电脑、彩色打印机、剪刀、尺子、彩笔、铅笔……

制作过程：

1. 通过报纸、电视、上网等方式收集惠州的风光、历史、发展情况的资料和图片。

2. 根据草稿的设计和构思设计草图。

3. 为了形象美观，可以对所选的文字、图片资料在电脑上进行编排、印制。

五、活动感受

1. 在活动过程中，我感受到扑克牌给人们带来的乐趣，了解到扑克牌的相关历史和发展情况，并在学习生活的基础上产生了新的创意，由此更加激发了我学科学、爱科学的浓厚兴趣。

2. 在设计扑克牌的活动中，我调查、了解了人们对它的喜爱程度，学会了运用观察、对比、分析等科学方法去分析问题，既增长了科普知识，又增强了社会实践能力。

3. 通过此项活动，我的动手、绘画、收集资料等能力得到极大的锻炼和提高。

4. 通过活动，我深深地认识到：生活是本百科全书。只要做个有心人，生活处处皆学问。在活动中，我享受了快乐，体验了成功，增强了自信心。

5. 通过活动，我们明白了“保护环境”的重要意义，愿我们每一个人都能从自身做起，从身边的小事做起，让我们的生活环境变得更美丽！

第七章

科技创新大赛学生实践活动方案获奖作品

茶香的余味

广东省惠州市第一小学六（2）班　杜婉蓉
指导老师　任 萍

一、研究的问题

在生活中，茶渣真的一点用处都没有吗？随着社会的发展与进步，茶成了人们生活的必需品，不但对经济起到了很好的促进作用，而且逐渐形成了灿烂夺目的茶文化，成为社会精神文明的一颗璀璨的明珠。

二、研究计划

1. 调查了解生活中人们对喝茶的喜爱程度。
2. 查找资料，了解茶叶的历史及发展情况。
3. 对人们对茶渣的处理情况进行调查。
4. 自主研发“茶香的余味”活动情况、活动方式。
5. 中央电视台《芝麻开门》栏目组拍摄“茶乡的余味”活动情况及光盘。

三、研究材料准备

文具、电脑、茶具、茶叶、茶渣、照相机、美术用具、部分橱具、针线用品、儿童枕头套、卫生洁具等。

四、研究过程

1. 课题的产生：茶可以清心，沏茶也可以清心，品茶是一种时尚。在生活中，茶随处可见，在家庭、小区、宾馆、饭店等地方，经常会发现一地都是已经泡完了的废茶渣，一来不雅观，二来浪费了有许多作用的茶渣，那就违背了品茶的意义——清心、健康。其实，这些茶渣是可以再次利用的，只是多数人都不太了解，所以要通过调查让更多的人知道茶渣的好处与用处。

2. 了解茶文化在中国的历史及发展情况。在生活中，茶随处可见，几乎每家每户都有茶具、茶叶。茶是招待客人的必备品，也是一种健康的饮料。众所周知，中国是茶叶的故乡、茶文化的源头，至今已有5 000年的历史了。唐代陆羽《茶经》中就有："茶之为饮，发乎神农氏，闻于鲁周公。"前人载："神农尝百草，一日遇七十二毒，得茶而解之。"后人载："茶茗久服，令人悦志。"

3. 通过查找资料，了解中国茶叶的种类、分布情况。在生活中，茶叶主要分为绿茶、黄茶、白茶、黑茶、青茶、红茶六大类。红茶的主要产地是安徽、云南、福建、湖北等，其特点是色泽乌润，条索紧结，茶汤呈深橙色或金黄色，能强胃、利尿、抗衰老。绿茶的主要产地是浙江、安徽、江苏、江西等，它含维生素C和茶多酚较多，具有保健作用和药理作用。乌龙茶的主要产地是闽南、广东，特点是清冽醇厚、浓而不涩、清香扑鼻。花茶的主要产地是闽、江浙、湘鄂、川黔、皖赣等地，以香气为特长，汤色清晰，滋味浓厚，鲜而不浊，香而不浮。从茶叶的形状上来看，有砖形、碗形、圆饼形等各种茶块。

4. 茶叶的营养价值及对人体的作用。茶叶中含有人体所需要的磷、钙、钾、钠、镁、硫等大量元素和铁、锰、锌、硒、铜、氟、碘等微量元素。多饮茶可以补充人体所需的蛋白质和氨基酸及矿物质元素。除了泡茶，人们还把茶叶和其他食物配制成佳肴，像茶叶蛋、茶梅等都是人们所喜爱的食物。

5. 通过观看制茶的电视宣传片、录像等，了解茶叶的简单制作过程。

6. 通过调查、设计问卷、走访等方法，了解人们泡茶的次数，茶什么时候最有营养，如何才能喝到健康茶，等等。

人们喝茶的同时，不经意间把泡完茶的茶渣遗忘了。看着茶渣被一点点地倒掉，我不禁觉得有点浪费。茶渣真的一点用处都没有吗？在好奇心的驱使下，我们进行了如下调查：

调查表一：茶叶冲泡及饮用情况

情况 / 冲泡次数	茶汤情况	饮用情况
第一次	清洗农药与灰尘	不喝
第二次	让茶叶吸收水分和温度，并将存放时吸染的异味散发出来	细细品尝
第三次	吸收营养	细细品尝
第四次	营养所剩无几	不喝

从调查表一我们可以看出：

（1）茶农想让茶叶快速生长、收成好，就在茶叶上大量喷洒农药，防止害虫，所以第一次必须把残留在茶叶上的农药以及灰尘洗净。

（2）第二次和第三次营养就挥发出来了，适合人们饮用。

（3）我们常讲："品茶！三个口，谓之品，一泡茶，冲三次即可。"经过三次的冲泡，营养已经所剩无几，剩下茶渣。

7. 有目的地调查人们泡完茶处理茶渣的情况，即大多数人都把茶渣当作废弃物，没有回收再利用，只有少数人用在其他地方。

调查表二：茶渣的处理情况

茶渣的处理	所占百分比	人群情况
扔掉	90%	中、青年人
留起来擦东西	5%	妇女、老年人
做茶枕	2%	妇女、老年人
其他	3%	

对于茶渣的处理，通过调查表二可以看出：

（1）喝完茶后，很多人都认为茶渣没有利用价值，90%的人通常会将它倒掉。

（2）有5%的妇女和老年人留下茶渣，用作清洁剂，对生活有很大的帮助，又不会浪费。

（3）在生活中，人们所枕的枕头多多少少都含有化学用品，因此有2%的妇女和老年人用茶渣做枕头，对身体健康有好处。

（4）还有3%的人把茶渣利用在其他方面。

8. 了解茶渣回收再利用的广泛用途。

调查表三：茶渣回收再利用情况

作用 使用方式	作用
家具用品	茶渣可以做安神茶枕，它对治疗高血压、神经衰弱、头晕目眩、视觉模糊、鼻炎、感冒头疼和暑热头晕等症状有良好功效
烹调美食	茶渣可以煮水，加入精盐、料酒、酱油可以制作茶叶蛋、茶香卤肉等
养颜美容	1. 茶渣还可以养脚。把茶渣集中起来煮水可泡脚，能促进足部血液循环，使全身经络更加通畅，而且还能防治冻疮，冬天还有很好的暖足作用，尤其是对中老年人特别有效。 2. 把榨汁的芦荟搅拌一分钟，然后往茶渣里倒入1～3杯芦荟汁与清水，搅拌后用纱布包好，在脸上擦洗3分钟后洗干净脸，可以美白皮肤
生活去污	茶渣还可以去掉容器中的腥味和蒜味，用茶渣擦洗有油污的锅碗、桌椅，可使之光洁。把残茶晒干，铺撒在潮湿处，能够去潮
土壤	冲泡过的茶叶仍有无机盐、碳水化合物等养分，埋在花圃或花盆里，能帮助花草发育与繁殖
其他	用温茶渣水泡毛线及织品，能使其颜色新鲜如新，并且有淡淡的茶香味，晒干后马上可以制成毛巾或毛衣

不看不知道，一看吓一跳，从调查表三可以看出：

茶渣的用处很多，扔掉就太浪费了，其实茶渣可以美化生活、防止害虫。

9. 利用茶渣巧手制作小工艺。

（1）中国茶叶分布地形图。

中国茶叶产区主要分布在江南，江南茶区位于长江中、下游南部，长江以南，大樟溪、雁石溪、梅江、连江以北，粤北、桂北、闽中北、湘、浙、赣、鄂南、皖南、苏南等地均属江南茶区。主产茶类有绿茶、红茶、黑茶、花茶以及品质各异的特种名茶，诸如西湖龙井、黄山毛峰、洞庭碧螺春、君山银针、庐山云雾等。江南茶区大多处于低丘低山地区，也有海拔在1 000米的高山，如浙江的天目山、福建的武夷山、江西的庐山、安徽的黄山等，这些地区气候四季分明，年平均气温为15℃～18℃，冬季气温一般在-8℃。年降水量1 400～1 600毫米，春、夏季雨水最多，占全年降水量的60%～80%，秋季干旱。茶区土壤主要为红壤，部分为黄壤或棕壤，少数为冲积壤。该茶区种植的茶树大多为灌木型中叶种和小叶种，以及少部分小乔木型中叶种和大叶种。江南茶区是种植绿茶、乌龙茶、花茶、名特茶的合适区域。

（2）根据茶叶的颜色、种类制作粘贴画。

（3）制作茶叶生长曲线图。

（4）巧手制作茶叶小挂件包。

（5）制作书签。

（6）制作茶渣清洁球、茶渣枕头。

10. 整理、撰写小论文。

五、研究体会

1. 通过这次调查，培养了我对科学的兴趣，使我更加关注生活、热爱生活。

2. 培养了我的观察、分析、判断、推理、动手、交际等能力，使我掌握了更多的科学方法。

3. 锻炼了我的能力，磨炼了我的意志，使我初步感受到从事科学研究必须做到严谨、执着等。

4. 我学会了交流、合作等学习方式，充分感受到小组学习的重要性，培养了我们强烈的集体观念。

朋友们，当你了解了茶渣的用途后，要更好地使用茶渣，好好地享受茶给我们生活带来的乐趣吧！

六、活动附件

1. 相关资料：观看制茶过程的视频资料

制茶过程：

1. 出发采茶去啰！

尽管随着农业机械的发展，有很多的动力采茶机，可省下很多的人力、物力，但人工采摘的目的是使茶汤更甘醇、更芳香。

茶农将不同时段所采的茶菁分为上午茶、中午茶、二五茶。同时，不同时段所采的茶菁也都分别加工，如此方能便于控制质量。

2. 日光萎凋（晾菁）

将采收回来的茶菁立即平铺摊开，利用日光（或热风）的热能使茶菁加速萎凋，从茶菁去菁状态进入发酵状态。

2. 茶叶美食别样鲜

（1）茶叶饭：将25克茶叶装入洁净的布袋中，扎紧袋口，再把茶叶袋和清水放入锅中煮开10分钟，取出茶叶袋，然后放入少许精盐和500克大米，用旺火煮开后盖上锅盖，用文火焖20分钟即可食用，煮出的米饭珍美甘香。

（2）茶叶面条：先用沸水冲泡好适量茶汤，再将茶汤和面制成面条，圆润而香，别具风味。

（3）茶叶馒头：先用沸水冲泡好适量茶汤，再将茶汤加鲜酵母发面，或者将茶叶研制成粉末加上面粉后开始发面，蒸制馒头，香气醇厚，口味清爽。

（4）茶叶薄饼：用沸水泡好适量茶汤，和入面粉及葱、蘑菇等辅料，煎成薄饼，给人以软而不黏、香而不腻的独特享受。

（5）茶叶水饺：将茶汁和入面粉中，茶叶以果汁机打散后和入肉馅中，可包出里外皆有茶料的茶叶水饺，香糯滋润、茶香四溢。

（6）茶叶火锅：这种火锅和传统火锅做法基本相同，但配以红茶入汤，味道略带茶苦、茶香，食而不腻。

（7）茶叶鸡汤：烹煮鸡汤时，放入冲泡好的适量浓茶汤，鸡汤味道带有茶香，余味悠长。

（8）茶叶沙拉：将绿茶粉撒入和好的泥状调料中，烹熟入盘后配以樱桃点缀，绿、黄、红相间，色泽鲜艳，风味清香。

（9）茶叶烧酒：酿制酒时放入适量的上品乌龙茶，制成的乌龙茶烧酒鲜香醇美。

（10）茶叶果冻：将茶叶碾成粉末，与海藻粉、果胶粉、洋菜粉及糖、盐等多种辅料配制成果冻，茶香幽幽，久食不厌。用这种方法还可制成茶饼干、茶月饼、茶粽子、茶冰激凌、茶叶巧克力等。

废旧毛巾的回收再利用

广东省惠州市第十一小学六（2）班　谢琳　蒋琳
指导老师　任萍

一、课题摘要

本选题旨在全社会大力倡导节约、共建和谐社会的环境下，根据中国国情、我们的实际情况、国内外相关情况、资源的可利用和未来发展趋势等，重点通过写倡议书、计划书，组织参加各种比赛（如美术绘画、小制作、小发明等），在学生中开展“废旧毛巾的回收再利用”的校园实践活动，让同学们知道“要想创建和谐社会，就从废旧毛巾的回收再利用开始”“和谐社会就在眼前，只要我们去节约”等，并且为不断提高我们的口头表达能力、社交能力、分享快乐、学会感恩等做了大胆尝试，还能开发我们大脑的思维能力，增强我们的动手能力。

二、课题的产生

毛巾是人们生活中必不可少的生活用品，它可以让我们洗脸、沐浴，在火灾发生时，还可以避免我们中毒。在酒店、饭店、宾馆，它的作用就更大了：不仅可以作为沐浴用品，还可以作为餐具用品，用处十分广泛。

随着时代的进步，人们与时俱进，将毛巾分为两大类：一是舒适类，用于沐浴、洗脸；二是劳动类，布质较粗，用于擦窗户、桌子。毛巾一般是用毛线编织而成，而高档点的就由舒适的羊毛制成。价格在3～25元不等。

经过平时的观察，我发现：一个三口之家一个月就要用掉5～6条毛巾，难道毛巾真的不能再利用吗？不是的。随着社会的迅猛发展，人们的眼光越来越挑剔，哪怕毛巾仅仅只是烂了一个小洞，有些人都会毫不留情地把毛巾丢掉，重新买一条新毛巾，几乎每月买毛巾就得50元左右，那是何等的浪费呀！又有多少人知道，贫困山区的人绝对不会像城里人一样随意浪费，直到毛巾烂到不可再用了，才会心疼地将其扔掉。

为了创建和谐社会，我们必须得学会节约。同时我还发现，废旧毛巾原来还有许多用处：可以制作成浴帽，也可以做成冬天里的毛鞋，既能擦地，又能暖和脚丫子。那么这一举措能为中国资源方面做多大贡献呢？长此以往，既能节约资源、保护环境，又能为争创节约型社会尽微薄之力，增强社会责任感。

三、实验步骤

1. 本次活动由学校全体师生起模范带头作用，首先在本校进行，年龄不限，要求每个人都要参加。

2. 有目的地开展“废旧毛巾变身啦”动手实践活动，将废旧毛巾制作成各种各样的物品，如浴帽、棉鞋、凳罩、枕套，配合一条拉链制成一个布笔盒，将其缝成手套或制成窗帘等。

3. 有计划地分好实验小组，写好计划书、倡议书，收集资料，明确目的，设计调查问卷、宣传单，开展签名会等，有目的地开展“废旧毛巾的回收再利用”活动。

4. 举办丰富多彩的各类竞赛、成果展板、咨询等活动，使同学们亲自参与、亲自实践，通过这些活动，既丰富了学生的感受，又体验到快乐和成功。具体情况如下：

学生参与情况

年级项目	第一大组	第二大组	第三大组	第四大组
参与人数（人）	360	420	420	420
制作	制作成浴帽	地拖	制作棉鞋	制作布笔盒

活动情况

项目组别	参与人数（人）	回收废旧毛巾（条）	相关材料	制成品
第一大组	15	16	旧毛巾、剪刀、橡皮筋	浴帽
第二大组	13	15	棍子、剪刀、旧毛巾、胶水	地拖

续表

项目组别	参与人数（人）	回收废旧毛巾（条）	相关材料	制成品
第三大组	15	20	鞋垫、剪刀、旧毛巾、胶水	棉鞋
第四大组	16	25	针线、旧毛巾、拉链	布笔盒

（1）分组调查相关知识。将活动人员分成5组，通过上网或走访居民小区的方式调查相关数据，把浪费废旧毛巾的具体数据列成表发给同学和市民。要想让市民知道自己做错必须拿出证据，所以在本次活动中，查找资料也是必不可少的，这样才能让以前不珍惜资源的市民在惊人的数字面前改变做法。

（2）写计划书。让所有参加本次活动的老师与大队辅导员开会（一个月开一次），并与各中队长讨论，确定好本月的宣传地点与时间，写成计划书并打印好，分发到每名学生手里，让学生记住下次活动的时间与地点。

（3）倡议书。由学校大队部的成员起草写倡议书，再由老师修改。号召大家踊跃参与此次活动，在活动中遇到困难不放弃，圆满地完成此次活动。并且写写如果不这样做的后果、这样做的原因、写倡议书的原因，让他们好好地配合我们的这次活动，愿我们的惠州能为地球母亲减少负担！

（4）广播宣传。利用每周三的早读课，让学校的红领巾小广播员在广播室宣传每次活动起到的效果，让同学们知道自己的劳动成果起到了什么作用，激励大家更加努力地干下去！

（5）制作宣传单。由大家选出5名电脑成绩优秀、想象力丰富的同学为本次活动宣传单的主要设计策划者，宣传单要有呼吁性，可以联想浪费资源的可怕后果，这样才能打动更多人，使更多人关心浪费资源的问题。

（6）留言信箱。建立一个留言信箱，让活动人员把自己的感想、心声写出来，投入留言信箱，让老师了解你的心情。

（7）开设网站。网络如今已成为大家生活中必不可少的一部分，所以它的力量是强大的。随街宣传也会有一定的效果，但在网络上宣传，效果会更好。我们准备开设一个“节约型社会”网站，里面储存有大量的调查问卷、问答题、留言信箱中的留言与作文竞赛中获奖的文章等，让大家在家就能得到最新消息。

（8）组织参加各项比赛。

① 美术比赛。本次绘画比赛要求一定是想象类的，想象我们未来的生活，最好有个对比：如果不能解决好资源浪费的问题，以后会怎样；如果现在浪费资源的问题没有解决好、继续置之不理，到时的情况又会是怎样。

② 小制作、小发明比赛。本次活动纯属绿色活动，绿色可代表废物利用、环保、节约，所以这次的小发明、小制作也要有这三个要求中的一个，否则就算不合格。要想创建和谐社会就从废旧毛巾的回收再利用开始！

③ 废旧毛巾小制作。制作一：可以将废旧毛巾打个结，洗干净晒干后，把有破损的地方用毛线织上自己喜欢的图案，再卷成碗状，一个造型精美、方便实用的浴帽就做好了。制作二：冬天到了，废旧毛巾的作用可就更大了。将它洗干净晒干后，用毛线将破损处稍稍一缝，一双温暖可爱的棉鞋便做好了。如果冬天手冷，只需将废旧毛巾洗干净晒干后往手腕上一套，再绣上花边，手圈便做好了。

④ 作文竞赛。学校可以举办一次以“节约，不可少”为主题的作文比赛，主要是写活动后的感想，目的是让同学们知道本次活动的好处及重要性，不仅使社会变得更美好，而且帮助了自己，使自己的行为更高尚，陶冶自己的情操。体裁不限，参加人员不限，评选出一、二、三等奖并推荐去发表。

（9）签名会。在活动接近尾声时，开展一次“和谐社会，我主张！”的签名活动，在一条条鲜艳的红领巾上让支持本次活动的人员签上自己的大名，留作纪念。

（10）成果展示板。在活动的最后，把活动照片、留言、比赛获奖作品、宣传单、倡议书、计划书等像开展艺术节一样展示出来。

四、结果与讨论

通过本次活动，同学们了解了浪费资源的危害，懂得了一些课外的知识，呼吁更多人节约资源。在活动中让大家充分地认识到节约资源是我们建设美好家园的一个重要步骤，它与我们人类的幸福生活有着不可分割的关系。

创意乐队

广东省惠州市第十一小学五（4）班　廖英淇　黄薏潼　蔡　硕
指导老师　任　萍

一、活动背景

1. 我们学校每年都开展科技艺术节活动，每年的“器乐比赛”都是我们参赛和表演的拿手节目，受到老师和同学们的赞扬，奖状都有五六张了呢！

2. 每年暑假，我们都要参加不同级别的钢琴考级，节假日还经常参加形式多样的社区、文艺团体的钢琴大赛……

3. 在生活中，我们发现声音的来源有很多：家庭——客厅、卧室、衣柜、厨房、水果食品柜、卫生间、洗衣房；学校——文具、书本、课桌椅等，声音无所不在。有的声音美妙动听，有的声音清脆悦耳，有的声音低沉浑厚，有的声音悠扬舒缓，可是还有的是噪声，听后让人心烦意乱……有时候，我们可以发现声音的无限乐趣：会跳舞的米粒、会唱歌的软管、会呼啸的

尺子，还有声音动听的水桶……于是，我们决定从生活入手，在“科学实践工场”中探索神奇世界——用最简单的生活材料做最有趣的实验，发现最神奇的奥妙，实现最有效的科学启迪，感受音乐的无穷魅力，体验环保创意的乐趣！

二、实验准备

1. 名称：创意乐队——奇妙聚餐。

2. 乐器材料：生活中的陶瓷器皿——陶瓷碗、陶瓷盘子、陶瓷烟灰缸、海鲜壳、贝壳等。

3. 参演队员：廖英淇、黄薏潼、蔡硕。

4. 口号：音乐无界限，创意无极限。

5. 训练时间：每周一至周五的早晨8：00～9：00。

6. 训练曲目：《闪烁的小星》《丢手绢》《粉刷匠》等。

三、实施过程

1. 了解简单的乐器种类。

2. 了解古今中外著名音乐家的故事。

3. 了解音乐的作用：音乐可以表达不同的情绪，可以按照不同的节奏来演奏，可以叙述故事……

4. 观察发现生活中的声音来源。

5. 制作简单的乐器：我们的身体可以当乐器，我们的手可以拍响、打响指，我们跺脚和行走可以发出声音，我们的嘴可以吹口哨和唱歌……

6. 简单的实验：乒乓球的摆动，尺子的声音，会唱歌的软管，玻璃杯的交响曲，会唱歌的糖纸，水桶吉他，杯子电话……

7. 实地考察：拜访乐队指挥；邀请琴行老师指挥演奏；参观惠州电视台；录制演奏的音像资料。

8. 音乐日历：设计一个用音乐单元做的日历。一周中可以用不同的音乐符号和乐器代表不同的日子。

9. 欣赏音乐、录制演出。

10. 创作音乐情景剧——奇妙聚餐。

11. 招募演员并倾情排演。

四、调查结果

了解到了与声音相关的许多小知识：

1. 太空中有了空气，声音就可以传播；只要有振动，就会有声音；水的阻力会减缓声波的传播速度，于是声音就变得低沉——“玻璃杯交响曲”实验可以证明。

2. 懂得了音乐对人“统筹感觉”训练的重要性：视觉、听觉、触觉、心里感觉、记忆、肌肉运动、模仿等协调配合的重要性。

3. 激发了对生活和音乐的热爱。

4. 感受到音乐带来的无穷乐趣：音乐是一种世界性的语言，它是一种交流和自我表达的方法。

5. 创作了情景剧本，参加了演出，获得了成功。

创意乐队剧本：奇妙聚餐

一天下午放学后，小胖、小红、小娟三人还和往常一样一起到小淇家写作业。小淇妈妈见孩子们平时写作业那么认真和辛苦就特地准备了一大桌他们爱吃的广东菜。当然，说到广东菜肯定离不开海鲜，看到这一桌的大闸蟹、大龙虾等真是让人想不流口水都难。

正当他们写得差不多的时候，小胖的肚子突然叫了起来，惹得大家一阵大笑，不一会儿就听到一句：“孩子们，开饭啦！”小胖闻声后头一个冲到餐厅，埋头大吃起来，还时不时地冒出一句：“好吃，好吃，真是太好吃了！”其他三人自然也是经不起这一桌美食的诱惑，都各自开心地大吃起来。

正当他们吃得尽兴的时候，一阵海风从窗外吹过来，吹响了小淇家用海贝做的风铃。小胖听到这一阵清脆而又凌乱的风铃声后就不自禁地拿起自己刚吃完的两个海螺轻轻地敲起来。当他缓慢而又平稳地敲完之后，坐在他对面的小淇很自然地用手中的筷子敲了起来，而且接得那么自然。与此同时，小娟早已拿起了桌上的烟灰缸（正面对敲模仿踩镲的音色），待小淇敲完，她又很自然地紧接其后。看到小娟的举动之后不甘落后的小红也随手拿起桌上的茶杯（背面对敲模仿脚鼓音色），而小胖也丢掉了海螺顺手拿起了身旁的烟灰缸（背面对敲模仿军鼓音色）。这时，小胖、小红、小娟三人同时用不同的节奏敲起了手中之物，听起来是那么有节奏感和律动感，活像是一支小“打击乐队”。他们嘴里时不时还念叨着“咚嗒，咚嗒咚……”，让人不禁想跟着这明快的节奏舞动起来。当然，这时的小淇也没闲着，他赶忙在餐桌上找来6个吃饭的小碗，他惊奇地发现这6个小碗（主旋律）居然能依次敲出do、re、mi、fa、sol、la这六个音，于是便把它们排成一行，等小胖他们敲完前奏后就紧跟着他们那欢快的节奏敲起了动听的旋律。就这样他们组成了四人乐队。随着小胖他们节奏的变换（咚呲，嗒呲，咚呲，嗒呲，咚咚，嗒呲），小淇所敲的旋律也在不断地变换着，由最初《闪烁的小星》转到《sol mi mi fa re re》，之后又转到《丢手绢》，整个气氛由宁静、欢快到热烈，节奏也由之前的简单发展到后期的复杂。听着这一首首熟悉又动听的乐曲，看着他们一个个深情又投入的样子，让人感慨万千，这样好听的音乐居然不是来自真正的乐器演奏，而是来自生活中的普通物品，就是那么简单。

随着乐曲的变换，小淇用碗敲完那三首乐曲后就敲起了餐桌上的盘子，顿时大家也都停了下来，听小淇轻轻敲了四下盘子之后，小娟急忙丢掉手中的烟灰缸，拿起她面前的汤匙对敲了起来（模仿踩镲的音色）。这时小胖和小红才恍然大悟，立马放下手中的烟灰缸和茶杯，小红换成了饮料瓶（模仿脚鼓的音色），小胖换成了玻璃水杯（模仿军鼓的音色）。正当小胖他们再次一起敲的时候，小淇开始敲金属风铃，那一排风铃一次滑下去虽然没有具体的旋律，但是流动的感觉犹如竖琴声，很动听。此时他们已经忘却了所谓的乐器，在他们眼里任何东西都是乐器，只要是能用到的他们都尽可能地用到了。

令他们没想到的是，他们的音乐深深打动了住在小淇家隔壁爱音乐、爱唱歌的小华，音乐一响起，小华就一直在门外偷听，此时他实在按捺不住内心唱歌的欲望，听到他们此时没有了主旋律，于是也加入他们的队伍唱起了《无名之歌》。他们这次的合作虽然没有了主旋律，但是节奏感更加明显了，也更加有感染力了，所有人的注意力都放在了小华的身上，大家都很卖力地为小华伴奏。

小华唱完后，小淇回到那一行碗前，这次他敲起了一首大家都非常熟悉的《粉刷匠》。当然这时大家也都没闲着，所有人一起唱起了这首欢快的《粉刷匠》。在歌声和旋律声中结束了这次聚餐。

真是太奇妙，太美妙了！这就是音乐，就是这么一次平凡而简单的聚餐带给大家那么多震撼的享受。是啊！音乐其实就是这么简单，只要你有心，它无处不在！

五、建议与展望

1. 对个人的影响：极大地激发了我们对音乐的喜爱、对艺术的追求，提高了观察、对比、分析、查阅资料的能力，磨炼了我们的意志，培养了我们的自立能力和社会交往能力。

2. 对同学的影响：通过开展此项活动，我们的交往能力、交往技巧、口语表达能力、合作探究精神等进一步得到提高和加强，极大地拓展了我们学习的渠道，使我们深刻地意识到“生活是个大课堂，处处留心皆学问”。

3. 对家长的影响：改变了部分家长的教育观念，使家长逐步认识到素质教育的重要性，认识到过度追求分数、过度的保护关心、单调的“学校—补习班”生活对我们身心健康成长的危害，使家长意识到“热爱生活、乐观向上、独立自强”是一个孩子成功源源不断的内在驱动力。

4. 对学校的影响：活跃了学校的音乐课堂，使同学们对音乐的兴趣日益浓厚，极大地丰富了校园文化，使同学们的身心健康地成长。

5. 对社会的影响：改变了人们对音乐的错误理解——认为音乐是要花钱到琴行才能学到的，音乐是要到文化艺术中心才能聆听到的。

六、收获体会

1. 通过活动，我们了解到声音的小知识，感受到音乐的无穷魅力。

2. 通过形式多样的调查、走访、观赏、表演、实地观摩等方式，我们感受到：音乐来源于生活，音乐高于生活，音乐是交流沟通的方式，音乐是一种美的艺术形式，生活中不能缺少音乐，生活中不能缺少艺术，生活中不能缺少美！

3. 在活动中，通过科学小实验、动手操作、实地考察等，激发了我们对科学的探究和对生活的热爱。

七、相关文件及资料

惠州市教育局通讯：

2010年11月2日上午，中央电视台少儿频道《芝麻开门》栏目“广东省惠州市青少年趣味科学对抗赛”开拍仪式在我市东江小学顺利举行。市委陈国敏副秘书长、市科学技术协会党组书记黄细花主席、市科学技术协会邓森宏副主席、市教育局范卫萍副局长、市委对外宣传办邓真主任、中央电视台储捷导演及拍摄组工作人员、学生代表出席了开拍仪式。

《芝麻开门》是中央电视台针对7～12岁青少年儿童推出的一档少儿科普节目，将科学知识融入故事中，以系列故事的形式推出，让学生们在节目中“快乐玩科学”。此次拍摄的12集节目，方案均由我市科技辅导老师设计，包括“创意摘果”“纸箱赛车”“风车角力”等，分别由我市若干个中小学校组队参赛，表现学生们的创造力和动手能力。

这次活动，为我市青少年搭建一个科技创新实践的平台，使更多热爱科学、勇于创新的青少年得到展示和交流的机会，使广大青少年的科学素养得到培养与提高；同时引起各级领导及至社会各界对青少年科技素质教育的重视和支持，促进素质教育进一步发展。

此次拍摄活动为期半个月，37所学校近4 000人参加拍摄，充分展现了我市学生良好的精神风貌和科技创新精神。

创意扑克牌

广东省惠州市第十一小学四（4）班　廖英淇
指导老师　任　萍

一、活动背景

1. 生活现象：扑克牌是人们喜爱的娱乐工具，全世界有90%以上的地区和人们都曾经玩过扑克牌，而且还发明了许多玩法，有“争上游”“捉娘娘”“斗地主”“炒大帝”“憋七”等。

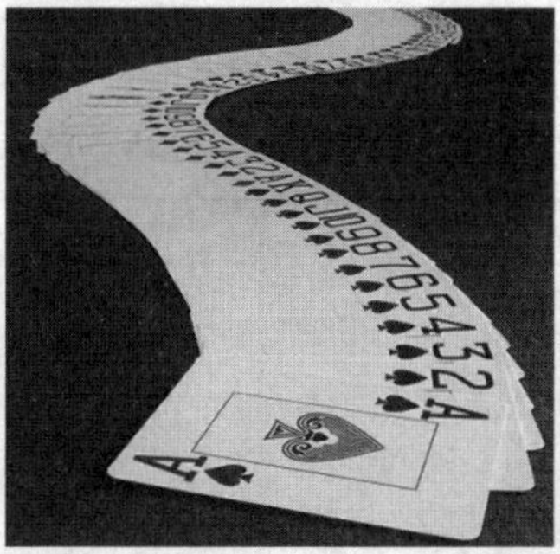

2. 扑克牌成为人们比较常用的数学启蒙学具，尤其适用幼儿园、小学低年级的学生进行简单的计数、心算和乘除法的综合运算，为此人们还专门发明了“数学魔牌”“24数学牌”等。

3. 扑克牌成为世界上许多国家“记忆大赛”的道具之一，为训练人们的记忆力提供了新的方便可行的道具，给生活增添了更多的乐趣。

4. 扑克牌成了魔术表演的道具之一，开发出来的系列产品给人们的生活带来无穷的乐趣。

5. 历史上扑克牌居然一度成为国王的教科书。据说，那是因为法国国王路易十四年轻时不肯学习，相关人员就把神话、寓言、地图之类绘制在扑克牌上。不料，许多贵族争相效仿，于是印制了各种“地图扑克牌”。有的旅游者身边带着“地图扑克牌”，既可以玩儿，又可以用扑克牌上的地图寻找道路！

二、活动计划

1. 调查了解人们对扑克的喜爱程度。
2. 查找资料，了解扑克牌相关历史的发展情况。
3. 对现有扑克牌进行归类统计，了解扑克牌的特点、种类、花色等。
4. 自主研发有创意的扑克牌内容和花色等，让扑克牌“旧貌换新颜”。

三、活动材料

A4纸若干张、彩笔、双面胶、剪刀、戒刀、直尺、铅笔等。

四、活动过程

1. 人们对扑克牌的喜爱

在生活中人们对扑克牌的喜爱程度，如下表所示：

当今社会家庭购买和拥有扑克牌的情况

项目 家庭情况	拥有扑克牌的数量	作用	适合人群	使用频率	内容、花色
省会城市	4～5副	魔术、娱乐、教学	中小学生	3～4次/天	卡通、文化、汽车
中等城市	2～3副	魔术、娱乐	社会人士	1～2次/天	常规
乡镇、农村等	1～2副	娱乐	老年人和离退休人士	3～4次/天	常规

从以上表格可以看出：

（1）在中国，无论大城市还是乡村，无论男女老少，人们都喜爱玩扑克牌。

（2）家庭越富有，拥有的扑克牌数量越多，扑克牌的种类、玩法也越多。

（3）随着社会的发展变化，扑克牌并没有退出历史舞台，人们对扑克牌的喜爱之情一直延续至今。

不同年代家庭对扑克牌的喜爱程度

项目 年代	代表人物	使用方式	使用时间
1940～1950年	爷爷奶奶	富贵人家的消遣	偶尔
1970～1980年	爸爸妈妈	升级、捉娘娘、拱猪、二十四等	下班休息时间
1997～2001年	我自己	魔术、数学游戏、娱乐等	课间、放学后

从以上表格可以看出：

（1）无论哪个年代，人们对扑克牌都有不同程度的喜爱，扑克牌越来越普及。

（2）随着社会的发展，扑克牌在生活中的作用发生了相应的变化，除了娱乐之外，还有学习、魔术功能，尤其是2009年春晚中刘谦的表演在全国掀起了魔术热潮。在大街小巷、学校社区，学习魔术的人越来越多。

2. 扑克牌的相关历史

（1）诞生：扑克牌诞生至今已有数百年历史，但迄今没有一个定论，法国人认为扑克牌由法国人在1392年发明；比利时人说比利时早在1379年就出现了扑克牌；意大利人则说扑克牌由意大利人在1376年发明；还有人说是埃及、印度、朝鲜等国发明；而更多的西方人认为，中国纸牌在12～13世纪（南宋时期）传入欧洲，依此说法，最早发明扑克牌的国家应该是中国。

（2）相关传说：闰年把大、小王各算为1点，共366点。专家普遍认为，以上解释并非巧合，因为扑克牌的设计和发明与星相、占卜以及天文、历法有着千丝万缕的联系。关于扑克牌的起源和历史，人们有着不同的见解。美国一位名叫凯思林·沃克的扑克牌研究者指出，据传，印度有个人爱用手捻动胡须的恶习，他的妻子为此发明了扑克牌，以使他纠正恶习；还有些人声称扑克牌是随同中国人发明象棋时一起产生的；还有人说扑克牌是从朝鲜人占卜的器具中发展起来的。不管哪一种说法都缺乏确凿的证据。

（3）考证情况：美国霍契曼经过考证指出，世界上第一副扑克牌是埃及人于1300年使用的。最早的美国扑克牌是印第安人用动物皮制作的……由于扑克牌成为中世纪欧洲贵族们的玩具，因此质地越来越考究，印刷越来越精美，使扑克牌成了珍贵的艺术品。

美国著名的收藏家沃克曾在一篇文章中指出，瑞士扑克牌的图案是一组盾、花、铃和橡树果，德国扑克牌的图案是心、铃、橡树果和叶子，而意大利和西班牙的扑克牌使用的是官杖、杯子、剑和钱币的符号，至于印度扑克牌的图案，是10个护持神的化身或占星术的图案。美国收藏家霍契曼收藏了17世纪佛罗伦萨的微型扑克牌，也收藏了为纪念1878年巴黎博览会用钢板雕刻、手工着色的精美扑克牌。

（4）特点：广告扑克具有广泛的群众基础、明显的复用特征，易于携带和保存，加上工业化大生产所带来的超低成本，扑克广告的独特效果被越来越多的商家认同。我们把电视传媒、报纸杂志、广播、互联网称为“主要媒体”，根据专业市场研究公司的分析和预测，广告扑克牌将成为“次媒体”中最具影响力的表现形式之一。

（5）扑克牌的造型、规格、张数：早期各国不一（如意大利为22张，德国为32张，西班牙为40张，法国为52张），54张扑克牌是由1392年法国创始的52张扑克牌的模式，外加大、小王演变而来的。此后，各国扑克牌张数逐渐统一为现在的54张。从最初以“点数”为画面发展到现在以丰富多彩的“花色”作为背景，逐步从娱乐的单一功能演变成一种多功能、全方位的文化载体。

扑克牌若去除鬼牌，则剩下52张，这52张代表了一年有52个星期，而鬼牌代表了闰年。接着，我们来看看扑克牌中所蕴含的其他意思。扑克牌有红心、方块、梅花、黑桃四种图案，分别代表了一年有春、夏、秋、冬四个季节；一季有13周，所以从A到K共有13张；一年有12个月，所以图神有12张；一年有365天，所以扑克牌上的数字全部加起来是365；另外，一年中有一半是白天、一半是黑夜，所以扑克牌也是一半红色、一半黑色。

扑克牌是历法的缩影：54张牌中，2张是副牌，分别代表太阳与月亮，其他52张牌表示一年有52个星期。

一年四季春、夏、秋、冬分别用黑桃、红心、梅花、方块来表示，其中黑桃、梅花代表黑夜，红心、方块代表白昼。每个季度有13个星期，扑克牌每个花色正好为13张牌。每个季度平均为91天，13张牌的点数加起来正好是91点。扑克牌中的J、Q、K共有12张，表示一年有12个月。

四种花色点数之和是364，再加大王的一点为365，是一年的天数，若再加小王的一点为366，正好是闰年的天数。

扑克牌中的J、Q、K是英文中侍从、王后、国王的缩写，12张人头牌分别代表历史上某个人物：黑桃K是公元前10世纪的以色列国王索洛蒙的父亲戴维，他善用竖琴演奏，并在《圣经》上写了许多赞美诗，所以黑桃K画面上经常有竖琴图样。红桃K是查尔斯一世弗兰克国王，他叫沙勒曼，是四张国王牌中唯一不留胡须的国王。方块K是罗马帝国的国王、名将、政治家恺撒，是四张国王牌中唯一一张侧面像。梅花K是最早征服世界的马其顿帝国国王亚历山大，他的衣服上总是佩戴着配有十字架的珠宝。黑桃Q是希腊的智慧和战争女神帕拉斯·阿西纳，是四张皇后牌中唯一手持武器的皇后。红桃Q、方块Q分别是朱尔斯和莱克尔皇后。梅花Q名叫阿金尼，由“女王（Regina）”一词而来，她手持蔷薇花，表示英国以红色蔷薇花为标志的兰开斯特王族和以白色蔷薇花为标志的约克王族经过蔷薇战争后终于和解，将双方的蔷薇花结在一起。黑桃J和方块J分别为查尔斯一世的侍从霍克拉和洛兰。红桃J为查尔斯七世的侍从拉海亚。梅花J是阿瑟王故事中的著名骑士兰斯洛特。

（6）花色：各国人民都以本国民族文化对四种花色给予不同的文化阐述。法国人将四种花色理解为矛、方形、丁香叶和红心；德国人把四种花色理解为树叶、铃铛、橡树果和红心；意大利人将四种花色理解为宝剑、硬币、拐杖和酒杯；瑞士人将四种花色理解为橡树果、铃铛、花朵和盾牌；英国人则将四种花色理解为铲子、钻石、三叶草和红心。扑克牌的花色，历来说法很多，比较集中的说法有以下两种：一说是这四种花色代表当时社会的四种主要行业，其中黑桃代表长矛，象征军人；梅花代表三叶花，象征农业；方块代表工匠使用的砖瓦；红桃代表红心，象征牧师。另一说是这四种花色来源于欧洲古代占卜所用器物的图样，其中黑桃代表橄榄叶，象征和平；梅花为三叶草，意味着幸运；方块呈钻石形状，象征财富；而红桃为红心型，象征智慧和爱情。

五、我国扑克牌的现状

1. 扑克牌的发展

中国是世界上最大的扑克牌制作生产国和出口国，年消费扑克牌数量超过12亿副。扑克牌制作有着广泛的群众基础，便于携带、保存，能反复使用传播，加上工业化大生产所带来的超低成本，广告扑克牌图片的媒体特征越来越清晰地显露出来，相比报纸、杂志和电视传媒，广告扑克牌的独特广告效果被越来越多的人所接受。

2. 扑克牌的其他作用

（1）扑克牌技艺与数学。

（2）收藏扑克牌。扑克牌是一种大众娱乐用品，多少年来一直为人们的休闲生活带来无穷的乐趣。按照主题的不同，扑克牌可分为民俗、漫画、体育、植物、动物、文学、风光、艺术、影视、军事等若干类。世界上每年出品的扑克牌不计其数，内容可谓包罗万象，其共同特征是每一套扑克牌都能体现一定范围或一个地区的文化内涵。收藏扑克牌既可娱乐又可研究，具体来说，收藏扑克牌有以下三个意义：

① 通过扑克牌看历史。扑克牌历史悠久，收藏者可根据藏品对各个时期扑克牌的特点、玩法、名人与扑克牌的关系等进行研究，以博古通今。

② 通过扑克牌看文化。扑克牌本身就是文化的产物，并赋予不同的文化内涵，对此进行研究有助于深入领会扑克牌文化的博大精深，理解花色、点数的内涵。

③ 通过扑克牌看工艺。不同扑克牌的设计、生产工艺均不同，极具研究价值。另外，不同版别、同一题材不同厂家的版本及同一厂家的不同版本都有研究价值。

从以上三个意义出发，收藏扑克牌时既可以把不同国家、不同包装、不同版本的扑克牌全部收藏，也可以分专题收藏，如文章专题、风光专题、人物专题等，亦可按自己的喜好收藏，从收藏中寻找到自己的乐趣。

在西方国家，扑克牌收藏的历史可以追溯到15世纪，目前，在欧美国家中扑克牌私人收藏和公共收藏现象都相当多，还有人以扑克牌牌面作为绘画艺术收藏的一部分。

与西方国家相比，中国扑克牌收藏历史不长，虽然在民国时期就有少数人收藏扑克牌，但并没有十足的影响力。20世纪70年代末80年代初期，中国扑克牌收藏出现了萌芽，一些玩牌的人开始有意识地收藏扑克牌。20世纪90年代后收藏者逐渐增多，出现了《中国扑克牌收藏》报，相关扑克牌活动也如雨后春笋般出现。

进入21世纪后，扑克牌的娱乐性、知识性、观赏性日益显现，加上广泛的群众基础，扑克牌收藏发展迅猛，仅中国扑克牌馆在各地就有17家分馆，我国艺术扑克牌收藏爱好者更升至15万人。有数据显示，现在全国专业扑克牌收藏机构包括16家省级收藏单位和市级收藏单位在内共计40家左右。

此外，“主题扑克牌”也是各路收藏家竞相追逐的焦点。“主题扑克牌”是指牌正面按一定主题设计、印制不同图案的扑克牌，有别于传统的人头牌。

（3）扑克牌汇聚成“百科全书”。主题为“人物漫画”的扑克牌把肖像漫画的艺术特点与扑克牌的游戏功能相结合，使扑克牌有了新的审美情趣；主题为“中国名山传说”的扑克牌，把许多与名山有关的传说汇集在一起，使人们在娱乐的同时记住身边的美景……如今，主题扑克牌几乎包括历史、人物、风景、名胜、文学、艺术、动物、植物、交通、教育、军事、战争等各种题材，可以说多种艺术扑克牌汇聚在一起，就成为一部图文并茂、洋洋大观的百科全书。如今，读牌、赏牌、藏牌已成为一种文化和时尚。

在潘家园中外扑克牌精品博览会上亮相的“中国传世名画”和“世界传世名画”两副世界最大的巨型主题扑克牌，全球绝版限量发行仅300套，每副扑克牌均附带有唯一流水编号的珍藏证书，收藏这样两套巨型扑克牌等于拥有了扑克牌的世界之“最”。

与邮票、书画相比，收藏扑克牌要便宜得多。收藏时应选择正规厂家和机构发行和监制的，选择那些限量的同时也要考察一下其“限量”的真假。注意扑克牌收藏的数量、质量和主题，最好按编号或者专题系列收藏，这样才能既娱乐身心，又体现扑克牌收藏的真正价值。

藏家白先生认为，只把扑克牌当成一种娱乐工具是不够的，其实扑克牌最大的价值是它的文化价值。扑克牌是一种文化的载体，它能够以自己独特的方式向人们展示信息量大、风格迥异、内容多样的信息。对于这种起源于中国却在国外有着悠久收藏史的扑克牌，我们应该更好地发扬其文化价值。

六、创新点

扑克牌在我们的学习生活中还有什么新的作用吗？扑克牌能“旧貌换新颜”吗？我运用头脑风暴的方法，结合自己的学习和生活，对扑克牌又有了全新的认识，我想制作和发明一系列的新型扑克牌，让它在我们的生活中扮演新的角色，发挥新的作用。

1. 材料创新：环保纸质、塑料、塑光等，具有不易污损、环保且易于携带等特点。

2.规格创新：可以是现在扑克牌的一半那么大，方便携带；也可以比现在的扑克牌大一倍，以便视力不太好的中老年人娱乐。

3. 用途、途径的创新。

（1）文化教育系列：名著扑克牌，唐诗、宋词、经典诵读扑克牌（《弟子规》《三字经》《大学》《论语》《百家姓》《千字文》等），成语、歇后语、谚语俗语、格言警句、对联、神话故事、传说故事、童话故事等扑克牌，可以使中国的古典文化不断发扬光大，而且还可以走出国门，畅销世界各地，成为馈赠亲朋好友的礼品之一。

（2）科普系列：中外著名的科学家、科学现象、科学奇观、科技新产品、科学实验、植物、动物等。

（3）旅游系列：世界各地风景名胜、世界各地城市简介、世界各地地图、世界各地旅游风向标。

（4）环保系列：文明礼貌用语、文明行为、文明广告语。

（5）饮食系列：世界各地土特产品、风味小吃、世界各地著名菜系。

（6）艺术系列：世界名画欣赏、中国著名山水画等。

（7）生活娱乐系列：孩子喜爱的中外卡通人物等。

（8）生活大百科：2010年中国大事记、2010年世界大事记、美容、服装、保健、各类明星人物等。

（9）企业宣传：各企业可以利用扑克牌便于携带等特点，将企业文化、管理方法、广告卖点策划等制作成扑克牌，不断宣传企业形象。

（10）军事武器：古今中外的军事武器、各类汽车等。

七、前景预测

创意系列扑克牌具有广阔的市场、巨大的前景和清晰的卖点。与彩页相比，54张扑克牌的面积是A4纸的5.5倍，每一张系列都可以成为新的广告。

广告扑克牌正面都可做成不同彩色的广告页面，扑克牌背面可做成一个广告面，广告扑克牌盒子的正反两面可做两个广告页面，一副扑克牌共可以做57个不同的广告页面。这样的广告容量，这么低的价格，是其他广告宣传品不可比拟的。

同时广告扑克牌的宣传持续时间较长，可以说扑克牌被保存的时间有多长，宣传时间就有多长。广告扑克牌与四种主要媒体相互补充，发挥各自的内在优势，以适应不同客户、不同场合、不同宣传目标的需要。企业或者生产厂家之间的商战可以说第一步就在于广告宣传的“较量”，它们会采用许多广告宣传手段和方式。

广告扑克牌以其制作价格低廉、覆盖面广泛、易于被消费者接受等众多优点逐渐成为大多数企业在广告战中的选择。越来越多的企业将广告扑克牌作为广告宣传的手段，越来越多的广告扑克牌出现在我们的视野中。

在不久的将来，相信我的“创意扑克牌系列”会为人们的生活带来越来越多的乐趣，也会在人们的生活中发挥巨大的作用。

八、附件资料

实物：

以下图片是我收集的卡通扑克牌、对联扑克牌、科学家扑克牌、四大名著扑克牌等。

惠州美食甲天下

广东省惠州市第十一小学四（4）班　黄蕙潼　刘美彤　王光语　肖乐陶
指导老师　任 萍

“天下不敢小惠州”，说的是在华夏大地上，东江流域不过是岭南一隅，然而，作为广东客家主要聚居地之一的惠州却早已闻名遐迩，独特的客家文化源远流长。无论是古代还是现代，广东惠州都保留了东江流域的政治、经济、文化特色，惠州历史积淀深厚、文化底蕴丰富，素有“岭南名郡”“粤东通衢”之称。

惠州的饮食文化历史悠久，它作为粤菜的菜系组合之一，也作为东江流域一带人们一向引以为荣的骄傲，已成为东江文化特色中不可或缺的组成部分。

惠州自隋代设循州府以来，一直是“岭南名都”“粤菜重镇”，其历史文化在省内外有一定的地位和影响，近代以来，惠州又是广东历史文化名城之一。因此，惠州的传统生活方式与饮食习惯，内容丰富，多姿多彩；各种风味兼容并蓄，应有尽有。惠州的发展史和其特殊的地域条件，形成了惠州民间传统的风俗文化与饮食习惯。按其地理位置来分析：第一，惠州是古代的北方军旅人士流落定居之地，客家人南迁循州一带；第二，惠州处于粤东中南部，恰好是广东三大方言语系（粤、客、闽南）的夹缝之间，因深受三大语系的影响，惠州风俗文化和饮食习惯形成了一种“兼容并蓄、风姿独异”的特征。

东江菜以惠州菜为代表，它与潮菜、粤菜并称为广东三大菜系。传统的东江菜偏重于“肥、咸、熟、香”，下油重，口味偏咸，用的酱料较为简单，一般用生葱、熟蒜、香菜调味，极少添加甚至不加过重过浓的佐料。但东江菜主料突出，喜用三乌，很少用菜蔬，河鲜海产也不多用。这与东江人以往的生活水平与风俗习惯有着极大的关联。惠州人勤劳耕作，劳动强度较大，平时一般很少吃荤食，而肥腻一点的食品能有效充饥。再者，客家人有勤俭的习惯，菜咸既有利于节俭，又可增加体内的盐分，所以，既经济又实惠。

随着社会的不断变革，东江菜也在不断地创新，并逐步形成了地方特色，注重“原汁原味、美味可口、回味无穷”。其原汁原味主要源于两个方面：一是选料讲究，多选用本地家养粗种的食物和没有任何污染的本地家禽与菜蔬，这与惠州一带生态环境良好有着重要的关系；二是烹调方法多采用煮、煲、蒸、烩和炖等方法，既保持食材原有的香味，又使人口感舒适，还不会轻易破坏食物本身的营养价值和纤维组织。

随着饮食文化的不断发展，如今的东江美食也逐步趋于完善且形成自己独特的风格，东江菜也开始更具文化品位，越来越多的来自全国各大中城市乃至东南亚地区的游客都喜欢品尝独树一帜的东江菜。

一、活动背景

俗话说：民以食为天。自古以来，中国人对美食就非常有研究，中国的饮食文化有着悠久的历史。目前在全国范围内形成了比较有特色的八大菜系，“粤菜”即广东地方风味菜，是我国著名的八大菜系之一，它以特有的菜式和韵味而独树一帜，在国内外享有盛誉。“粤菜”由广州菜、潮州菜、东江菜等组成，而“东江菜”中的很多美食又以“惠州美食”中的部分美食作为典型代表。

近几年来，随着惠州经济的蓬勃发展和城市化进程的不断加快，惠州在全国甚至海内外享有越来越高的知名度，惠州的华人代表和客家文化也被越来越多的人所熟知，因此来惠州观光旅游的游客越来越多，惠州美食给大家留下了难忘的印象。

二、活动意义

1. 通过活动了解惠州特色美食的种类、营养价值等。

2. 通过活动了解惠州美食所蕴含的独特的东江客家文化。

3. 通过形式多样的调查、走访、观赏、绘画、实地观摩等方式，了解人们对惠州美食的喜爱程度，激发热爱家乡的思想感情。

4. 通过了解惠州美食的渊源、现状等，不断拓展、创新，使与之相关联的链条产业的发展能够推陈出新，从而激发我们对家乡的热爱和对家乡未来美好前景的憧憬。

5. 领略我国博大精深的美食文化和各地的美食风情，了解食品卫生、营养、保健和烹饪科学知识。

三、活动内容和步骤

第一阶段——活动准备：确立活动方案、写好计划书、分工、营造氛围，激发学生对家乡美食的兴趣和热爱家乡的思想感情。

第二阶段——调查实践和体会交流：

1. 在小区、餐馆、大排档等处尽可能多地了解惠州美食的品种，品尝各种美食，并进行相应资料的收集。

2. 制作“惠州美食”一览表：将收集到的惠州美食资料按照科学的方法归类、对比、分析。

3. 体验：在家里向长辈了解惠州美食的制作方法，能逐步了解制作美食的相关材料、步骤和注意事项等。

4. 体验活动：“今天我当家”“今天我主厨”。

5. 品尝活动：邀请亲朋好友品尝自己亲手做的美食，或者将美食带到学校和同学一起分享劳动的乐趣、体验的快乐、成功的欢喜。

第三阶段——分享成功：小论文展览、绘画比赛、手抄报展览、小制作展览等。

1. 班级美食大比拼：将在家里亲手制作的美食带到学校，让同学们讨论每一种美食的制作方法、口味、营养价值。

2. 建立感觉箱：让同学们将品尝美食后的心得写在小纸条上，并放入感觉箱中。

3. 体验日记：每名同学可以将自己拜师学艺的美食记录下来，以便更好地和同学交流分享。

4. 广告语、导游词设计大比拼：为家乡的美食走出惠州、走向中国和世界写下最吸引人的句子，绘出最美的蓝图，唱出最美的赞歌。

5.“我爱家乡的美食”征文大赛：了解美食的口味、制作过程和方法，收集相关的传说故事等，拓展营养学的有关知识，不断激发其热爱家乡的思想感情。

6. 邀请信和邀请函的写作、设计大赛。

7. 精美的美食图片展览：将收集到的家乡美食图片或者制作过程中的美食图片进行整理、归类，并利用板报、展板等形式展出，激发大家对美食的喜爱和对家乡的热爱。

四、惠州美食简介

（一）惠州美食的特点

客家人是中原南下的移民，由于种种历史原因，迁至岭南山区后，完整地保留了中原的语言与饮食习惯。而且，由于客家人的居住地区大都是远离海洋，客家菜便以内陆型的油重味浓、咸香软糯为特色。

客家菜的用料大都以家禽和野味为主，追求原汁原味，即“饭有饭香，肉有肉味”，有所谓“无鸡不清，无肉不鲜，无鸭不香，无鹅不浓”的讲法。注重火功，以蒸、焗、煲、酿见长，尤以砂锅菜闻名。客家菜讲求四时节气，有“冬羊、夏狗、春鸡、秋鸭”之说。

现今客家烹饪技艺中，有许多做法，溯本追源，极其古老。如搏丸的历史可以追溯到2 000多年以前。《礼记注疏》列有八珍，第五珍叫“捣珍”，其法是：“取牛、羊、麋、鹿、麇之肉，必胘（读枚，脊侧肉）。每物与牛若，捶反侧之，去其饵（筋腱），熟出之，去其皽，揉其肉。”可见，客家菜系的“捣珍”技法出自古人，来自中原。客家菜的“汆鱼丸、生鱼脍、酿酱、豉油、搏丸烩”等都来自古汉语。如此种种，都说明客家烹饪术作为民俗文化中的饮食文化，堪称古意浓厚。

1. 东江盐焗鸡：鸡有多种多样的烹饪方法，而盐焗鸡可以说是最富有特色的一种。东江盐焗鸡是东江菜肴传统特色的一大名菜，它的特点是皮脆、肉滑、骨香、味浓。传说它来源于东江惠阳盐场。当时人们用盐储存煮熟的鸡，为的是使其不变味，能保存较长时间，家里有客至，随时可拿来招呼款待客人，食用方便。后来人们发现经过腌储的鸡味道不但不变，还特别甘香鲜美。

东江盐焗鸡始创于东江地区，已有300多年历史。有一次，当地盐商设宴请

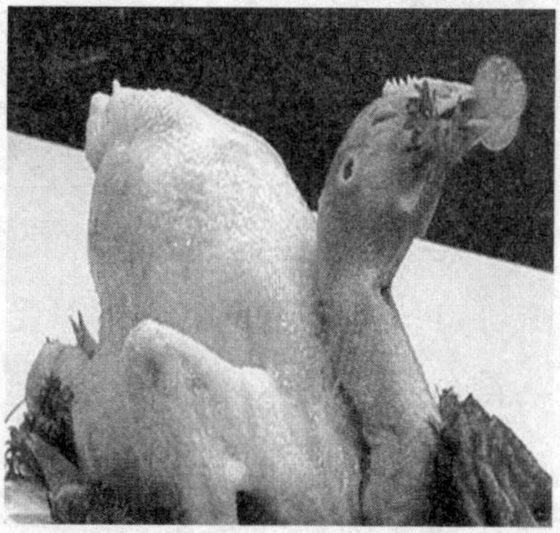

客，厨师以盐焗取代了习惯上的腌食方法，其味特佳。之后很快便传开了，使之成了一道名菜，叫盐焗鸡。由于制法源出东江，因此，盐焗鸡与“东江”二字常常联系在一起。

盐焗鸡虽然有多种不同的制作方法，食味各有千秋，但传统的制作方法更为人们所接受。首选家养或山上用虫草谷物群养的鸡，将鸡剥净，晾干水分，用精盐35克擦匀鸡腔，加入葱和八角。先用刷好油的锡纸包裹鸡身，再包上一层干净的锡纸。旺火烧热炒锅，下粗盐炒热至略呈红色时填入砂锅，约占锅的四分之一，把鸡放在盐上再填热盐盖满，用文火焗20分钟。这种制法是正宗的传统方法，上碟时，还必须注意砌回鸡形。

2. 东江酿豆腐：东江酿豆腐源于中原时包饺子的习惯，因迁徙到岭南没有麦子不能包饺子，逢年过节，东江人便想出了酿豆腐的吃法。

东江酿豆腐的制作方法精细，选料讲究。首先是选用嫩滑的东江山水豆腐，将豆腐切成长约5厘米、宽约 4 厘米、高约2.5厘米的小块。把猪肉、鱼肉分别剁成黄豆大小的粒，把虾米切成细粒状，在砧板上细剁肉馅，然后再将肉馅放入盆内，加上鸡蛋、葱、左口鱼末等配料拌数分钟，在每块豆腐的中间挖一小洞，随后将肉馅填入豆腐中，然后用中火烧热砂锅，把酿豆腐逐件煎至两面金黄色取出，放入砂锅中，再次加入上汤、配料，然后加盖用中火焖约两分钟，下老抽调色加葱花、左口鱼末等便成。东江酿豆腐也是东江人喜庆日子的必备佳肴。

3. 梅菜扣肉：惠州梅菜历史悠久，闻名中外，是岭南三大名菜之一，为岭南著名的传统特产。历史上作为宫廷食品而被称为“惠州贡菜”，享有“苎萝西子十里绿，惠州梅菜一枝花”之美誉。

梅菜是惠州传统特产，色泽金黄，香气扑鼻，清甜爽口，不寒不燥，不湿不热，因被传为“正气”菜而久负盛名，据说它与盐焗鸡、酿豆腐一起被称为“惠州三件宝”。“梅菜扣肉”还有一段美好的传说。北宋年间，苏东坡居惠州时，专门选派了两位名厨远至杭州西湖学厨艺。两位厨师学成返回惠州后，苏东坡叫他们仿杭州西湖的“东坡扣肉”，用梅菜制成“梅菜扣肉”，果然美味可口，爽口而不腻人，深受惠州人民的欢迎，使之成为惠州宴席上的美味菜肴。

“梅菜扣肉”精选横沥土桥梅菜心，将其在清水中浸泡至爽口、淡口后切成若干段备用。精选五花肉，将五花肉的皮刮干净，上汤锅煮透后捞出，趁热在皮上上一层老抽，皮向下，入烧热的油锅里炸，炸上色后捞出，放净水盆内泡软，然后切成3～4毫米厚的大肉片。洗干净锅注入花生油，下葱、姜、蒜、八角炒出味后，放五花肉炒片刻，然后再下汤、白酒、盐、生抽、白糖，待汤开后，改小火焖，一直到焖烂为止。然后把五花肉拿出来，将其平整地放进碗里，上面再铺上一层梅菜段，然后倒入原汤，上笼蒸透。走菜时滗出原汤，把肉反扣在盘中，原汤调好味烧开，用水淀粉勾芡，浇在肉上即可。这道菜的特点是肉烂味香，吃起来咸中略带甜味，肥而不腻。

4. 咸鸡：咸鸡是传统的客家菜，也叫“外婆鸡”。很久以前，客家人生活艰苦，逢年过节的时候才舍得杀只鸡，外婆特地把鸡腿留下来埋在盐堆里保存。待到节后女儿带外孙回娘家时，就把鸡腿从盐堆里取出来款待外孙，经盐腌制的鸡腿咸香鲜美。

5. 客家酿酒：客家酿酒是一种糯米酿造的甜酒，酒精度数比较低，客家地区的家庭十有八九都会自己酿造。首先将糯米用“砻”碾掉外壳，然后将糯米用水浸泡一天左右，其间注意换水，再用大铁锅将糯米焖熟，这种焖熟的米饭特别香，也很好吃，尤其是锅底有些糊的部分，焦黄的很好看。焖熟的糯米放在一个直径大概一米的簸箕里面，搅松然后加上酒曲，一般酒曲都用红曲，因此客家酿酒都是红色的，很是好看。待糯米凉了以后，就用酒缸装起来密封发酵。酒缸要干净无菌，一般都用热水清洗，在太阳下晒干，否则可能会做成一

缸米醋，密封用多层草纸封口扎牢。客家酿酒一般在春节前酿造，气温低的时候，还需要用旧棉被保温，一般发酵温度在20 ℃左右，经过一个星期至十天左右，糯米会全部发酵完毕，这时就可以煮酒了。煮酒也是用陶制的酒缸，一般容量是一担水的大小，燃料就是糯米壳。煮酒的时候可以将全部发酵好的酒液加入水和烧酒，一般加入的比例是5份原液、5份水、1～3斤烧酒，在干燥的空地上将酒缸逐个排列在一起，每个酒缸之间留10厘米左右的间隙，填入糯米壳，注意酒缸需盖盖，以免灰尘进入，然后在酒缸周围用土砖围起来，用稻壳填至略低于酒缸口即可。点火用木炭，糯米壳燃烧是文火，将酒煮好大概需要5～8个小时。待燃料全部烧完以后，直至酒逐渐冷却才可以将酒缸密封好，一般情况下可以保存3个月左右。这些都是酿酒的基本理论，其实客家酿酒最主要的还是实践经验。

客家酿酒的吃法主要有两种：第一种是鸡肉煮酒。将鸡肉斩块（用活鸡最好，冻鸡为次），姜丝一两，将少许花生油烧热（以鸡肉不粘锅为好）后爆炒姜丝，然后加入鸡肉，不要加入任何调味品，特别是禁忌食盐和味精，直至鸡肉熟至八成时为止。将鸡肉起锅放入砂锅中，然后加入酿酒，以盖住鸡肉为宜，慢火炖至沸腾5～8分钟，食用之前再加入酿酒至沸腾即可，沸腾时间不宜太长，免得酒精过度挥发，仅剩甜味。第二种是温酒，客家地区都以此法待客。

6. 沙糕：沙糕是惠州民间风俗礼仪的一种专用食品。如在婚嫁、丧葬时，沙糕多作为礼仪食品出现。婴儿出生“做半月”之时，外婆送沙糕更是定俗之一。

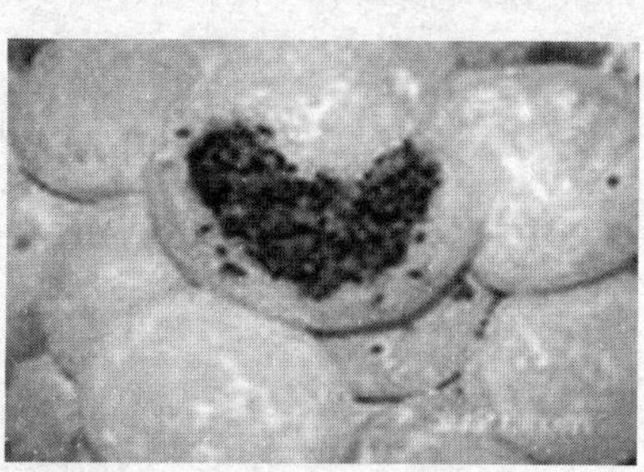

7. 逆糍：逆糍是惠州传统的节日专祭食品，最早是民家祭牛神用的供品。惠州俗语“十月朝，糍堆禄禄烧”就是惠州民间过“十月朝”（民间传统节日）的写照。“十月朝”是惠州传统的祭牛节，《惠州志》有记载：“十月朝，城中作粉食荐祖，乡落以粉食挂牛角以报其劳。”里面所指的“糍堆”和“粉食”其实同为一种食物，即惠州传统的风味食品糯米糍粑，惠州俗话称“逆糍”。

8. 艾角：艾角又叫粉果，有“过冬食粉果”之说，这是惠州特有的过冬习俗。

9. 阿绊叫：光听这个名字就让人想一尝为快。惠州话称奶奶为“阿绊”，望文生义，估计“阿绊叫”这个名称多少和奶奶有点关系。据说清代以前就已经有阿绊叫这种食品。阿绊叫其实是一种油炸品，外酥内软，不油腻，喷香可口，十分诱人。吃的时候往往蘸上香醋，其香无比。

10. 大笼：北方人称“年糕”，客家人称“甜”，“大笼”是惠州民间的特殊称呼。由于过年多用于祭神、祭祖、祭灶君，所以被视作过年的祭祀食品。大笼在用料上和北方的年糕稍有不同，而和客家的“甜”相近，均是以糯米粉为主料。视各人的需要加入红糖、冰片糖、白糖或砂糖，又视软硬程度加入黏米粉。

11. 糯米饼：包括甜饼、萝卜饼。以前，农村没有电，碾米粉就用一个麻石凿出来的碾米工具。它利用的是杠杆原理。一块厚木板用轴支在木架上，一头绑上10厘米见方、半米长的石条，下边是石头窝，放入浸泡过的糯米；一头是人用脚使劲向下压，如此重复至糯米碾成粉。这东西很是费劲，因为石条本来很重，再加上两端的比例基本为1∶2，因此石条的重量就加倍。

12. 煎堆：煎堆是一种饭前小吃，一般用黏米粉和糯米粉混合，加入各种馅料油炸而

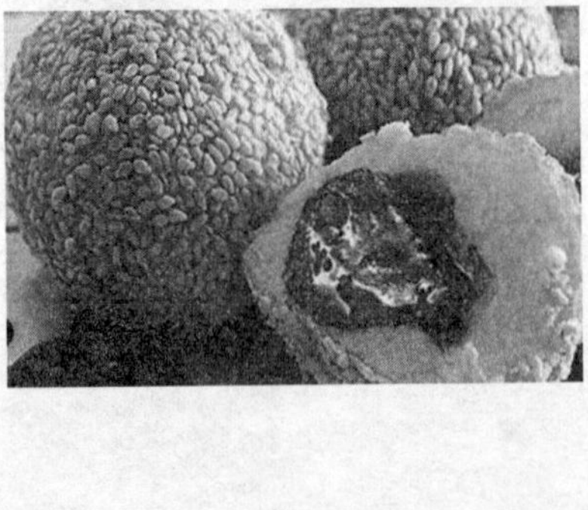

成。馅料主要有瓜条、花生、芝麻、糖等，做成各种各样的形状，用花生油炸成即可。煎堆香甜可口，以一杯香茶相伴，更是其味无穷。

（二）推荐食府

汤泉家嘉盛酒楼、东江鱼庄、森记酒楼、杨记酒楼、笃记酒楼、蒙记酒楼等。

五、惠州美食的发展前景

1. 加大对惠州美食的宣传力度，将各种美食加工成真空包装的食品，销往海内外，扩大惠州美食的宣传力度和影响力度。

2. 广告策划公司将惠州美食的宣传片制作成VCD和精美图片宣传画册，不断加大惠州美食的宣传力度，扩大惠州在国内、国际的知名度。

3. 将学生收集到的关于惠州美食的文字资料分类，编辑成册。

4. 发动学生动手制作“惠州美食”扑克牌，将动手能力、审美能力和爱家乡的思想感情结合在一起，不断扩大家乡的知名度。

六、活动感受

1. 通过实践活动，激发学生热爱家乡、热爱生活的思想感情。

2. 通过实践活动，走进生活，培养了学生收集处理信息的能力，增强了社会实践能力，培养合作精神和学科学、爱科学、用科学的兴趣，激发了学生的创造潜能。

3. 让学生在活动过程中感受实践、科学的魅力，享受快乐，体验成功，增强自信。

4. 学生通过运用观察、对比、分析等思维方法提高了动手操作能力，从而开发了创造潜能，培养了科学素养。

5. 拓展了学生的生活视野，使学生走进生活、亲近科学，真正感受到科学就在身边。

包装盒的妙趣科学

广东省惠州市第十一小学五（2）班　李佳恒　伍 越　何思稹
指导老师　任 萍

一、包装的由来和演变

人类使用包装的历史可以追溯到远古时期。早在原始社会，人类为了储存食物与携带食物，采用树叶、贝壳、竹筒、葫芦等材料来包装食物，目的在于保护、储存和移动食物或物品，这就是最原始的包装。以后随着劳动技能的提高，人们用植物纤维等制作最原始的篮、筐，用火煅烧石头，用泥土制成泥壶、泥碗和泥罐等，用来盛装和保存食物、饮料及其他物品，使包装的方便运输、储存与保管功能得到初步完善。这是古代包装，即原始包装。

约公元前5 000年，人类开始进入青铜器时代。4 000多年前的夏朝，中国人已能冶炼铜器，到了商周时期，青铜冶炼技术得到进一步发展。春秋战国时期，人们逐渐掌握了铸铁炼钢技术和制漆涂漆技术，铁制容器、涂漆木制容器开始大量出现。在古代埃及，公元前3 000年就开始吹制玻璃容器。因此，用陶瓷、玻璃、木材、金属加工等包装容器已有千年的历史，其中许多技术经过不断完善发展，一直使用至今。

公元前105年，蔡伦改进了造纸术。公元61年，中国造纸术经高丽传至日本；13世纪传入欧洲，之后德国建造了第一个造纸厂。11世纪中叶，毕昇发明了活字印刷术。15世纪，欧洲出现了活版印刷，包装印刷及包装装潢业开始发展。16世纪，欧洲陶瓷工业开始发展；美国建成了玻璃工厂，开始生产各种玻璃容器。至此，以陶瓷、玻璃、木材、金属等为主要材料的包装工业开始发展，近代传统包装开始向现代包装过渡。自16世纪以来，由于工业生产的迅速发展，特别是19世纪的欧洲产业革命，极大地推动了包装工业的发展，从而为现代包装工业和包装科技的产生和建立奠定了基础。

进入20世纪，科技的发展日新月异，新材料、新技术不断出现，聚乙烯、纸、玻璃、铝箔、各种塑料、复合材料等包装材料被广泛应用，无菌包装、防震包装、防盗包装、保险包装、组合包装、复合包装等技术日益成熟，从多方面强化了包装的功能。

20世纪中后期开始，国际贸易飞速发展，包装已为世界各国所重视，大约90%的商品需经过不同程度、不同类型的包装，包装已成为商品生产和流通过程中不可缺少的重要环节。目前，电子技术、激光技术、微波技术广泛应用于包装工业，包装设计实现了计算机辅助设计（CAD），包装生产也实现了机械化与自动化生产。

随着手工制造业的发展，皮袋、织袋、纸、布、陶器等包装用具产生了。大自然是人们生活的源泉，人们从自然中学会了各种物品的包装方法。人类生存的地球本身就是完美的大自然包装，环绕地球的大气层不但提供生物的优越生长环境，而且具有防护与缓冲宇宙外力的功能。地球所孕育的生物中，充满了各式各样为生存而具有保护功能的包装形态与机能，如鸡蛋具有抗压力和形态美的椭圆形结构，蛋壳密布的气孔具有通风的机能，蛋白的流动性具有缓冲的功能。又如橘子外面的橘皮厚而富有弹性，不仅造型美，色彩诱人，而且具有良好的保护功能。这些自然形成的包装，是最好的老师，给予我们在包装设计中极大的启发。利用自然材料通过手工制作的物品包装，虽然有很多的优点，但它已不能满足大生产、大消费的时代要求。

19世纪初，西方工业革命的发展、机器的发明和能源的开发，创造了丰富的产品，对产品包装工业也带来了巨大的影响。大量的产品要求迅速、安全地到达消费者手中，包装的作用就显得非常重要。随着经济的发展和人们生活水平的提高，要求商品既要满足物质上的需求，又要满足精神上的需求。当商品销售发展到一定程度时，出现了自我服务的商品，即超级市场或称自选商场，其销售方式具有快捷、方便、节省人力以及供消费者自由地选购商品的优点。没有售货员向顾客介绍或宣传商品，因此，商品就必须依靠它的包装去吸引顾客，商品的包装职能已由原来单纯地保护商品发展到了推销商品。其包装装潢设计也要求鲜明、直观、准确地传达商品信息。商品的包装装潢设计已成为在激烈的市场竞争中决定胜败的关键。

现在我们已经初步了解了包装对人类的作用，其实包装也是古代人的发明之一，我们已经了解到包装让人类的食物得以更好储存。下面就让我们来看看废弃包装做出来的制品。

看！这就是由废弃的棋子和包装盒拼成的，是不是很Q？下面还有呢！

看到了吗？这就是自制笔筒。

下面我来教大家怎么做笔筒。首先准备好美工刀还有盒子，然后把盒子的外围切块，接着在前面用美工刀划一个小口，在后面也划一个小口，这样固定口就做好了！接着，再做一个固定器，用胶水把它给粘上，再把它装上去，大功告成！好了，大家都学会了，那么现在就让我们进入下一个环节，让我为大家讲讲包装在现代社会中的功能。

二、包装在现代社会中的功能

包装是为了维持产品状态、方便储运、促进销售，采用适当的材料、容器等，使用一定的技术方法，对物品包封并予以适当的装潢和标志的操作活动。包装层次包括个装、内装和外装三种状态。个装是到达作用者手中的最小单位包装，是对产品的直接保护状态；内装是把一个或数个个装集中于一个中间容器的保护状态；外装是为了方便储运，采取必要的缓冲、固定、防潮、防水等措施，对产品进行保护。包装在物流系统中具有十分重要的作用。包装是生产的终点，同时又是物流的起点，它在很大限度上制约着物流系统的运行状况。要根据产品的数量、形状、重量、尺寸大小和性质采用适当的材料和容器进行包装。包装不仅制约着装卸搬运、堆码存放、计量清点是否方便高效，而且关系着运输工具和仓库的利用效率。具体来讲，包装具有以下功能：

1. 保护功能

这是维持产品质量的功能，是包装的基本功能。在物流过程中各种自然因素（温度、湿度、日照、有害物质、生物等），对产品质量产生影响，会使产品损坏、变质。在装卸搬运、运输过程中，撞击、震动也会使产品受损。为了维持产品在物流过程中的完整性，必须对产品进行科学的包装，避免各种外界不良因素对产品的影响。

2. 方便功能

经过包装的商品能为商品流转提供许多方便的条件。运输、装卸搬运通常是以包装的体积、重量为基本单位，托盘、集装箱、货车等也是按一定包装单位来装运的。合适的包装形状、尺寸、重量和材料，能够方便运输、装卸搬运、保管的操作，提高其他物流环节的效率，降低流通费用。

3. 销售功能

包装是商品的组成部分，它是商品的形象。包装上的商标、图案、文字说明等是商品的广告和“无声的推销员”，它是宣传推销商品的媒体，诱导和激发着消费者的购买欲望。

看完这些，现在我要讲一下包装的重要性。

三、包装的重要性

产品包装非常重要。一个公司在销售上能否取得成功，关键有两点：第一，取决于自身产品；第二，取决于产品包装。包装在运输过程中能起到很好的保护作用，能长时间地盛装和保护这些商品。自从人类掌握了把商品从千里迢迢之外运到消费者手里时还新鲜如故、完整无损的方法以来，不管你居住在哪里、从事什么工作，你的生活都会得到改善。此外，更重要的是现代包装还有一个新的功能，就是它必须有助于把内装的商品推销出去。决定商品销售的四个因素是自选式销售、商品雷同、广告宣传和市场调研。而每一个因素都将使包装设计成为销售中的新生力量。

1. 包装必须具有说服力

销售费用很昂贵，许多零售商发现他们必须刻不容缓地转变到自选式销售方法上。目前的自选式商店不但经营食品，而且经营五金、服装、化妆品、文化用具等商品。售货员在逐渐减少，向顾客推销商品的工作已经在一定限度上取决于包装。包装成为生产商和消费者之间相互联系的工具。商品经过调研、推销宣传和运输搬运以后，摆在售货架上，最后要想把商品从货架移到消费者的采购篮子里，就要靠包装了。

2. 商品雷同性

商品的生产商增多，从而使商品变得雷同，顾客不得不在很多类似的商品中进行选购。在繁多的食品、香烟和化妆品面前决定取舍，是一件困难的事情。因此，当两种商品差不多相同的时候，包装能够因不同点而与对方的商品区别开来。

3. 价格并非万能

“价格合理是打开顾客钱包的唯一钥匙”，如此看来，似乎包装设计会变得没有多大必要了。但是，正如我们知道的，在药品店里只要用很少的钱就能买到面霜，为什么有人愿意付出比这高出许多倍的价钱去买一瓶有漂亮包装、有商标的含有相同成分的化妆品呢？其奥妙就在于：包装能够把枯燥的化妆品变成“灵丹妙药”。实际上，人们要买的不只是面霜，而且是自信、英姿、青春和美貌。而包装设计能够使商品富有年轻、青春、壮健、雅致、丰满、整洁、力量等。你可以通过包装使商品活灵活现，满足顾客心理上的需求，从而促进销售。包装能赋予商品本身没有的质量感。

4. 广告

新产品问世后，要想使它家喻户晓，就必须花费资金进行广告宣传。当要推销某种商品时，工厂与大众之间必须形成一条锁链带，包装就是这条锁链带的最后一环。因此，要想达到最佳效果，广告的重点必须放在这最后一环上，使大众在货架上一眼就能认出你的商品，使包装产生辨认性。包装设计应重复使用广告中的语言，使得包装与广告相互对应，有助于推销商品。

5. 销售与调研

目前，销售商品的技术比生产商品的技术高得多。这是人们不得不承认的，当然商品是第一性的，不然，推销工作就变得无的放矢。同样，如果生产出了世界上最好的商品而无人知道，那也是无济于事的。

销售的整个历史，就是包装使商品能以新的形式提供给更广大的消费者的历史。包装作为销售的工具，其作用还表现在以下几个方面：

（1）将商品流通到世界范围。

（2）保证商品（在任何地方）出售时的质量。

（3）改善商品出售给消费者时的状况。

（4）改善商品本身。

（5）提高商品对消费者的整体吸引力。

（6）能把自己的商品与竞争对手的商品区分开来。

（7）降低商品在生产、流通、贮存和零售过程中的费用。

当谈到“满足消费者需要”的时候，必须考虑以下问题：“目标是哪些消费者？”“满足哪方面的需要？”因为不同的人有不同的需要。比如，在国际市场的销售中，我们不可能使一种商品按不同的国际市场进行相应的变化，但是有时我们可以通过包装（而不是通过改变语言文字）使一种商品产生不同的吸引力，去满足不同国家人们的不同需要。包装应具有一个占绝对优势的商标或辨认牌号，或者采用某种手段把各种形式的广告与包装相结合，具有能告知和说服人们购买商品的说明，使包装产生吸引力，从而促进销售。

四、包装的特点

1. 合理性

包装画面可以适当夸张，但不可随意夸大。现代的食品包装设计越来越多地采用艺术效果表现产品特点，如利用电脑绘出产品，这种方法能弥补拍照的不足，可以和配料、原料等随意组合，使人们更直观地认识产品、信任产品。

2. 审美性

随着时代的发展，人们的审美需求不断提高，包装设计要求也不断增高，满足人们的审美需要成为包装设计的主要课题。以前单纯放一张产品照片的包装已不能满足人们的审美，他们需要更艺术化的表现形式。而设计者也通过抽象的手法，使产品包装更具艺术性，给人们留有遐想的空间。

3. 针对性

有些食品专门针对某一范围的消费群体，在包装的表现上需要突出显示。例如，中老年食品包装形式比较传统，色彩也会采用深沉稳重的颜色；儿童食品则要求包装活泼可爱、色彩鲜艳，并经常有一些附加价值（如可以充当玩具）；针对某一区域的产品，可以在包装上表现出地方特色，如用方言、文化传统等。

4. 独特性

市场上的食品包装琳琅满目，为了使产品从众多同类商品中脱颖而出，就需要创新，独具特色。

五、调查问卷

1. 您的性别是

○男　　　　　　○女

2. 您的年龄是

○20岁以下　　○20~40岁

○40~60岁　　○60岁以上

3. 您是否经常出入商场或到超市挑选和购买商品？

○经常　　○偶尔

○从不

4. 您会重点根据商品的哪个方面进行挑选和购买？

○价格　　○质量

○包装　　○口碑

5. 购买商品时，您会留意商品包装是否美观或者实用吗？

○一直如此　　○有时会

○从不关注

6. 您认为产品的包装设计重要吗？

○重要　　○一般

○不重要

7. 您有过喜欢某一种商品的包装而购买该商品的经历吗？

○有，经常　　○有，很少

○从来没有

8. 您更能接受哪些商品的包装创新？

○首饰、奢侈品　　○化妆护肤品

○食品　　○衣物

○生活日用品

9. 您认为哪种档次的商品更需要经过特殊创意包装？

○高端　　○中端

○低端　　○以上都有

10. 在同类商品中，相对于普通包装，经过特殊设计、创意包装的商品是否更能引起您的兴趣从而购买该产品？

○会注意，并且乐于尝试购买　　○会注意，偶尔会购买

○会注意，一般不会购买　　○不注意也不会购买

六、总结

我国城市每年包装废弃物的重量占固体废弃物的三分之一，体积已达二分之一，过度包装造成了极大的资源浪费和环境污染。“适度包装，节约资源”已成为时下包装概念的主流。采用绿色环保、创意简约的包装不仅能节约成本和资源，而且对生态保护和可持续发展具有重要意义。

七、建议

在我们的生活中，到处都有包装。各种包装既有优点，也有缺点。我觉得，与其他的包装相比，自己制作的创意包装才是最好的。它既美观大方，又十分实用，还不会污染环境。所以，让我们一起制作属于自己的创意包装吧！

惠民自行车，惠及千万家

广东省惠州市第十一小学六（4）班　廖英淇
指导老师　任 萍

众所周知，自行车是最为环保的出行代步工具，它不消耗汽油也不会污染空气，购置成本低而使用年限长。这一在中国得到广泛推广的交通工具如今也被越来越多的国家所接纳。有数据显示，如果所有工作场所距家5英里（相当于8 050米）范围以内的美国人（美国约有一半人口符合此标准）每周选一天骑自行车上班的话，每年将减少近5万吨可致全球气候变暖的污染物。

一、活动主题

1. 汽车发展带来的社会问题

随着人民生活水平的日益提高，家庭购买汽车已不再是遥不可及的事情，在城市的许多家庭中，拥有多辆汽车也已司空见惯。汽车现在已经成为人们普遍的交通工具，它载着人们上下班，带给人们自驾游的无限乐趣，更象征着一个人的地位和权势。但是汽车在为人们提供交通便利的同时，也对环境造成了严重的污染。近年来，呼吸道疾病、癌症等发病率迅速增加，均与环境恶化有关。随着汽车进入家庭的增多，汽车排放的污染已成为大气污染的重要因素，越来越引起人们的广泛关注。减少汽车有害气体排放，营造绿色环保的公共交通已经刻不容缓。汽车的主要危害有以下几个方面：

（1）噪声污染，是指汽车在行驶过程中发生的噪声，主要有发动机工作噪声和汽车行驶时振动及传动产生的噪声。它又分为车外噪声和车内噪声两种，对于轻型汽车而言，一般要求小于85 dB，以避免噪声污染。

（2）排放污染，主要是指从汽车发动机排气管排出的废气，根据汽车种类不同，其污染物的成分也不同。排放污染是汽车的主要污染源，也是汽车环保的一个最重要的项目。

（3）造成交通拥堵。汽车在道路上行驶，应首先解决交通堵塞问题。汽车频繁急速、低速、加速、减速，既造成能源浪费，加重了空气污染，又给道路交通带来压力。只有行人与驾驶员自觉遵守交通规则，相互谦让，相互理解，才可极大地减少交通堵塞。

（4）乱停乱放影响市容市貌，给人民生活带来极大不便。

（5）不安全事故频发。据相关数据统计，全世界每年在汽车交通事故中的死亡人数约为61万人，因车祸受伤的约1 200万人次，这是多么让人触目惊心的数字啊！

2. 在现代化城市发展进程中自行车的优势

自行车是一种既方便又廉价的交通工具，它还可以作为体育器材增强人们的体质。自行车的结构不算复杂，尤其一个可折叠的便携自行车相对于普通款式的自行车来说是更好的选择，因为它方便携带，利用率也就很高。对于那些工作地点距家稍远的人来说，全程骑自行车上下班可能不太现实，这时如果选择一款便携式自行车就方便多了，它可以成为您从家到公交站点途中的代步工具，甚至在堵车特别严重或是车辆因某种原因限行时，便携式自行车也会给您带来意想不到的便捷。

3. 惠州市政府“惠民措施”深受百姓欢迎

据《惠州日报》报道：惠州市第一批20个惠民自行车服务点、2 000辆自行车今年4月28日正式启用。截至9月26日17时，租还车次数达17万次，服务点主要分布于居民区、商业中心、交通枢纽、旅游景点等位置，使用人群覆盖江北、东平、下埔等片区。第二批建成的80个服务点设置更加人性化、合理化，自行车更加舒适轻盈，惠民卡也进行了升级。

二、活动意义

1. 了解自行车的历史、发展情况、现状。

2. 了解低碳生活的概念，并身体力行地践行低碳生活。

3. 对比了解不同的交通出行方式对资源和环境的影响。

4. 了解便民自行车投放使用的意义，身体力行参与“科学低碳绿色出行——便民自行车”，树立节约资源、保护环境的意识。

三、活动计划

1. 调查走访左邻右舍，了解普通家庭的主要交通出行方式。

2. 调查走访，了解人们交通出行方式的变化。

3. 上网查找资料，了解不同交通方式的差异和对生活、环境的影响等。

4. 生活体验：便民自行车，从我家开始。

5. 倡议书：节约资源，从我做起。

6. 作文竞赛：“我学会了骑自行车”“骑自行车的乐趣多”。

四、活动形式

活动形式主要采用调查走访、问卷调查、生活体验等。

五、活动过程

（一）自行车的历史、发展情况和现状

从自行车的雏形出现到基本定型用时近100年的时间。刚开始，人们并没有把它当作交通工具，而仅仅是作为一种娱乐手段。

据说，世界上最早的自行车是法国人西夫拉克于1790年发明的。他在玩木马的时候不满足于只能前后摇动，希望木马能跑起来，于是突发奇想，在木马的两条前腿间和两条后腿间各安装了一个轮子，人骑在木马上用双脚交替蹬地向前滑行，于是木马就“跑”起来了。这样的木马好玩多了，木马从此走上了大街，但是没有车把，没有车闸，这就为乘木马出游带来很多不便。它只能直行，不能拐弯，下坡时虽然省力，但无法控制速度，经常出现翻车事故。直到1839年德国人卡尔·德来斯为它装上了车把，才能自如地控制行进的方向。这时的木马已经变成了木制的两轮车。由于有了车把，可沿直线或

曲线进行长距离的滑行。

真正作为交通工具的自行车是1839年苏格兰铁匠麦克米伦制成的。车身为钢铁结构，并以曲柄连杆作为传动装置，骑车人用双脚踩动两根长杠杆，车子就向前行进。骑车人的脚离开了地面，速度也大大加快了。人们称它为“速步机”。

（二）低碳出行

随着经济的快速发展，人们的生活质量也逐渐提高。如今大部分家庭都有汽车，出行虽然方便了，但却给空气造成了很大的污染，从而影响了我们的健康。因此我们要低碳生活，共创美好未来。很久以前，空气很好，早上是蓝天白云，而晚上的天空则布满繁星，原因是那时候大气还没有受到污染。如今，骑自行车的人少了，多数人选择的交通工具是汽车，而现在我们看到蓝天白云的机会也少了，晚上的天空也很难看到星星了，可想而知，汽车所排出的废气对空气的污染有多大，也对我们的健康带来威胁，这也是为什么城市的人向往乡村生活了。

我们应该多选择骑自行车出行，自行车不会对空气带来任何污染，还有利于我们的健康；或者选择搭乘公共交通，虽然它也有废气产生，但是无论车上有多少人都不会影响它所排出的废气量。我们还可以多种植树木，因为树木能保持生态平衡，并且能通过光合作用吸收二氧化碳，排放氧气，保持空气清新，进而改善地球整体环境。保护地球需靠你我，如果每个人都出一份力，那么我们的生活将会变得更美好！让我们低碳生活，共创美好未来！

（三）不同交通出行方式差异性的表现

1. 国外自行车使用情况及现状

荷兰：自行车王国、自行车之都

1. 使用人群：不论贫富或社会地位高低，人们对自行车都十分喜爱。王室及许多政府高官都是骑自行车的“带头人”，家庭主妇骑车买菜、工薪阶层骑车上班，甚至警察骑着自行车巡逻等现象在荷兰都是司空见惯、屡见不鲜。

2. 使用态度：非常积极，有超过90%的人热衷于骑车，大家都认为自行车既是一种环保、低碳的出行方式，又是强身健体、娱乐休闲的享受方式。

3. 使用情况：荷兰可以说是世界上自行车交通系统最完善的国家。荷兰共有1 600万人口，却拥有1 800万辆自行车，拥有世界上最密的自行车交通网（全长22 000千米，此长度是其高速公路长度的10倍）。自行车路网遍布全国，骑车人可以在通往任何目的地的旅程中都使用带有清晰标志的自行车道。在每一个城市、小镇和乡村地区，人们都可以找到自行车公共设施。各主要路段两边设有高品质的自行车专用道，在许多城市中，自行车较机动车拥有绝对的道路使用优先权。荷兰拥有几乎世界上最好的自行车和火车二元交通系统，每个火车站都停有数百乃至数千辆自行车，租用手续非常方便快捷。

4. 独特的管理：在荷兰，各城市都辟有专门的与交通主道隔离的自行车车道。在自行车车道上，有刚刚学会骑车的孩子、骑车上学的学生、骑车上班的工薪阶层、骑自行车度假的夫妇和自行车运动爱好者。由于自行车的流行，车道两旁有许多相关的服务设施，如自行车修理店、自行车出租行及自行车停车场等。

有趣的是，荷兰自行车专用车道的路面也是特殊的。主干道大多是沥青或形状像砖块的红色岩石铺成的，而自行车道却多用较大的扁形瓦片形状的石头铺成，这与主干道形成明显的反差，极易识别。

标志特殊、交规严格，这是荷兰政府采取的第二条措施。在自行车车道上，我们非常清楚地看到：专门的自行车车道都有一个特殊标志：圆形蓝色指示牌，上面画有一辆白色自行车；专门的交通信号灯和白底红字的特殊道路方向指示牌都非常醒目，便于骑车者的观望。同时，政府规定，严禁机动车在专用自行车车道上行驶，但也同时规定，有自行车车道的地方，严禁自行车在机动车道上行驶，这有效地减少了机动车对自行车骑车人安全构成的威胁。

有意思的是，由于外国人对荷兰道路和交规不太了解，荷兰一些地方还专门为旅游者修建了旅游自行车专用道，并将休闲娱乐中心和美丽的风景区相连接。而且，许多游客专用自行车车道又相互连接，构成一个较大的道路网络，为骑车度假提供了极大的便利。

在荷兰的交规里，自行车被列为“普遍而又特殊”的交通工具，并将自行车定为“慢速车辆”。1999年12月15日，荷兰开始把机动脚踏两用车划归“快速车辆”，只能在机动车车道上行驶，这一规定有效地保证了骑车者的安全。

除此之外，荷兰政府对自行车的配件也做了严格的规定。如灯光，自行车在光线不明的道路上行驶时必须有照明设备。自行车要有白色车头灯、红色尾灯、红色车尾反光镜、反光踏板、车轮圈和车胎上的侧反光装置等。

另外，荷兰政府对骑车人也有一些规定，如在转弯时必须用手示意所转方向；超过两轮的自行车或装有货物的自行车的车宽超过75厘米时，不能再使用自行车专用车道；自行车后座载有不满8岁的儿童时，后座必须有娃娃架等。

荷兰人对自行车的厚爱已有几十年的历史，30%以上的旅行是靠骑自行车完成的，老年人当中，48%的旅行也是靠步行或骑自行车完成的。近年来，自行车的优越性更加突出，成为荷兰人更加“迷恋”的交通工具。美国和其他一些发达国家纷纷到荷兰来取经，这为荷兰人增添了不少自豪感。

美国：“汽车轮子上的国家”“没车不行”“一户多车”

1992年9月25日在美国旧金山，由美国环保署“绿色家园”项目经理罗森堡女士提出倡议：“骑自行车和步行是最原始的，也是最安全、最环保的交通方式。”美国开始逐步尝试“宁静交通”的各种方法，力争未来的城市更加“交通友好”。美国过分依赖汽车的这种生活方式也带来不少问题，不仅使更多的人每天将更多的时间花在方向盘上，还使美国交通拥堵问题日益严重。人们开车多了，运动少了，身体更加不健康了。现在美国城市建设中的道路设施多有不利于人们走路和骑自行车之处。因此，她提出，无论是新的道路建设还是社区规划，都要将自行车道和人行道作为重要因素考虑在内，从基础设施开始，确保自行车和行人与汽车驾驶员可以平等使用道路资源，鼓励人们更多地使用自行车和步行方式。不少美国城市根本没有自行车道和人行便道，这不仅加大了交通隐患，而且迫使人们不得不开车。

英国：近几年也兴起了大规模的“自行车革命”

1. 使用人群：环保人士、居民等。

2. 使用态度：“自行车是一种快速、健康和方便的出行方式。现在，伦敦的轨道交通已经满负荷运载，投入更多的公交汽车也不太现实，所以，解决伦敦未来的交通问题，需要依靠自行车。”使用自行车代步的人数每年都有所增加，近几年，骑车一族出现了跳跃性的增加。

3. 使用情况：伦敦人每天有45万次出行活动是依靠自行车完成的，在覆盖英国城市和乡村约9 000千米的“全国自行车专用道网络”上，每天进行着约

2.32亿次出行，这一数字比上年上升了15%。在过去5年里，伦敦的自行车使用率增加了50%。

4. 独特之处：在英国，人们把自行车专用道称作“无拥堵道路”。人们觉得骑自行车能让他们保持健康，“感觉很好”。有些环保主义者出于减少汽车尾气排放的考虑选择了自行车这种“绿色交通工具”。还有一些大城市的居民发现，比起开着私家车挤在车满为患的公路上，骑自行车更快、更便宜，也更令人愉快。一位已经骑了44年自行车的牛津化学工程师说：“骑自行车让我感觉自己年轻了10岁。有一篇报道说，经常骑车的人能多活15年呢。而且，骑自行车多自由：不用担心拥堵，也不用管公交车专用道。至于安全嘛，不管你信不信，骑车可比坐车安全多啦。”

德国：“自行车革命”是传统

在德国的城市中心，很多人都会选择自行车，比如，在城市中工作的人员会选择骑自行车，有些做生意的人也喜欢骑自行车，不需要开车，因为开车需要找停车位，而且开车的时候还可能会遇到堵车的问题，因此，在城市比较拥堵的地方骑自行车是一种最好的选择。

法国：自行车使用人群大幅上升

自2007年以来，法国的自行车市道正在好转，其原因在于巴黎市政府正积极推行自行车计划及提供配套设施，加上传媒报道自行车可作为交通工具及用于消遣和健身活动的消息，导致骑车者数量大为增加，这必将极大地促进当地自行车市场的发展。以环保和容易取用的自行车作为交通工具，已成为全球新趋势。自2001年以来，巴黎市的自行车使用量上升了48%，成为市区交通发生显著变化的一个转折点。

2. 国内主要交通方式变化情况

时间	交通方式	使用人群	对生活环境的影响
中华人民共和国成立前	步行	普通老百姓	生活比较贫困，经济条件差
	汽车	官僚、有钱阶层	生活富裕，经济条件好
1950～1980年	步行、自行车	普通老百姓	在普通老百姓中是奢侈品

续表

时间	交通方式	使用人群	对生活环境的影响
1980～2000年	自行车、摩托车、电动车	普通老百姓	生活水平普遍提高，收入增加
2000年至今	汽车	普通老百姓	收入大幅增加，带来一系列社会问题

3. 近几年国内便民自行车情况

<table>
<tr><th>地区</th><th>使用情况</th><th>温馨你我他</th></tr>
<tr><td>北京</td><td>需要办理诚信卡，一次借用不得超过2小时</td><td rowspan="8">1. 借车手续办理能否再快些？
2. 何时增设自行车停放点？
3. 便民自行车体现管理和服务水平，是倡导低碳生活的一项措施，应大力宣传和普及</td></tr>
<tr><td>石家庄</td><td>千辆便民自行车首日借出183辆次</td></tr>
<tr><td>福州</td><td>文明首考，市民获满分</td></tr>
<tr><td>苏州</td><td>停放点网上投票决定</td></tr>
<tr><td>武汉</td><td>外地人也能借用，每次借车2小时，不许续借，还车后15分钟内不得重复借车，解决了“霸车”现象</td></tr>
<tr><td>杭州</td><td>在市中心区域的200个公共自行车服务亭，陆续安装大屏幕，除能显示自行车租、还的实时查询外，还能提供公交线路、换乘信息等，方便市民出行</td></tr>
<tr><td>烟台</td><td>烟台市民需登录水母网办理借车诚信卡，五大群体都可办理，共规划了300个站点，提供轻便车、山地车、带小孩车等三种车型，租车人可按需选用</td></tr>
<tr><td>惠州</td><td>设置自行车道，让市民骑行更安全；惠民自行车大大方便了市民出行；轻轻一刷，就可租赁自行车了。目前，惠州市有100个惠民自行车服务点，10 000辆自行车全部投放使用。从10月1日起，每月使用惠民自行车最多的前30名市民将给予每人100元的奖励</td></tr>
</table>

4. 自行车的环保配件

人们往往会给自己心爱的自行车选购一些配饰，其实在这个过程中，同样可以有更加低碳环保的选择。

如脚踏板，目前有一种简单而别出心裁的设计是在踏板处放置一个微型发电机，可以通过骑行产生稳定的电流，最初设计的电能用途是供电给车辆前灯，现在已经扩展到为手机和GPS等设施充电。

除了脚踏发电，还有太阳能电池板也是一个节约能源的选择，尤其对于那些长途骑行的“驴友”们来说，白天通过太阳能电池板收集的电力可用于夜晚时的照明，这绝对是一个实用的设计，同时还减少了传统电池用完之后填埋可能带来的污染。

塑料车把看似面积小不起眼，但追根溯源发现它同样是用石油制作的，不如选购一款有机棉制成的新型车把，既环保又舒适。

骑行过程中随手扔掉的一个塑料矿泉水瓶，可能要经过几百年的时间才可自然降解。周末与好友到郊外游玩，不如选择自带水壶，减少郊外的垃圾。

目前，自行车链条润滑剂也同样属于石油制品，可以尝试使用可持续能源，如菜籽油等蔬菜油。

5. 自行车出行的优点：绿色、低碳、环保

（1）节省金钱。据悉，市民在出行时，若用自行车代替私家车，每天按5公里（千米）计算，开车一族一个月便可节省700多元，一年便可节省8000多元。

（2）强身健体。在汽车越来越多、越来越“霸道”的时代，对骑自行车，真的是“想说爱你不容易”。但生命在于运动，骑自行车既便捷又可以锻炼身体。

（3）节省空间。在7公里（千米）活动半径之内，骑自行车的出行效率最高，一辆自行车停和行的平均占地面积仅为3平方米，而一辆小汽车停和行的平均占地面积竟达48平方米。

（4）环保达人新理念——绿色、低碳。骑自行车不但不丢人，反而很光荣。汽车、摩托车、自行车都是代步工具，选择哪一种工具出行是自己的权利；自行车低碳环保，有益身体健康，何乐不为?

六、活动体会

1. 使我们了解到不同交通出行方式对生活的影响，激发了对生活的热爱。

2. 通过对比不同交通出行方式的差异，开阔了视野，拓宽了我们的生活空间。

3. 亲身体验“便民自行车，惠及千万家”，使我们感受到生活的乐趣，感受到锻炼——“生命在于运动”的重要性。活动结束后，每名同学都汗流浃背，但是脸上却洋溢着灿烂的笑容。此次骑行活动收获颇多，不仅让同学们有机会将绿色环保的理念付诸实践，也让大家坚定了将绿色环保进行到底的决心。

4. 懂得了惠民政策的重要性，为生活在美丽的惠州感到骄傲自豪，学会了珍惜生活。

5. 学会了关注生活、关注环保，明白了“绿色低碳出行”的重要意义，激发了对科学、对生活的热爱。

校园“兔子舞”，让活泼的我们更可爱

广东省惠州市第十一小学　凤凰花艺术团
指导老师　任　萍　吴　清　刘丽惠

一、活动目的

集体舞是学生集体参与的舞蹈，其形式新颖、活泼，学生参与度高，经常参与这种欢快的集体舞，能够让学生达到强身健体的目的。

跳集体舞不仅能增强学生的体质，还能丰富学生的校园生活，陶冶学生的情操。长期以来，由于校园生活的单调乏味，校园生活难以适应学生的要求，很多学生“被迫”走进游戏厅、网吧等，给家庭、学校和社会都带来了很大的影响。如果校园生活丰富多彩，能够吸引学生，让学生喜欢，相信很多学生都不会成为“问题学生”。集体舞是一种健康、积极向上的舞蹈，是融合艺术、体育为一体的美育活动，是对传统活动的一种创新，应该大力推广并发扬光大。

此外，推进特色学校建设，创建各类特色学校是新形势下全面贯彻教育方针、深入实施素质教育、深化教育教学改革的一项重要工作，也是优化学校管理、丰富学校内涵、提升学校品位的重要举措。为了更好地贯彻落实《中共中央国务院关于深化教育改革全面推进素质教育的决定》和《国务院关于基础教育改革与发展的决定》中提出的“要尽快改变学校美育工作薄弱的状况，将美育融入学校教育全过程”的要求，为了“一校一特色”工作的实施，保障学校“一校一特色”工作的顺利开展，我校按照《惠城区实施“艺术人生”工程，推行“一校一特色”工作》的文件精神，结合我校实际，将以“校园集体舞”为载体作为学校的特色教学，努力提升学校品位，促进学校特色发展。

二、活动对象、人数

学生方面：全校学生。

教师方面：所有学科教师，重点是音乐教师。

活动时间：周一至周五的早操时间8：20~8：40。

活动地点：学校大操场。

三、活动目标、意义

（一）活动目标

1. 工作目标

（1）以“校园集体舞”为主题，以使广大学生都能积极参加文明、健康、活泼的课外舞蹈活动为工作目标，从而达到愉悦学生身心、发展学生个性、丰富校园文化生活以及切实提高学生的表现力、审美素质和能力的目的。

（2）研究“校园集体舞”教学的途径、方法和手段，针对学生心理特点及少儿实际动作发展和接受水平，形成具有特色的“校园集体舞”教学模式。

2. 学校发展目标

发挥舞蹈教育的中介作用，营造优化的育人环境，为学生个性特长的发展创设最佳的教育环境，促进学生德、智、体、美、劳和谐发展，全面提高教育教学质量。同时，通过“校园集体舞”的教学，创设出本校艺术学科教学特色，使学校成为具有艺术教育特色的省级名校。

3. 学生发展目标

从激发学生学习兴趣入手，坚持学生发展为本，开阔学生的文化视野，帮助学生构筑一个丰厚的文化背景，通过丰富的、多层次的艺术实践，开发学生的潜能，陶冶学生情操，提高每一名学生的审美能力、鉴赏能力、表现能力、想象能力和创造能力，促进学生素质与个性的发展，优化学生的个性心理成长。

4. 教师发展目标

建设和培训一支高素质的师资队伍，使他们充分认识到“校园集体舞”特色教学的作用和意义，积极有效地开展“校园集体舞”特色教学活动，增强教师的教学能力，全面提高教师的教学质量，形成从音乐专职教师到班主任、科任教师及家长人人参与特色教学的新局面。

（二）活动意义

1. 达到愉悦学生身心、发展学生个性、丰富校园文化生活以及切实提高学生的表现力、审美素质和能力的目的。

2. 针对学生心理特点及少儿实际动作发展和接受水平，形成具有特色的“校园集体舞”教学模式。

四、活动背景

舞蹈是人体动作的艺术。它是以身体动作练习为主要内容来进行教学，它要求人的身体情感、精神共同参与活动。因此，在训练中脑力活动和体力活动的和谐结合，有益于开发中枢神经对动作的支配意识；在训练中也可以促进肌肉和骨骼的发展，还能有效地提高身体各部位的协调性和灵活性。在舞蹈中特别要求的身体姿态，如收腹、挺胸、提臀、抬头等，有助于人体保持良好的形体姿势，塑造美的气质。

托尔斯泰说过：“成功的教学所需要的不是强制，而是激发学生的兴趣。”新课的导语，就像文章的好开头一样，能紧扣读者。它能紧紧抓住学生的注意力，引发学生的求知欲，调动学习积极性，从而达到理想的教学效果。

所以在设计少儿舞蹈表现的动作时，应考虑到少儿的年龄特点，注意少儿舞蹈的生理性和生活性。了解少儿的生理、心理特点及少儿实际动作发展和接受水平。

为了促进学生的全面发展，我校每年都会举办一次“校园科技艺术节”，其中艺术类的比赛是重中之重，也为学生提供了很好的发展平台。因此，以“校园集体舞”作为我校的特色教学，在学校大面积地进行推广和普及，是切合新课标精神、积极关注学生个性发展、全面促进学校素质教育的特色建设。这具有较高的研究价值和可操作性，对学校艺术教学的改革和推进素质教育有一定的理论意义和实践意义。

五、活动情况

（一）存在的问题

1. 国内不乏对儿童舞蹈的研究探索，但许多教师对儿童舞蹈教育缺少深刻的认识，导致目前的儿童舞蹈教学中存在着不少误区。

2. 许多家长对孩子学习舞蹈这件事持反对的态度，认为学习舞蹈会耽误孩子的学习时间，这也造成了老师在教学中的困难。

3. 部分学生缺乏自信心，不能大胆地表现，造成了老师在教学中的困难。

4. 没有足够让学生学习舞蹈的时间。

5. 因为全校学生的年龄、基本条件以及基础水平的不同，所以不能要求一致，也不能操之过急，要根据学生实际情况来进行训练和舞蹈编排。

（二）活动措施、方法

1. 精心选材，以曲动人。精心选择一些具有鲜明特色、受小学生欢迎的音乐，随着音乐的节奏，用身体动作来表现自己的感受。

2. 用心启迪，以情感人。教师的感情投入、语言感染是提高学生兴趣的关键。

3. 潜心构思，以趣引人。教师以“兴趣式教学”为基础，在形式多样、内容丰富的教学前提下，让孩子们易于吸收，不会感到枯燥乏味，引导少儿通过想象，用肢体动作将模仿的事物表现出来。

4. 采取先练后讲、榜样示范、集体练习的方法。在教学中让能力强的学生带能力弱的学生，再集体练习，提高学生整体水平。

5. 培养学生听音乐时能找到节拍的感觉，动作节拍准确，跳舞有自娱感。

6. 培养学生载歌载舞的习惯和跳舞时愉快的心态。

7. 培养学生的表现欲望和基本的舞台感觉。

（三）改进办法

根据以上存在的问题，我校将采取相应的方法和措施来改进校园集体舞的教与学。

1. 师生在教与学中充分地认识舞蹈。

2. 逐步改变家长的观念，激发学生对舞蹈的兴趣。

3. 探索少儿舞蹈，形成具有特色的舞蹈教学模式。

4. 利用早操时间进行系统的教学和练习。

5. 通过多元化的训练，启迪学生的智慧，陶冶学生的情操，提高学生的自信心，使孩子们的形体得到良好的发展，提高孩子们的审美能力、素养和审美情趣，形成健全的人格。

（四）活动内容

1. 身体柔韧性、软开度及身体各部分的灵活性的训练：通过对学生基本能力的训练，使其身体运动更符合舞蹈规律的要求，以适应各种类型的动作，发展身体各部分的灵活性和稳定性以及跳、转等各种简单技巧动作，同时对学生体力的保持也有好处。

2. 素质训练：是对初学舞蹈的学生身体各部位的训练。初学舞蹈的学生，对舞蹈的接触情况不同，在理解与接受能力方面也不一样，身体自然条件有很大的差异。素质训练就是为了解决学生身体自然条件的差异，缩短学生身体素质和专业需要之间的距离，使学生尽快达到肢体所需要的素质条件。

3. 形体训练：塑造身体的形态姿势，使身体各部位具有柔韧性、稳定性、协调性和灵活性，使整个动作更具美感。形体训练是构成舞蹈语汇的基本条件，是走向舞蹈艺术的必经之路。

4. 舞姿训练：舞姿即身体的基本姿势形态。舞姿讲究“手、眼、身、法”，是配合身体躯干、腿部、手臂、头和眼睛的协调性而完成的。基本舞姿包括手脚的基本形态姿态、基本位置、部法的训练，配合腰腿功、技巧形成一组具有高度的雕塑性、富有表现力的舞蹈动作。教学中，应该遵循从简到繁、从易到难、循序渐进的原则。

5. 完整舞蹈的编排：在设计少儿舞蹈表现的动作时，应考虑到少儿的年龄特点，注意少儿舞蹈的生理性和生活性。应了解少儿的生理、心理特点以及少儿实际动作发展和接受水平。少儿处在生理上的发展时期，骨骼较软、易变形、肌肉纤细、弹力小、收缩力差、易疲劳，这些特点决定了少儿动作的平衡力、控制力都较差，所以应选择简单、生动、明快、富有少儿情趣和生活气息，具有形象性，能反映少儿天真、活泼的性格和内心世界的动作。他们好动、好奇、好模仿，有时会出现下意识的手势动作，所以少儿舞蹈还应以模仿、律动、歌唱表演、集体舞动作为主，去表达他们的内心情感变化。

（五）活动特点

我校创编的“兔子舞”，是结合兔子的活动特点和学生对兔子的喜爱之情，根据学生的生理和心理规律而创编的，具有鲜明的趣味性、教育性、科学性和群体参与性，富有时代特点和韵律特点，同时也能体现学生的团队配合意识，运动量适中。

六、活动原则

1. 发展性与稳定性相结合的原则。学校特色教育应当具有长期效应，要持之以恒、一抓到底，使之具有持久性和发展性。学校教育特色形成后，学校成果的取得要能够经得起时间和实践的检验，能够长期显现、保持和发展，并在校内外产生深远的影响。

2. 科学性与人文性相结合的原则。舞蹈教育特色活动的开展有助于开发学生的智力因素和非智力因素，更能提高学生的艺术特长。同时，舞蹈教育特色建设不是单独的活动形式，要通过开展系列化的活动，突出特色教育建设的文化氛围和育人作用。

3. 有序性和循序渐进相结合的原则。特色教学工作要结合学生的身心发展、认识发展的情况，有次序、有步骤地开展和进行，使学生能够系统地、有效地掌握舞蹈基础知识、基本技能，有效地促进学生身心的健康发展。

4. 硬件投入与软件建设相结合的原则。添置必要的现代教育教学设施是艺术特色学校创建的关键所在。软件建设包括规章制度建设，完善的管理机制和素质优良、教有所长的教师队伍以及良好的人文环境是艺术特色教育的必备条件。学校必须将硬件投入和软件建设有机地结合起来，使两者相辅相成，从而促进特色学校的创建和发展。

七、实施方法

1. 统一思想，营造氛围。组织全体教师深入学习教育局下发的《惠城区实施“艺术人生”工程，推行“一校一特色”工作》的文件精神。

2. 确立“以‘全面加特长’为航标，以提高学生艺术素养和能力为宗旨，以激发学生艺术兴趣为目的，以掌握艺术技能为根本，发掘学校发展新的增长点”的办学理念。

3. 强化管理，建立并逐步完善特色建设的管理机制，制订详细的特色教学研究计划，边学习边实践。

4. 以创编“校园集体舞”校本系列教程为突破口，不断完善并努力营造学科特色氛围，同时促进小组全体成员的教学能力。

5. 创建浓郁的艺术氛围。充分利用早操时间以及我校每年一度的校园文化艺术节的展示平台，让学生感受舞蹈艺术的气息，体会成功的喜悦。

八、实施步骤

第一阶段：

1. 成立“一校一特色”建设领导小组，讨论、设计、制订学校“一校一特色”建设具体实施方案。

2. 召开师生动员会，明确目标，全员参与，形成一个积极的创建氛围。

3. 建立健全工作机制与保障机制。

第二阶段：

1. 调查目前学生学习的基本情况，分析影响学生舞蹈学习的阻碍。

2. 根据调查分析的结果，讨论制订“校园舞蹈——兔子舞”学习的具体内容、方法和途径，确定有实效、可操作的“校园舞蹈——兔子舞”的教学策略。

3. 组织开展全校性“校园舞蹈——兔子舞”特色教育活动。

第三阶段：

1. 定期开展教师的学习、培训，不断总结出具有特色的“校园舞蹈——兔子舞”的教学方法和教学模式，提升教师的教学能力和专业素质。

2. 做好“一校一特色”特色创建活动的总结工作。

3. 举行全校的“校园舞蹈——兔子舞”比赛，对学生的优秀节目进行评选、展演。

4. 形成特色文化，构建舞蹈特色教育引导下的省级素质教育名校。

九、保障措施

为了确保创建特色学校工作的顺利开展，我们将实施下列保障措施。

（一）转变观念，强化管理

1. 成立学校创建艺术特色工作领导小组，由校长直接领导负责学校特色创建工作，建立组织机构、组成人员与分工，健全学校特色教育管理网络。

2. 学校各部门职能明确，管理到位，并有专人负责，做好研究和指导工作，确保特色学校建设工作得以顺利进行。

3. 建立健全各项规章制度（管理制度、培训制度、安全制度、考核奖励制度），逐步摸索管理经验，形成管理模式，将其科学规范地纳入学校目标管理体系之中，促进创建特色教学活动的实施与深入，以确保学校舞蹈特色教育政策的落实。

4. 学校领导及教师积极参与学校的特色建设，要把创建特色学校工作列为学校的重点工作，扎扎实实地做好每一个环节，使每一个环节都体现学校的特色。

（二）优化师资，整体提高

1. 加强特色项目的师资队伍建设，努力做好师资的配备和培训工作，加大对教师的培训力度，保证特色项目师资，创造条件进行专业培训和广大教师的通识培训。

2. 充分发挥专职教师的特长，培养拔尖人才，形成一支素质较高且相对稳定的指导教师队伍。

3. 积极鼓励在舞蹈方面有兴趣爱好的教师，通过培训与自学，形成一支兼职指导教师队伍。

（三）深化课堂，有效渗透

1. 推动“创特”走向大众化、基础化。拓宽教育内容，重视研究学生的兴趣发展，根据学生发展特点不断充实、更新活动内容，积极探索开展舞蹈教学的途径、方法、手段，构建具有特色的舞蹈教学模式，使学生的舞蹈技能有进一步提高。

2. 开发和拓展特色项目。根据学生的生理、心理特点及少儿实际动作发展和接受水平，编写出符合学生实际、富有特色的“校园舞蹈”教材。

3. 深化音乐学科课堂建设，使舞蹈教学能有效地渗透到音乐教学中。

（四）布置环境，形成氛围

1. 重视校园外部环境建设，借助墙画、走廊和板报等的布置，使校园充满浓郁的艺术气息。

2. 在校园内开设舞蹈作品长廊，展示优秀的学生舞蹈作品，为学生们提供展示才华的舞台，营造积极良好的艺术教育的学习氛围。

（五）确保投入，保证实施

1. 完善的教育装备是活动开展的物质基础，也是特色建设的有效保障。为了保证“创特方案”的实施，学校要结合学校特色建设要求，加大人力、物力资源的投入。尤其要加大对音乐、舞蹈设施建设的投入，配置完备的教学设施，配备特色教学器材，确保舞蹈专用教室和活动专用场地的落实。

2. 加强安全教育，对活动及设施严格把关，避免和防止意外事故的发生。

十、活动时间安排表

活动时间	活动人员	活动内容	具体要求
2012年9月	全体小组成员	总结现状，制订特色学校建设方案	指定实施方案，提出实施计划；组织相关成员加强理论性学习
2012年10月	全体小组成员	开发“校园舞蹈”课程内容	设计“校园舞蹈”教学内容和方法，制订具体教学方案；编排“校园舞蹈”动作

续表

活动时间	活动人员	活动内容	具体要求
2012年10月	全校学生	1. 身体柔韧性、软开度及身体各部分灵活性的训练	通过对学生基本能力的训练，使其身体运动更符合舞蹈规律的要求以适应各种类型的动作，发展身体各部分的灵活性、稳定性以及跳、转等各种简单技巧动作，同时对学生体力的保持也有好处
		2. 素质训练	素质训练是对初学舞蹈的学生身体各部位的作用。初学舞蹈的学生，对舞蹈的接触情况不同，在理解与接受能力方面也不一样，身体自然条件有很大的差异。素质训练就是为了解决学生身体自然条件的差异，缩短学生身体素质和专业需要之间的距离，使学生尽快达到肢体所需要的素质条件
		3. 形体训练	形体训练即塑造身体的形态姿势，使身体各部位具有柔韧性、稳定性、协调性和灵活性，使整个动作更具美感。形体训练是构成舞蹈语汇的基本条件，是走向舞蹈艺术的必经之路
		4. 舞姿训练	舞姿即身体的基本姿势形态。舞姿讲究“手、眼、身、法”，是配合身体躯干、腿部、手臂、头和眼睛的协调性而完成的。基本舞姿包括手脚的基本形态姿态、基本位置、部法的训练，配合腰腿功、技巧形成一组具有高度的雕塑性、富有表现力的舞蹈动作。教学中，应该遵循从简到繁、从易到难、循序渐进的原则
2012年12月	全体小组成员	阶段性小结	修改完善实施方案；进行阶段性的效果调查及资料数据的收集、整理
2013年5月	全体小组成员	总结工作	进行资料数据的整理、统计；写出总结报告
2013年6月	全校师生	成果展示	进行全校舞蹈比赛；选出优秀的舞蹈节目进行展演

十一、活动收获

（一）全面贯彻和落实素质教育

我校的兔子舞无论在内容还是形式上都进行了创新，无论是从德、智、体、美、劳全面发展着眼，还是从提倡素质教育的角度出发，通过接触舞曲音乐和舞步，切实提高了学生的身体素质和审美情趣，有效促进了学生的全面发展，充分展示了我校全体师生团结协作的精神风貌。本次活动充分证实我校课外活动开展的实效性，切实展示了当代少年儿童团结协作、朝气蓬勃的精神风貌。

（二）确立了发展性学生评价改革体系

这一评价体系改进了传统的评价方式，注重活动体验过程、创新能力表现等方面的评价。

新《音乐课程标准》中“为学生全面发展而评价”的理念要求，要构建一种全面的、完善的、重过程、重创新的艺术教学评价体系，评价要以教学目标为依据，注意对学生学习目的、态度、审美意识的评价，注意学生想象力和创造力的“评价”要求。音乐课程评价是促进学生全面发展、改进教师的教学、促进音乐课程不断发展的重要环节。通过科学的发展性评价，强化评价的发展功能及内在激励作用，积极改善课程设计，完善教学过程，有利于发挥学生主体性作用，从而有效地促进学生个性的发展。因此，在“校园舞蹈”特色教学上要更多地注重学生多元智能的发展，评价的内容和评价方法要多样、灵活和有效。

1. 确立发展性评价的主体

新《音乐课程标准》提出：“在重视教师与他人对学生学习状况进行评价的同时，更应重视学生的自我评价。”我校特色教育必须改变传统教学评价标准的单一化状态，让学生成为学习评价的主体，要让学生通过自我评价、互相评价学会学习、学会合作，增强自我反思、自我教育能力，激发学生的积极性、主动性，有效地发挥评价作用，使学生成为“可持续发展”的学习者。

2. 注重过程性的发展性评价

发展性评价的一个重要举措就是突出评价的过程性，在教育教学全过程中全面关注学生发展过程。因而，舞蹈的评价不仅要看学生的学习结果，还要关注学生学习过程中的行为。通过观察、记录和分析学生在舞蹈学习中的客观行为，对学生在教学过程中的参与意识、学生相互之间的合作精神、学生的舞蹈技能、学生的表现能力、对各种教学情境和创作进行积极的思维活动以及与同学交流表达自我观点的能力等学习全过程进行数据和资料的收集，根据评价标准描述、判断，提出反馈和改进建议，促进学生的进一步发展。

3. 树立灵活多样的多元评价观

舞蹈能够培养学生的节奏感和韵律感，激发学生的舞蹈潜能和学习兴趣，让每一名学生都在舞蹈活动中享受到美和欢乐；能够启迪学生的智慧，陶冶学生的情操，提高学生的自信心，使学生的形体得到良好的发展，提高学生的审美能力、素养和审美情趣，形成健全的人格；能够提高学生的观察能力、想象能力、形象思维能力和创造能力。所以在舞蹈教学上，我们要注重的是多元智能的发展，舞蹈教学的评定既要关注学生掌握技能的情况，更需要通过学生在学习过程中的表现对其在舞蹈学习能力、学习态度、情感和价值观等方面的发展给予评定，以突出评定的整体性和综合性。

4. 制订合理的评价方案

发展性评价提倡发挥学生在评价中的主体作用，改变过去学生被动接受评判的状况。要让学生更多地参与评价内容和评价标准的制订，在评价资料的收集中发挥更积极的作用，使得评价的过程成为促进学生反思、加强评价与教学相结合的过程。根据新《音乐课程标准》的要求，我们从学生的实际出发，从学习态度、舞蹈动作技巧、韵律及节奏三个方面对学生进行全方位的总结评价。

（三）将美育融入学校教育全过程，充分发挥学校艺术教育在培养学生创新精神和实践能力方面的特殊作用

以“全面加特长”为航标，在我校开展艺术特色创建活动，坚持面向全体学生，以提高学生艺术素养和能力为宗旨，以激发学生艺术兴趣为目的，以掌握艺术技能为根本，为学生终身学习与发展打下坚实的基础，提升了对艺术的欣赏力，提高了学生认识美、鉴赏美、表现美甚至创造美的能力。

1. 通过舞蹈培训，使学生认识、了解舞蹈。

2. 通过舞蹈培训，使学生对舞蹈产生浓厚的兴趣，善于用肢体语言表现自己最美的一面。

3. 通过舞蹈培训，使学生的形体得到良好的发展，使学生在舞蹈训练中感受舞蹈的乐趣，提高审美能力。

4. 了解我国不同民族舞蹈和外国个别特色舞蹈，让学生感受舞台表演，使学生的特长得到充分展示。

（四）培养了学生阳光健康的心理

1. 学生加强了合作、交流，展示了自我，逐步消除了心理障碍。让学生发自内心地去学习舞蹈，在潜移默化中培养学生的团结协作精神，增进与同学之间的友谊。

2. 舞出了少年儿童的新风貌。从学生欢快的舞步、开心的笑脸中，感受到校园集体舞的育人价值。在校园集体舞的教学中，出现了少数学生排斥、厌学现象，甚至有的学生产生自卑感，教师通过采用多种教学方法，培养了学生的兴趣和自信心，使学生变得更加讲礼仪、讲礼貌、健康美丽、端庄自尊，展示了新的精神风貌。

3. 建立了新型的师生关系——亲切、民主、平等。艺术教育是一项寻求真善美的工作，校园集体舞提倡的是“真善美”，学生表现的也是“真善美”。教学生学习艺术的同时也教会他们如何塑造人生。把艺术教育作为一种动力，学生从歌声中懂得人生；在接受艺术教育过程中，在校园集体舞中，他们感受到集体是温暖的，感受到老师和同学之间的亲切感情。

（五）培养了学生的实践能力和创新能力

1. 具有广泛的实践性和可操作性

我校利用大课间、体育课和课外活动，带领学生跳校园集体舞《兔子舞》。该舞蹈风格清新、大方，紧扣简单的舞步和间接的艺术表现形式，让学生们能够轻松、快乐地舞动。对于小学生来说，该舞蹈动作的内容和结构容易记忆与掌握。舞蹈的形式变换能够吸引学生的持久兴趣，不会因为重复而感到厌烦，能够有效地增强学生的艺术美感及身体协调性。集体舞的身体语言力求纤长，动作充满活力与美感，自然、和谐，音乐动感十足，充满激情，整个舞蹈比较适合小学生。

2. 培养了学生的实践能力和创新能力，具有极强的创新性和新颖性

（1）内容新。这是第一套校园集体舞，在这之前，学校并没有安排这样的活动，绝大多数学生从未学习过、接触过舞蹈。

（2）动作新。这套校园集体舞运动频率快，运动节奏鲜明，刚劲有力，洒脱自然且频率多变，风格独树一帜，既不增加过量运动，又可达到理想的锻炼效果，每小段之间都有方向队形的变化，很适合学生活泼好动、求新的心理特点。可以调动大多数学生参与运动的积极性，多数学生既表现出活泼好动的学习热情，又消除了被动与应付的心理现象。教师在教授时比较明显地感觉到，学生所表现出来的自觉性和高涨的热情要比学习广播操时高得多。

（3）形式新。广播操、课间操都是单个人的动作，不需要与同伴合作；校园集体舞不仅有同伴合作，而且每一个动作结束之后都要改变方向，交换舞伴。这就需要学生依靠丰富的想象和心灵感悟去表现这些动作的内涵，从而启迪学生展开丰富的联想，开拓创造性的思路。

校园“游泳徒手操”筑起生命绿色屏障

广东省惠州市第十一小学　雏鹰游泳队
指导老师　任 萍　杨日雯

一、活动背景

1. 阳光运动

中共中央、国务院《关于加强青少年体育增强青少年体质的意见》中规定的“确保学生每天锻炼一小时”的精神旨在增强中小学生的体质。目前，我国中小学生的体质水平一直呈下降趋势，而要增强学生的体质，就必须“确保学生每天锻炼一小时”。

目前，在很多学校里，学生的身体锻炼还局限于体育教学，而且这些体育教学长期以来处于一种机械、呆板的状况。很多学校的体育课只是打打球、跑跑步，有的学校甚至把体育课看成是“副课”，想上就上，不想上就把学生“放羊”了事。因此，目前很多学校的体育教学难以吸引学生，不能让学生感兴趣。而且，在重视考试成绩的今天，学生除了体育课，也难有其他丰富多彩的校园生活。

传统的体育教学难以吸引学生，必然导致学生缺少必要的锻炼，学生体质自然逐渐下降。在这种情况下，创新体育锻炼形式，丰富学生的校园生活，就显得尤为重要。

2. 体质健康监测报告情况

根据近年来教育部对全国学生体质健康监测情况来看，我市中小学生身体素质有下降的趋势，整体情况不容乐观，全市初中生的近视率达到49.42%，目前学生的身体素质状况与我们倡导的素质教育的要求还有较大差距。这也说明学生的体育锻炼还需要进一步加强，学校体育的发展、普及还要大力促进，学校要确实把体育教学和训练落实到位，加强对不同体质学生群体的分类指导和教学，不断提高体育教学水平，切实做到体育育人。同时督促学生家长和社会关注学生的身体健康、参与学生的体育锻炼，逐步树立正确的育人观念和人才观念，让学生拥有良好健康的体魄，为未来良好的发展保驾护航。

3. 游泳——生存技能之一

游泳是人类的一种基本生存技能。在许多发达国家，为了保障少年儿童的生命安全，都把游泳列为学生必须掌握的技能。

游泳是一种必要的生产技能。游泳在生产建设上有着很高的实用价值。早在远古时代，游泳就是人类生存的一种重要技能。随着社会生产力的发展，游泳在生产上的用途也越来越广。明代的《天工开物》中描述了采珠人潜海拾蚌的情境："舟中以长绳系没人腰国，携篮投水。极深者至四五百尺，拾蚌篮中，气逼则撼绳。"可见远在我国古代，游泳就已经在生产中体现出了它的实用价值。在现代生产建设中，也有许多水中作业需要工作者掌握一定的游泳技术，如水利工程施工、水上运输、水下科学考察、抗洪抢险、打捞救助、渔业生产等。只有学会游泳，才能顺利完成特定的生产建设任务。

游泳是一种重要的军事技能。古希腊人、斯巴达人和雅典人都把游泳作为青少年军事训练的内容。在古罗马时代，游泳是武士训练的重要内容。我国古代兵书《六韬·奇兵》中记载："奇技者，所以越深水、渡江河者也。"春秋战国时期，我国南方各诸侯都相继设立水师。齐桓公就采纳了管仲提出的"遏原流""立沼池""深渊垒池练扶身"的意见，"千金悬赏善泅之士"，组建了一支由5万善于游泳之勇士组成的水师，终于打败了越国，跃居五霸之首。

在战国早期的宴乐渔猎攻战纹壶上，也可以看到在巨大的战船旁边游弋的栩栩如生的勇士形象，我国明代的民族英雄郑成功在抗击倭寇时，就曾专门训练了一支潜水队，战时潜入水下凿沉敌船，大显神威。第二次世界大战以来，游泳受到世界各国的高度重视，至今仍是各国军事训练的一个重要项目。

游泳，是一项运动，更是一项生存技能，是不分年龄、性别、运动基础的，集锻炼身体、陶冶情操、休闲娱乐为一体的体育活动。游泳不仅可以强身健体，还可以自保。如果不会游泳，一旦遇到溺水，就很可能丧命。据统计，在全世界每年意外死亡事故中，溺水死亡者居首位。

4. 安全教育重于泰山

据了解，溺水已成为中小学生非正常死亡的主要原因之一。每年暑假是中小学生溺水事件的多发期。溺水死亡者之中，不会游泳的占了相当大的比例。据广东省有关部门统计，2015年以来，全省共发生学生溺水事件57起，死亡失踪人数56人，溺水事故已成为威胁学生生命安全的头号杀手。对学生加强安全教育固然重要，但仅仅停留在口头、书面上的教育仍不够，必须进行必要的实践培训。只有教育与培训相结合，做到双管齐下，才能最大限度地减少学生溺水事件的发生。

不谙水性的“旱鸭子”一不小心落水，就会有生命危险。我市某小学学生曾某借星期天休息时间跑到一个山塘抓小蝌蚪、小青蛙，意外滑入深水区，9岁的曾某最终抢救无效死亡。同样不会游泳的10岁的姐姐因想救助弟弟，同样遇溺，幸好路人及时出手相救，否则将造成更大的死亡事故。假如曾某两姐弟都会游泳，他们掉进深水区时，就可以从容地游回塘边，避免溺水事件的发生。

无数血的教训告诉人们：游泳应成为中小学生基本的生存技能。有条件的学校，应全面开设游泳课程，作为体育课的必修课，让学生尽快掌握这门生存技能。广大中小学生也要积极主动学习游泳，增加外出活动的安全系数。在学会游泳之后也要遵守游泳注意事项，做好热身运动，不要在没有救生员的情况下独自游泳，要结伴而行，以防风险。

如今，各地普遍缺乏正规的游泳场所、游泳设施，应该引起有关方面重视。建议有关部门将游泳场所及其设施的建设列入全民健身设施建设范畴，为广大中小学生掌握游泳基本技能创造更多更好的条件。

5. 国内外相关情况

国家体育总局统计发现，中国掌握基本游泳技能的人约占60%，中国青少年游泳普及率仅有33%，这与美国、澳大利亚等国90%的普及率相差甚远。虽然我国在竞技游泳比赛中已成强国，但家长、学校领导或担心游泳危险，或认为游泳作用不大、学习成本高或者设施不健全，导致我国中小学生游泳普及率低。而澳大利亚规定，小学生拿到救生证才能毕业，也就是说小学生不仅要具备游泳技能，还要具备一定的救生技能；在美国，每个学校都配有游泳池，游泳是很多学校的必修课；在英国，所有11岁的孩子都必须至少能游25米。

6. 广东省中考体育改革趋势

除了提高青少年体质外，让学生掌握一项基本生存技能，也是将游泳纳入中考必考项目的原因。保证教育公平也是中考增设游泳的重要因素。游泳好的人长跑不一定好，如果片面强调跑步，对于在水上运动比在陆上运动要好的学生来说，显然是不公平的，所以应增加考试项目，让考生有更好的选择机会。

据了解，中考体育是全面贯彻党的教育方针，贯彻实施《国家学生体质健康标准》，改革、完善学生毕业、升学体育考试制度，促进社会、学校、家长对学生体质健康状态的关心和重视，切实增强学生体质的重要措施。近年来，广州市教育行政部门不断加强对中考体育的组织领导力度，科学制定切实可行的《中考体育实施细则》，精心组织、规范管理，采取坚决有力的措施推动工作落实，有力地促进了学校体育教育质量的提高，对培养学生体育锻炼意识、使学生养成自觉锻炼的习惯和健康的生活方式、增强学生身体素质发挥了重要作用。

据广州市教育局最新消息，为改革、完善学生毕业、升学体育考试制度，特提前安排了2016年和2017年中考体育考试相关内容。其中，2016年广州体育考试与之前一样，维持不变，2017年则稍做调整：拟增加游泳为必考项目，学生可在游泳、中长跑两个必考项目中，根据自身身体素质和训练情况任选一项进行考试。此外，还拟将女子800米跑、男子1000米跑的现行标准调整为执行省教育厅规定的评分标准。2017年在考试时间上，除了参加游泳考试的学生考试时间提前至上一年的10月底到11月初，其他不变。

7. 我校校园文化特色——省游泳项目传统学校

我校非常重视学生体育活动的开展，牢固树立“健康第一”的指导思想，全面增强学生健康水平，积极开展快乐体育和“阳光体育一小时”等活动。1993年，我校被授予广东省“游泳项目”传统学校，研发了“游泳徒手操”，开设了游泳课程，每学期都将体育工作作为重点纳入学校工作计划。学校领导班子每个学期都定期召开专门会议，研究有关体育教学教研和实验专题、体育传统项目发展规划、大型体育活动、各专项运动人才的培养计划等，学校也多次代表城区参加各级各类游泳竞赛，取得了优异的成绩。

二、活动所涉及的对象、人数

学生方面：全校学生。

教师方面：体育老师。

活动时间：周一至周五的早上7：10 ~ 8：00和下午5：00 ~ 5：40。

活动地点：学校大操场、学校游泳池。

三、活动意义

（一）游泳的好处

1. 在水中，膝盖和踝关节受到的压力较小，能有效减少陆地运动对关节造成的损伤。

2. 游泳是平躺在水中的运动，需要调动的身体部位更多，且在游泳过程中，水对人的胸腔有一定的按摩作用，能起到提高肺活量和心脏供血功能的效果。

3. 在医学界，游泳也被当成一些疾病的康复手段，它对颈椎病、腰椎间盘突出等有很好的缓解作用，小儿麻痹症患者也可以通过游泳加强下肢锻炼。

（二）学校开展此项活动的意义

1. 为适应教育领域综合改革发展要求，着眼办人民满意的“好教育”，认真贯彻素质教育理念，坚持“健康第一”的指导思想，以进一步增强学生身体素质。青少年的身体健康是国家、民族发展强盛的基础——少年强则中国强。

2. 我校自主研发的校园“游泳徒手操”，不仅锻炼了学生的身体，使学生掌握了一定的体育技能，而且真正落实了党中央国务院关于“阳光运动一小时”的要求，达到了“阳光下运动，快乐中成长”的目的。

3. 通过训练，提高了学生团结协作的能力，增强了他们的集体荣誉感和责任心。

4. 通过长期训练，培养学生吃苦耐劳的精神，磨炼了意志，提高了抗挫能力，为未来社会培养身心健康的人才奠定了良好基础。

5. 每年参加各级各类游泳竞赛，培养学生竞技体育的技能和勇敢面对、乐观、积极向上的良好心态。

四、活动目标

通过“游泳徒手操”特色教学，培养学生的节奏感和韵律感，加强学生身体协调性和柔韧性的训练，让每一名学生都在运动中锻炼身体，享受到运动带来的美好和欢乐。启迪学生的智慧，陶冶学生的情操，提高学生的自信心、审美能力、素养和审美情趣，让学生形成健全的人格。

五、活动计划及实施步骤

根据《体育传统项目学校管理办法》的相关规定，按照体育传统项目学校的条件和要求，积极抓好业余训练，注意选好运动苗子；打好基础，争取做到早出人才，多出人才，出好人才。结合学校实际情况，具体训练计划如下：

（一）着力抓好运动队的梯队建设

1. 在一、二、三年级学生中进行选才，选出“好苗子”进行基础培训，使其至少掌握四种泳式的腿或手的动作。

2. 三、四年级的队员必须掌握四种泳式。

3. 五、六年级的队员要求能代表学校参加各种竞赛。

4. 尽力做到队员的流失率不超过30%。

（二）做好选才和输送渠道工作

1. 认真做好每年运动员的选才工作。

2. 对有发展潜质的队员尽力设法往上输送。

（三）做好学校游泳的普及工作

1. 每学期安排一定的游泳课程。

2. 暑假开展游泳培训。

（四）做好运动队伍管理工作

1. 继续完善运动队伍的管理。

2. 继续做好运动队伍的档案工作。

3. 坚持做好运动员的思想教育工作。

4. 合理安排好运动员的训练与学习时间。

5. 做好教师、学生与家长的思想工作。

6. 着力做好学校运动队的梯队建设。

（五）泳池管理

1. 一如既往地做好泳池卫生和安全工作。

2. 尽力完善游泳训练所需的设备和器材。

（六）力争每次竞赛都能有所突破

1. 长期计划。

2. 积极备战。

3. 区别对待。

4. 力争取得好成绩且能有所突破。

六、活动情况

（一）活动开展的重要性

1. 游泳是必要的自我保护技能。

2. 游泳能增强身体素质。

3. 尊重学生身体技能和条件的个体差异，加强陆上、水上运动能力的全面培养。

4. 增加体育课的趣味性。

（二）游泳课程存在的问题及解决办法

1. 游泳池的维护、相关配套设施的保障、安全措施和其他教学费用等花费大。

2. 我校目前共有38个教学班，每班学生均在55 ~ 62人之间，班额大，管理难，学生容易发生安全事故，特别需要加强安全管理，因此要提前做好学生体质筛查工作。

3. 发生事故责任不明确，必须确立条例，学校、家长、学生都必须明确责任事项。

4. 课程紧，没时间锻炼，因此目前只能挑选优质生源组队进行常规训练，加强平常的积累。

（三）游泳动作分解示意图

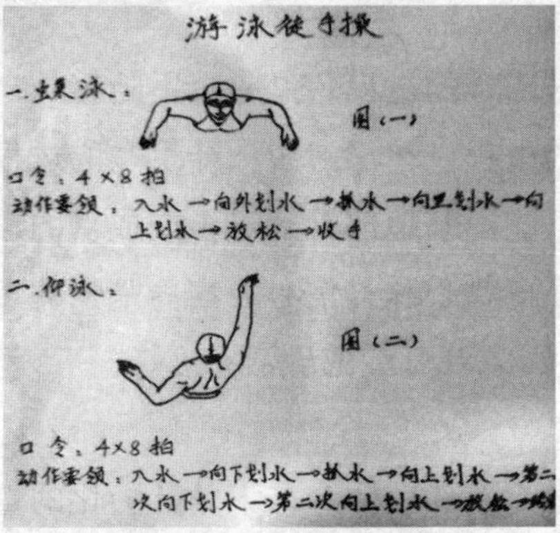

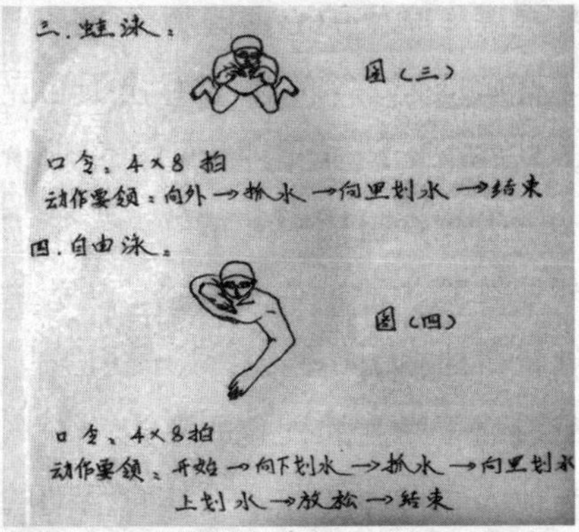

七、活动时间安排表

活动时间	活动人员	活动内容	具体要求
每学期开学初 第一、二周 周五科组活动时间	体育科组 全体教师	制订训练计划	制订实施方案，提出实施计划；组织相关成员加强理论性学习
每学期开学 第二周至结束 周一至周五 早上：7：15～8：00 下午：5：00～5：40	游泳队教练 杨日雯 游泳队学生	参见“游泳队训练计划”	
每天早操时间 8：20～8：40	体育教师 全校学生	四种泳姿徒手运动训练	具体实施，分步传授分解动作，不断完善改进提高直至熟练掌握
每年暑假7月	游泳队教练 杨日雯 游泳队学生	参见“游泳队训练计划”	
每年暑假8月		参加各级各类竞赛	进行规范科学的系统训练，上报参赛名单及选项；参赛人员协调会、参赛、表彰及总结等
每年9月初	全校师生	颁奖表彰	全校师生分享成果

八、活动收获

1. 全面贯彻和落实了素质教育，增进了学生身体的健康

通过游泳徒手操的学习，有效地促进了学生身体的正常发育和身体健康水平的提高。

2. 提高了学生的心理健康水平

体育运动是一个不断面对挫折和克服困难的过程，是一个不断超越自我的过程，是一个不断互相评价和自我评价的过程。在学习游泳徒手操的过程中，能提高学生抗挫折能力和情绪调节能力，能不断地体验到进步或成功的喜悦，能不断地体验各种复杂的情感，从而增强自尊心和自信心，培养坚强的意志，培养创新精神和创新能力，形成积极向上、乐观开朗的生活态度。

3. 增强了学生的社会适应能力

与他人和群体的联系是体育活动的必要条件，体育是人的社会化的重要方式，因此通过游泳徒手操的学习，学生逐步理解和习惯一定的社会规范，学会规范约束和调整自己的行为，建立起对自我、群体和社会的责任感，学会尊重和关心他人，形成现代社会必需的合作与竞争意识，培养良好的体育道德和团队精神。

4. 学生获得了一定的体育与健康知识和技能

游泳徒手操是一种技能性、操作性的练习，它是不能或不完全能够通过语言或其他符号系统传授学习的，必须要通过运动实践来实现。在实践中，学生提高了运动欣赏能力、运动中的安全防范能力、在野外环境中的基本生存能力，掌握了关于体育与健康的基本知识和运动技能、正确的体育与健康观念和科学锻炼方法。

附1：

惠州市第十一小学游泳训练周计划

1. 说明

（1）本计划适合于小学业余训练的学生。

（2）本阶段计划共4周，每周保持10次训练课。上午5次陆上训练课，下午5次水上训练课。

2. 训练目标和任务

（1）训练目标：提高速度和有氧耐力，增加连续游的能力。

（2）训练方法、手段，采用分解练习，进行间歇游和长距离游练习。

（3）训练任务：①改进技术；②提高速度能力和有氧耐力。

3. 采用的主要训练手段

（1）改进游进、出发、转身技术的练习

① 技术训练：主要采用各种泳式的分解游、打腿练习和臂处于不同体位的配合练习、节奏练习和记频练习以及最少划水次数游等方式来改进、提高技术水平。

② 出发、转身练习：进行各类出发、转身练习，接力出发、混合泳转身练习。

（2）陆上一般身体训练

采用力量、柔韧、耐力、速度的一般发展训练手段，并采用游戏、哑铃等进行一般身体训练。

（3）专项力量训练

陆上主要用橡皮拉力器；水上采用划水掌、牵引等练习。

4. 训练计划

第一周训练计划

主要任务：一般身体训练，发展有氧耐力，提高技术水平。

周一：

陆上：一般身体训练。

水上：400米混合泳腿；200米混合泳分解；1000米混合泳。

周二：

陆上：专项柔韧练习；一般身体练习。

水上：400米混合泳腿、手；20×25米主腿；20×25米主配合，间歇10秒。

周三：

陆上：一般身体练习（力量）。

水上：200米准备活动；4×（10×50）米自由泳，组内间歇15～20秒；6×（15米出发＋35米放松）。

周四：

陆上：专项柔韧练习；一般身体练习。

水上：2×200米混合泳腿、手；10×50米技术游；8×100米主项，组内间歇45秒；4×50米混合泳接力。

周五：

陆上：专项力量训练（橡皮拉力：发展肌肉耐力）。

水上：400米准备活动；1000米混合泳；8×25米主项，间歇15秒；20个出发、转身练习。

第二周训练计划

训练任务：

1. 改进技术。

2. 专项力量训练。

3. 一般耐力和专项耐力训练。

周一：

陆上：专项力量训练（橡皮拉力：力量耐力训练）。

水上：200米准备活动；10×100米主项腿；10×50米主项划手（带划水掌）；10×50米主项技术游。

周二：

陆上：一般柔韧练习。

水上：2×200米混合泳腿、手；30×25米主项腿，间歇10秒；30×25米主项，间歇10秒。

周三：

陆上：专项力量练习（滑轮拉力：最大力量）。

水上：200米准备活动；10×100米主项腿；10×100米主项；5×15米转身练习。

周四：

陆上：专项柔韧练习；一般身体训练。

水上：200米准备活动；16×50米主项腿，间歇10秒；16×50米主项，间歇10秒。

周五：

陆上：专项力量训练（素质练习、哑铃）。

水上：400米准备活动；1000米技术游；2×25米主项、4×25米主项，间歇2～3秒。

第三周训练计划

训练任务：

1. 提高专项耐力水平。

2. 发展专项力量。

3. 速度训练。

周一：

陆上：专项拉力器练习。

水上：1000米混合泳腿；1000米混合泳配合；100米放松游。

周二：

陆上：一般柔韧练习。

水上：400米准备活动；8×（15米自由泳快速＋35米放松）；20×50米技术游。

周三：

陆上：专项力量耐力训练。

水上：200米准备活动；20×50米主项打腿；20×50米主项配合；100米放松游。

周四：

陆上：专项柔韧练习，一般身体练习。

水上：200米准备活动；6×200米混合泳腿；6×200米混合泳配合；100米放松游。

周五：

陆上：专项柔韧练习，一般身体练习。

水上：200米准备活动；10×（15米主项快速＋35米放松）；10×100米技术游；8×50米重复游，间歇5秒。

第四周训练计划

训练任务：

1. 提高专项耐力水平。

2. 速度训练。

3. 提高实战能力。

周一：

陆上：最大力量训练（哑铃、拉力器）。

水上：800米蝶、蛙腿（50米换泳式）；1000米蝶、蛙配合（50米换泳式）；100米放松游；4×25米主项快速游。

周二：

陆上：一般身体训练。

水上：800米仰、自腿（50米换泳式）；1000米仰、自配合（50米换泳式）；10个出发、转身练习。

周三：

陆上：最大力量练习。

水上：400米准备活动；20×25米主腿，间歇10秒；20×25米主项，间歇10秒；3×200米混合泳，间歇60秒。

周四：

陆上：一般身体练习，柔韧练习。

水上：200米准备活动；12×50米四式腿，间歇15秒；1000米放松游。

周五：

陆上：最大力量训练。

水上：400米混合泳腿、手；10×75米主腿，间歇60秒；10×75米主配合，间歇60秒。

注：

（1）以上计划4周后方可自行搭配调换练习。

（2）计划中发展力量和柔韧的练习，请参照运动员身体训练方法。

附2：

广东省体育传统项目（游泳）学校

自1993年起，我校被命名为广东省游泳传统项目学校至今，自行开发了游泳徒手操，每天坚持操练，游泳培训率达85%以上。

近年学校游泳队参加省、市级比赛获奖情况一览表

2009年	广东省体育传统项目学校游泳比赛	团体总分第一名
	惠州市少儿游泳锦标赛	7金、8银、9铜
2010年	惠州市少儿游泳锦标赛	17金、10银、7铜
2011年	惠州市少儿游泳锦标赛	1金、6银、23铜
2012年	惠州市少儿游泳锦标赛	4金、7银、7铜
2013年	惠州市少儿游泳锦标赛	5金、3银、6铜

附3：

惠州市游泳锦标赛获奖成绩通报

2011年9月17日，在惠州市体育运动学校举办了惠州市游泳锦标赛，我校12名游泳队员发扬不怕苦、不怕累的精神，团结一致、奋力拼搏，我校每个参赛项目和每个参赛队员都取得了优异的成绩，学校获得团体第三名的好成绩，其中六（5）班的张议丰和六（6）班的陈凌君同学还获得“体育道德风尚奖”。他们这种刻苦训练、为校争光的精神值得我们全校师生学习！游泳队12名队员分别是：

三（5）班：王　华

四（5）班：黄心雨

五（4）班：陈奕杰、廖英淇、王光语、陈家辉、黄薏潼、肖乐陶

五（5）班：林榆景

六（5）班：张议丰

六（6）班：陈凌君、陈昱睿

附4：

学生防溺水安全知识

1. 严禁学生私自下水游泳，特别是中小学生必须有大人的陪同并带好救

生圈。

2. 不要私自在海边、河边、湖边、江边、水库边、水沟边、池塘边玩耍、追赶，以防滑入水中。

3. 严禁中小学生私自外出钓鱼，因为钓鱼要蹲在水边，水边的泥土、沙石长期被水浸泡，而变得很松散，有些水边长年累月被水浸泡还长了一层苔藓，一踩上去就滑入水中，即使不滑入水中也有摔伤的危险。

4. 冬季天气变冷，河面结冰，不要到河边、水边玩耍，防止发生溺水事故。

5. 在没有大人陪同或没有佩戴救生圈的情况下，严禁私自结伴去划船。

6. 到公园划船或乘坐船时必须要坐好，不要在船上乱跑，不要在船舷边洗手、洗脚，尤其是乘坐小船时不要摇晃，也不能超重，以免小船掀翻或下沉。

7. 在坐船时，一旦遇到特殊情况，一定要保持冷静，听从船上工作人员的指挥，不能轻率跳水。如果发现有人溺水，更不要贸然下水营救。

8. 遇到大风大雨、大浪或雾太大的天气，最好不要坐船，也不要在船上玩。

9. 如果不慎滑落水中，应吸足气，拍打着水，大声地呼喊，岸上的人应马上呼喊大人救援，并在附近寻找长树枝、竹竿、草藤等，便于抛向落水的人，如果没有大人来救援，岸上的人应一边呼喊一边马上脱掉衣服、皮带并把它们接起来抛向落水的人。

10. 如果不幸溺水，当有人来救助的时候应该身体放松，让救助的人托住腰部。

11. 当自己特别心爱的东西掉入水中时不要急着去捞，而应找大人来帮忙。

附5：

溺水时的急救措施

一、溺水时的自救方法

1. 不要慌张，发现周围有人时立即呼救。

2. 放松全身，让身体漂浮在水面上，将头部浮出水面，用脚踢水，防止体力丧失，等待救援。

3. 身体下沉时，可将手掌向下压。

4. 如果在水中突然抽筋，又无法靠岸时，应立即求救。如周围无人，可深吸一口气潜入水中，伸直抽筋的那条腿，用手将脚趾向上扳，以解除抽筋。

二、发现有人溺水时的救护方法

方法一：可将救生圈、竹竿、木板等物抛给溺水者，再将其拖至岸边。

方法二：若没有救护器材，可入水直接救护。接近溺水者时要转动他的髋部，使其背向自己然后拖运。拖运时通常采用侧泳或仰泳拖运法。

特别强调：未成年人发现有人溺水，不能贸然下水营救，应立即大声呼救，或利用救生器材营救。

三、岸上急救溺水者

1. 迅速清除溺水者口、鼻中的污泥、杂草及分泌物，保持其呼吸道通畅，并拉出舌头，以避免堵塞呼吸道。

2. 将溺水者举起，使其俯卧在救护者肩上，腹部紧贴救护者肩部，头脚下垂，以使呼吸道内的积水自然流出。但不要因为呛水而耽误了进行心肺复苏的时间。

3. 进行口对口人工呼吸及心脏按压。

4. 尽快联系急救中心或送去医院。

第八章

师生科技创新大赛优秀展板示例

8

惠州市第八届青少年科技创新大赛·小发明

有刻度的皮带

惠州市第十一小学三（4）班 廖英淇

作品创意、灵感来源：

1. 在生活中，尺子的用途很广泛，种类也很多。在学校，我们经常要用尺子来画直线、画图形；在家里，我看见爸爸用卷尺来测量家里书柜的尺寸；还看到裁缝店里有软尺……

2. 爸爸每次吃晚饭后都说吃得太饱了，他的肚子又大了，该减肥了。可是，爸爸的肚子和吃饭前相比有多大变化呢？要是能准确地知道变化的情况，那该多好啊！于是我想到了帮爸爸发明一个有刻度的皮带就可以解决问题了。

作品使用：

该产品的应用人群有减肥人士、爱美女性和服装裁剪行业人士等。

惠州市第八届青少年科技创新大赛·小发明
新型菜板
惠州市第十一小学三（4）班 廖英淇
作品创意、灵感来源：
1. 妈妈平时在家里做饭时，我看到家里的切菜板有好几个，就好奇地问妈妈：“为什么要这么多菜板呢？”“因为要注意厨房的卫生啊，防止食品的交叉感染……”“可是，这里一个，那里一个，三四个切菜板太不方便存放”听着妈妈的自言自语，我想有没有什么好办法帮帮妈妈呢？
2. 妈妈在厨房做饭时，我就在旁边观察：切生肉一个菜板，切熟食一个菜板，切蔬菜一个菜板，切水果一个菜板……能不能把它们组合在一起呢？后来我想到用合页来组合，这样问题不就解决了吗？其实就像我们平时用的书籍、活页本子等。
3. 后来我又想到可以把不同用途的菜板按颜色来分类，如切生肉用“白色”菜板，切熟食用“红色”菜板，切蔬菜用“绿色”菜板，切水果用“橙色”菜板。这样赏心悦目的菜板组合在一起，妈妈该多高兴啊！
4. 妈妈听了我的想法很高兴，又鼓励我还有什么新点子。我问：“切完菜还有什么不方便？”“太多的菜不好放，这里一个盘子，那里一个盘子……”“妈妈，在组合菜板下面再安装一个抽屉盒子，每个菜板要是还能显示食物的重量那不就更好了吗？”
作品使用：

惠城区第七届科技实践活动·小发明

书架沙发

广东省 惠州市第十一小学 二（4）班 廖英淇 指导老师 严伟达

一、项目的目的、意义、解决的问题

随着现代社会竞争的加剧，人们对知识的渴求越来越强烈，另外看书也是人们休闲娱乐的一种好方式。我发明的书架沙发，不仅可以使人们在看完书后将书整理好，消除杂乱的感觉，而且可以节约空间，给人们的生活增添了许多乐趣。

二、创新点

利用沙发的多余空间，将沙发和书架巧妙组合，既可以节约空间，又可以增加看书时的舒适性，两全其美，在生活中值得推广。

三、作品的基本科学原理

科学合理地利用闲置的空间，既给人们读书带来乐趣，又能够美化生活，有较强的实用性，值得大力推广。

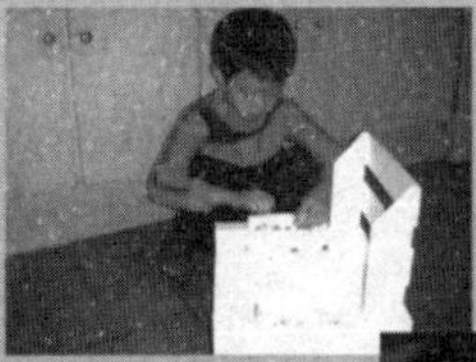

四、发明过程

1. 在家里看完书后，因为没有及时整理好书籍常常被妈妈批评。有时候，又不知前几天看的书放在哪里了，所以我就想：有什么好办法可以使我将临时看完的书籍整理好呢？

2. 有一次，我和妈妈去江北的“会议中心”看演出，发现那里的座位旁边有一个可以折叠的小桌子。“咦，我家的沙发不也可以这样吗？”我把自己的想法告诉妈妈后，妈妈表扬了我，并鼓励我可以改进得更好。

3. 我和家人一起找来了许多材料：502粘胶剂、板材、尺子、戒刀等，在老师的帮助下，我的书架沙发终于做好了，我高兴极了。

惠州市第八届青少年科技创新大赛·小发明

吸管筷子

惠州市第十一小学三（4）班 廖英淇

作品创意、灵感来源：

1. 我小的时候每次吃饭都比较慢，一碗汤要喝很久，妈妈怕汤洒出来，就拿吸管让我“喝”汤，这样我喝汤既不怕洒出来，又可以很快地喝完了，有了吸管的帮助，喝汤真是方便了很多。
2. 后来，我长大了，妈妈让我自已吃饭，可是一上饭桌，我发现我面前的餐具最多，盛饭的碗、盛汤的碗、盛菜的碗、勺子、筷子、吸管……哎呀，不是打翻了这个，就是弄洒了那个，总是被家长批评……看着面前这么多餐具，我就想：要是能把它们组合在一起该多好啊！
3. 在生活中，我和家人一起尝试了用竹子、木棍、不锈钢等材料来制作简单的样品，但都不太美观，于是我就将“吸管”和“吸管勺子”“筷子”来个组合。相信大家一定会想象到“吸管筷子”的妙处！

作品使用：

1. 方便儿童、老弱病残等各类人士。
2. 原材料简单，携带方便。
3. 清洁比较简单。

惠州市青少年科技创新大赛·小发明

新型筷子

广东省 惠州市第十一小学 四(4)班 廖英淇 指导老师 任 萍

一、项目的目的、意义，解决的问题

筷子是一种食具，用于夹起食物并把它们送往口中。筷子从中国古代就流传至邻近国家，当今已成为东南亚多个民族常用的饮食工具。但西方国家使用筷子的情况却不容乐观。筷子多为竹制，亦有金属、象牙与塑料等材质。虽然筷子在中国人普通的日常生活中使用非常普遍，但也存在一定的不足之处。

1. 目前筷子的功能比较单一，能否将筷子、勺子、叉子等用具的功能组合，这样将给人们的生活带来极大的方便，生活更加充满情趣。

2. 小孩子、外国人使用筷子不太灵活。
3. 小孩子、老弱病残人士在喝汤时使用筷子也不方便，要是把筷子的中间部分设计成吸管的样式，这样一举两得，岂不更方便吗？筷子过于光滑，夹肉丸、豆子等食物不方便，很费力气，如果能够在筷子的前端增加摩擦力，就可以在就餐时方便地夹起食物。
4. 出门旅游时携带不方便，如果可以拆卸、组合，这样将给出门旅游带来方便。

经常使用一次性筷子容易造成大量浪费，不利于节约资源。

二、创新点

1. 将筷子、叉子、勺子组合在一起，即在筷子的尾端安装可以拆卸的勺子、叉子。
2. 将筷子和吸管的功能合二为一，为就餐带来一定的方便。
3. 将筷子设计成可以折叠、伸缩的筷子，再安装上可以拆卸的勺子、叉子。
4. 在筷子的前端刻出一圈一圈的圆环增加摩擦力。

三、作品的基本科学原理

利用组合、伸缩、拆卸、摩擦等原理科学合理地将筷子、勺子、叉子、吸管等组合在一起，制作出“新型筷子”，既给人们的生活带来方便，又充满了乐趣，有较强的实用性，值得大力推广。

科学性、先进性和实用性：该发明产品原材料简单，携带方便，方便儿童、老弱病残等各类人士，而且清洁比较简单易行。

四、发明过程（图、表等）

1. 有时候我吃饭时，面前的餐具很多，有筷子、勺子等，一会儿吃饭，一会儿夹菜、喝汤……不是一不小心把汤打洒了，就是筷子、勺子掉地上了。每当这时，我总会想：要是有一种多功能的筷子该多好啊！
2. 有一次，我和家人外出旅游，就餐时看到当地的筷子，我就皱起眉头：怎么这么脏啊？……“妈妈，快看。那个阿姨带了一套可以折叠的筷子，多好啊！”要是我能将“旅游折叠筷子”再次改进就好了，要是设计成可以拆卸的该多好啊！
3. 我和家人一起找来了许多材料：502粘胶剂、板材、尺子、戒刀、吸管、不锈钢的旅游餐具等，在老师的帮助下，我的“新型筷子”终于做好了，我高兴极了。

惠州市青少年科技创新大赛·小发明

环保夜光羽毛球

广东省惠州市惠城区第十一小学　吴泽恒　指导老师　任　萍

一、项目的目的、意义、解决的问题

环保夜光羽毛球主要采用新型环保夜光材料制作，可以不受场地、灯光等条件制约，有利于推广羽毛球这项运动，也有利于节能环保。尤其是农村的孩子们，可以不再受夜晚场地和灯光的限制，在淡淡的星光下都能快乐地打羽毛球了。

二、创新点

1. 安全环保

我设计的环保夜光羽毛球，采用稀土长余辉夜光粉涂料，无毒害、不含放射性物质，是新型环保材料。

2. 节约能源

将环保夜光羽毛球在日光或灯光下照射5~20分钟可持续发光8~10小时。按羽毛球场两盏200W的泛光灯计算，10小时就可以节约4度电。

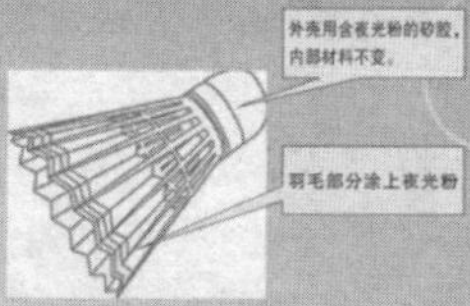

三、作品的基本科学原理

夜光粉(俗称荧光粉)在受到自然光、日光、灯光、紫外光等照射后，把光能储存起来，在没有光的地方或灯光较暗的地方，再缓慢地以荧光的方式释放出来，所以在夜间或者黑暗处，仍能看到发光，持续时间长达几小时至十几小时。

人们在实际生活中利用夜光粉长时间发光的特性，制成弱照明光源，如消防通道的荧光指路标、货车上贴的安全反光带、家用的发光开关及按键，使人们可辨别周围方向，为工作和生活带来方便。

环保夜光羽毛球在日光或灯光照射下吸光5~20分钟，将吸收的光能转化为热能储存在晶格中，在暗处又可将储存的热能转化为光能而发光，这就是一款能在晚上（或在比较微弱的光线下）都可以使用的羽毛球。

四、发明过程

我分别用电子灯、荧光纸、荧光笔、夜光粉对羽毛球进行了改造，再来打球比较，它们的优缺点见下表：

加工材料	加工方法	优　点	缺　点
电子灯	将电子灯贴在球托与羽毛的交界处	比较亮，运动轨迹清楚	羽毛球加重了，不适合打
荧光纸	将荧光纸贴在球托与球裙的交界处一圈	较轻，运动轨迹还比较清楚	因重量变化，改变了球的运动线路
荧光笔	将球体用不同颜色的荧光笔涂色	轻	运动轨迹不太清楚 夜光效果不明显
夜光粉	将夜光粉和光油按一定比例调匀，用笔细致刷在羽毛上	轻，夜光效果明显，运动轨迹清楚	暂无

通过实验，我发现用夜光粉涂出来的羽毛球与我们平时用的羽毛球使用性能差不多，在夜晚的微光下打球更容易看见和打着，而且更加节能环保。

还有，我还想将羽毛球的球托部分用含夜光粉的矽胶代替PU皮，这样就不用担心球托部分的夜光粉经长时间击打而脱落。当然矽胶的重量必须和PU皮重量相当。但是由于材料和工艺的限制，现阶段我无法完成，联系到加工单位再完成实物制作。

夜光羽毛球设计图：

1.球托：外壳用含夜光粉的矽胶，内部材料不变。

2.羽毛：涂上夜光粉。

惠州市青少年科技创新大赛·科技小论文

狗是人类忠实的朋友
——家庭宠物狗的情绪观察与调查

广东省惠州市第十一小学 六（2）班 杜婉蓉

摘　要：

狗是人类忠实的朋友，狗既有温顺的一面也有凶狠的一面。本课题旨在通过观察狗的进食和神态的细微变化，逐步了解到家庭宠物狗的情绪变化。

课题产生：

今年七八月间，我国云南、山东两地发生疯狗咬人，导致19名伤者感染狂犬病而死亡的事件。于是相关部门采取捕杀措施，社会上响起了不同声音。其实现在很多人养狗，都把狗当作家庭的一员，狗是人类的朋友，于是我围绕着这个主题进行了狗的情绪观察与调查。

实验过程与方法：

1. 有计划地观察进食固体食物对狗情绪的影响以及进食液体食物对狗情绪的影响，了解狗喜欢哪些食物。

2. 有目的地通过对食物的调查，知道了狗的情绪变化很多，因此更详细地观察狗喜、怒、哀、乐的状态。

实验数据：

进食固体食物对狗情绪的影响

食　物	态 度	情绪状况
生　肉	兴奋，很快吃完，还要	高兴、喜悦
面　包	勉强接受	心不甘情不愿的，有点悲伤
剩菜（饭）	急切，会吃	高兴、喜悦
蔬　菜	置之不理	恐惧、厌恶
水　果	咬一口，就不吃	好奇
零　食	先闻一下才吃	谨慎、高兴

进食液体食物对狗情绪的影响

饮　料	态度	情绪状况
汽　水	勉强会喝	心不甘情不愿的，有点悲伤
牛　奶	闻一下，舔一口，不喝	好奇、恐惧
果　汁	先闻一下，不吃	谨慎
美味凉茶王老吉	理都不理	没兴趣、恐惧
啤　酒	先闻一下，不吃	好奇、恐惧

结果与讨论：

通过这次调查，培养了对科学的兴趣，从中懂得了养狗的一些科学方法，还能对观察、分析、判断、推理、动手、交际等能力的培养有更大的帮助。使更多人知道有关狗的一些资讯，与自己心爱的狗狗建立更深的感情。

惠州市青少年科技创新大赛·科技小论文

茶渣的回收再利用调查

广东省惠州市第十一小学 六（2）班 李暐昊 杜婉蓉

摘 要：

在生活中，废旧的茶渣真的一点用处都没有吗？随着社会的发展与进步，茶成了人们生活的必需品，不但对经济起到了很好的促进作用，而且逐渐形成了灿烂夺目的茶文化，成为社会精神文明的一颗璀璨的明珠。

课题产生：

茶可以清心，品茶是一种时尚，沏茶也可以清心。在生活中，茶随处可见，在家庭、小区、宾馆、饭店等地方，经常会发现一地都是已经泡完了的废茶渣，一来不雅观，二来浪费了许多作用大的茶渣。其实，这些茶渣是可以再次利用的，只是多数人都不了解。

实验过程与方法：

1. 了解泡茶的适当次数，什么时候最有营养，使人们喝到健康茶，吸收更多的营养。
2. 有目的地调查人们泡完茶处理茶渣的情况，大多数的人都把茶渣当作废弃物，没有回收再利用，少数人用在其他地方。
3. 利用泡完的废弃茶渣来做一些家具用品、用来养颜美容、制作去污剂等，让它在生活中有更大的作用。

实验数据：

茶叶冲泡及饮用情况：

情况 / 冲泡次数	茶汤情况	饮用情况
第一次	清洗农药与灰尘	不 喝
第二次	让茶叶收引水分和温度，并且将存放时吸染的异味挥发出来	细细品尝
第三次	吸收营养	细细品尝
第四次	营养所剩无几	不 喝

茶渣回收再利用情况：

作用 / 使用方式	作 用
家具用品	茶渣可以做安神茶枕，它对治疗高血压、神经衰弱、头晕目眩、视觉模糊、鼻炎、感冒头痛和暑热头晕等症状有良好功效
养颜美容	1. 茶渣还可以养脚。把茶渣集中起来煮水可泡脚，促进足部血液循环，使全身经络更加通畅，而且还能防治冻疮，冬天还有很好的暖足作用，尤其是对中、老年人特别有效。 2. 把榨汁的芦荟搅拌一分钟，然后往茶渣里倒入1－3杯芦荟汁与清水，搅拌后用纱布包好，在脸上擦洗3分钟后洗干净脸，可以美白皮肤
生活去污剂	茶渣还可以去掉容器里的腥味和蒜味；擦洗有油腻的锅碗，木、竹桌椅，可使之光洁；把残茶晒干，铺撒在潮湿处，能够去潮
土 壤	冲泡过的茶叶仍有无机盐、碳水化台物等养分，堆掩在花圃里或花盆里，能帮助花草的发育与繁殖
其 他	用温茶渣水泡毛线及织品，能使其颜色新鲜如新，并且有淡淡的茶香味。晒干后马上可以制成毛巾或毛衣

结果与讨论：

通过这次调查培养了对科学的兴趣，从中懂得了灵活应用茶渣的科学方法，还培养了观察、分析、判断、推理、动手、交际等能力。让茶渣在生活中更有效再利用，有更多的用处。

惠州市青少年科技创新大赛·科技小论文

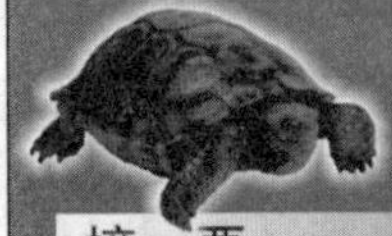

惠东海龟生活习性调查研究

惠州市第十一小学六（2）班 蒋琳

摘 要：

本课题旨在全体市民中大力倡导保护动物，热爱大自然，人与动物和谐相处的意识影响下，根据惠东地理位置、海龟生存的正常温度，重点通过成立调查小组专门前往惠东海龟养殖基地进行实地调查记录，向解说员询问和购买海龟进行自家喂养实验等方式开展对惠东海龟生活习性观察研究，让全体市民重新焕发起对家乡的热爱，对动物和大自然的热爱之情。

课题产生：

目前，世界各国的海龟面临着生存危机。人类因为它的价值而无节制地肆意捕杀。我们成立专门的海龟研究小组进行调查，就是为了唤起人们对海龟的热爱，让人们重新以友善的眼光去善待每一种动物，让大自然充满爱意！

实验过程与方法：

1. 有目的地开展惠东海龟生活习性实地调查活动。
2. 有计划地进行惠东地理位置和海龟迁徙的调查，做海龟生存温度的实验，在家中认真观察海龟的饮食情况及所受外界的影响，向解说员了解海龟产卵的相关知识等。

实验数据：

反应 项目	海龟的反应
阳光	会把前爪稍稍抬起遮住光线，在水中大力滑动
铁勺碰撞的声音	并无特殊反应
钢琴	不时将脑袋透出水面，似乎在认真欣赏着音乐的美妙
手机铃声	在池内不断游动，并不时将头伸出水面
人的大声喊叫	并无特殊反应

味道及食用反应 食物	味道	食用反应
猪肉（生）	无味	正常食用，无异样，每次食用3克左右
大白菜	微甜	并不理睬，不闻不问
水果	甜	很受欢迎，起到了解渴作用
牛奶	酸甜	舔了一口后，就没有再理睬
软糖	甜	吃一小口后，又吐了出来
猪肉（熟）	咸	可能是因为油脂过多，海龟并不理睬
凉菜	苦	海龟舔了一口，便拿起爪子将凉菜差点打翻，便满地乱爬

结果与讨论：

1. 使我们更深刻地了解了家乡富饶的海洋资源，激发了我们对家乡无限热爱的浓厚感情。
2. 激发了我们学科学、爱科学的兴趣。
3. 丰富了我们的课外知识，培养和提高了我们的观察、对比、分析等能力。

其实，动物和人类都生活在同一个地球家园，只要我们发自内心地去关爱动物，了解动物，动物和人类就能和平共处。愿我们共同精心打造我们美丽的地球家园吧！

惠州市青少年科技创新大赛·小发明

新型卷纸

广东省 惠州市第十一小学 四（4）班 蔡硕 指导老师 任萍

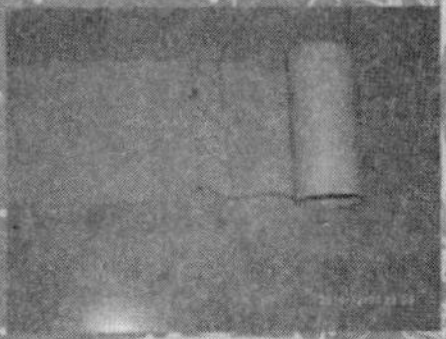

一、项目的目的、意义，解决的问题

将卷纸的最后一段，大约离卷纸尽头有一米长的地方印上一道显眼的红色标志花纹，作为警示标志，以提醒人们及时更换或提前准备纸巾，避免出现上洗手间时没有足够纸巾用的尴尬场面。

二、创新点

将卷纸的最后一段，大约离卷纸尽头有一米长的地方印上一道显眼的红色标志花纹，作为警示标志，以提醒人们提前做好心理准备，及时更换卷纸，简单实用，值得各纸巾生产企业大力推广。

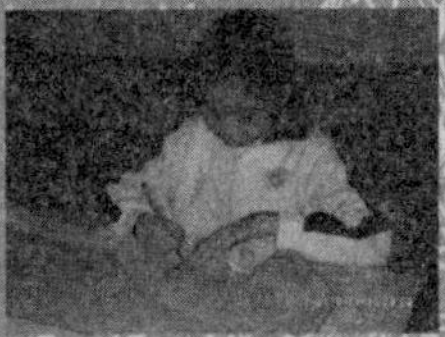

三、作品的基本科学原理

利用基本标志的方法，印上提示标志，做到及时温馨提醒人们，充满了人性化，给人们生活带来方便。

四、发明过程（图、表等）

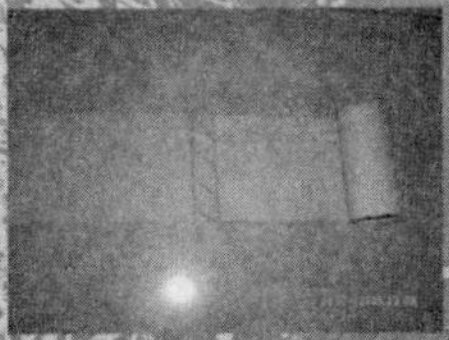

1. 平时我在上洗手间时，常常不知道卷纸筒内的纸巾其实已快用完了，总是在需要用时，顺手一扯，发现纸巾没了，不够用了。于是就大喊：“妈妈，拿纸巾来，要换卷纸了！”唉，每当这时，我总会想：要是早点知道要换卷纸，该多好啊！

2. 有一次，我发现，妈妈小车上的汽油如果快用完了，仪表盘上就会出现一个红色的警示标志，告诉我们汽油快要用完了，请及时加油！于是，我就想：如果卷纸上也设有一道标志，提醒人们需及时更换或准备卷纸，那不更好吗？

3. 于是，我拿来了一卷纸巾和两支彩笔，在妈妈的帮助下，我的新型卷纸做好了，我高兴极了！真希望这样的卷纸能早一天生产出来。

惠州市青少年科技创新大赛·科技小论文

学校早餐要注意营养搭配

惠州市第十一小学六（2）班 倪杰星

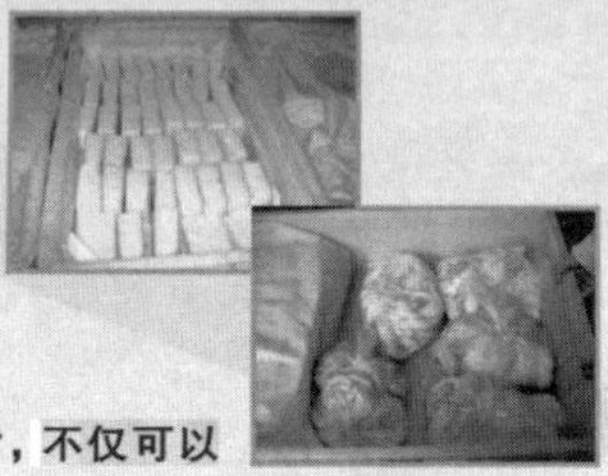

摘要： 大家都知道：“人是铁，饭是钢，一顿不吃饿得慌”。“身体是革命的本钱”“早餐要吃好，午餐要吃饱，晚餐要吃少”。营养专家的研究证明：早餐的质和量对人一天的工作、学习有很大影响。重视早餐的“质”和“量”的人，不但脸色红润、精神饱满，而且课余还经常精力充沛地活跃在体育场、科学实验室等。

课题产生： 现在大多数 家庭已陆续过上了小康生活，不仅可以吃饱，而且还可以时不时到馆子里“搓上一顿”。可是在学校，我却看到了“学校早餐营养搭配欠佳”“学生不重视吃早餐”“早餐浪费现象严重”等不容乐观的一幕幕景象。对此，我特意进行了一番观察与调查。

实验过程与方法：

1. 吃好早餐对学习生活很重要。
2. 小学生在学校吃早餐情况调查。
3. 营养早餐巧搭配推荐表。

实验数据：

学生在校吃早餐情况调查表

情　况	不吃早餐	有时吃	每天吃
一年级（420人）	占全年级20%左右	40%	40%
二年级（360人）	占全年级25%左右	30.5%	30.5%
三年级（420人）	占全年级30%左右	35%	35%
四年级（420人）	占全年级36%左右	31%	31%
五年级（480人）	占全年级40%左右	30%	30%
六年级（420人）	占全年级45%左右	22.5%	22.5%

学校一周早餐供应情况表

星　期	供应品种	价钱	营养成分
星期一	瘦肉粥、馒头	2元	少许肉、米面食
星期二	瘦肉粥、莲蓉包	2元	少许肉、面食等
星期三	花卷、米丝	2元	少许肉、大米
星期四	瘦肉粥、粽子	2元	少许肉、大米
星期五	瘦肉粥、面包	2元	少许肉、面食等

结果与讨论： 通过这次对学校早餐供应的调查和分析，我知道了吃好早餐的重要性，学到了许多有关营养学的知识，知道了甜咸搭配、干湿搭配、谷类蔬菜等科学的搭配方法。由此看来：处处留心皆学问，生活处处有科学。让我们在生活中不断发现科学，让我们的生活更加美好！

惠城区第七届科技实践活动

让纸巾包装变得更美

广东省惠州市第十一小学 五（6）班曾惠婷　指导老师　任　萍

一、活动目的和意义

每次我和妈妈去超市，在卖纸巾的专柜上都看到许多包装成五颜六色的纸巾，除了传统的纸盒和塑料袋包装，还有布艺包装、串珠包装、DIY纸巾盒和汽车专用包装。但是这些纸巾包装除形状和色彩不同外，包装上所标注的形式和内容都相同。我想如果在纸巾包装上再增加一些知识性或温馨话语和祝福的内容，把纸巾包装的外形美与消费者的文化内涵和心灵美联系在一起，不是更好吗？我请教过老师，老师对这个想法也很感兴趣，建议我们组织同学开展一次主题为"让纸巾包装变得更美"的社会实践活动。通过这次活动，提高了我们青少年的社会实践活动能力，增长了我们的社会科学知识，让我们从小关心社会，树立热爱科学的良好学风和培养集体合作的精神。让纸巾包装变得更有社会文化内涵，提高消费者的环保意识，产生更好的社会效果。

二、实施过程与方法

1. 组织好活动小组，明确活动目的，写好实践方案，参观了解纸巾包装的材料和生产过程，到商场超市调查纸巾包装产品的外形和内涵，设计调查问卷，对消费者进行问卷调查，收集活动资料，对调查结果进行分析。

2. 对纸巾包装进行改进创新、美化包装，我们建议塑料外包装改用纸盒或木盒外包装。纸巾包装盒上增加印刷温馨提示语，如"请节约用纸，不要浪费社会资源"或增加印刷祝福话语，如"祝XX节快乐，身体健康"，开发富有文化内涵的系列纸巾外包装。在学校举行主题为"让纸巾包装变得更美"的美化包装设计大赛和作品展示。向社会纸巾包装生产厂家提出增加美化包装建议。

三、活动结果

1. 通过本次活动我们了解了纸巾包装的生产、包装的优缺点和创新的相关知识。

2. 认识到纸巾包装增加文化内涵和温馨话语，会产生更好的社会效果。

3. 使我们增强了社会实践活动能力，提高了收集资料、动手操作和分析推理的水平，增强了社会责任感，培养了集体合作精神。

四、建议与展望

1. 我们本次活动方案包含了科学创新和社会文化内涵，完全符合社会发展的要求，建议在青少年中更多开展这些活动。

2. 建议社会生产厂家行动起来，根据不同消费人群的纸巾包装增加相应的包装新内涵。

植物呼吸活动的探究

广东省 惠州市第十一小学 五（6）班 曾惠婷 指导老师 任 萍

一、研究目的和意义

看见大自然的植物一天天在生长，我常常想植物的结构与人体和动物不同，没有明显的呼吸系统，植物有呼吸活动吗？我请教过老师，老师说有。我也查过关于植物的资料，知道植物细胞内有一种呈棒状或粒状的线粒体，它是专门管呼吸的。但是，植物的呼吸作用我们了解得不多，带着求知与好奇心和对自然科学的热爱，我对植物的呼吸活动进行了一些初步的探讨。

二、研究方法

为了证实植物是否有呼吸作用并排出二氧化碳，我把放进三叶草的瓶子和空瓶子盖紧瓶盖并将其放到潮湿阴暗的地方，第二天打开瓶盖，取出三叶草，向2个瓶子里倒进澄清的石灰水各一小杯，观察瓶子里的变化。

植物的呼吸作用是否也是为植物的生命活动过程提供能量和原料呢？为了了解这方面知识，我把盆栽紫茉莉的叶子分成3组，每组各6片，第一组叶子正面涂上一层凡士林；第二组背面涂上一层凡士林；第三组正面和背面都涂上一层凡士林，观察10天。

三、研究结果

通过仔细观察和对比分析,我发现了如下不同的情况：（1）放进三叶草的那个瓶子倒进石灰水后，石灰水变浑浊了，而另一个不放三叶草的空瓶子倒进石灰水后没有变化。(2) 发现紫茉莉第三组叶子很快出现明显泛黄，第二组也较快出现明显泛黄，而第一组叶子没有出现泛黄现象。

四、讨论

石灰水遇到二氧化碳会变浑浊。从实验的结果我们可以发现，放三叶草的那个瓶子含有二氧化碳。由于实验是使植物光合作用的光反应和暗反应先后停止，让植物置于纯氧环境，所以，说明植物在夜间不停地呼吸，呼出了大量的二氧化碳。

植物紫茉莉叶子气孔主要在背面，叶子正面很少。这些气孔是植物叶子进行呼吸作用，与外界气体交换的通路。第三组和第二组叶子很快出现明显泛黄，是因为用凡士林涂在叶子的背面堵住了气孔。这两组都阻断了细胞呼吸的过程，终止了为生物体提供生命活动的能量和原料；而第一组叶子没有出现泛黄现象，是因为凡士林只涂在叶子正面，没有堵住叶子背面的气孔，呼吸作用继续提供生物体生命活动所需的物质。

五、结论

实验表明植物也有呼吸活动功能，植物的呼吸活动是为生物体提供能量和原料的生命活动过程。

惠城区第七届科技实践活动·小论文

哪种铅笔更好用

广东省惠州市惠城区第十一小学 五(6)班 黄永杰 李靖翔 邓昊 指导教师 任萍

一、摘要

我们通过计划书和表格等各种方式，在学生中开展“哪种铅笔更好用”的调查，在“哪种铅笔更好用”的调查活动中，让同学们知道：“哪种铅笔更好用”“哪种铅笔更实惠”，并不断提高我们的社交能力、表达能力，学会节约、学会感恩。开发我们的大脑思维能力，锻炼我们的动手操作能力。

二、课题的产生

经我平时的观察，发现许多人都不知道买什么铅笔，有的买美观的，有的买颜色深的，有的买自动的，让家长们手足无措，根本不知道买什么好。其实只要我们动动手，花点时间，就可以有所发现。在当前社会大力倡导节约、环保、共建和谐社会的环境影响下，我能让学生买到最好、最实用的铅笔，达到“节约”的目的！

三、实验过程和方法

1. 本次活动在校内进行，不限年龄，要求每个学生积极主动参加。
2. 有目的地展开调查，“哪种铅笔更好用”，让学生知道哪种铅笔实惠，达到节约金钱的目的。
3. 有计划地分好实验小组、写好计划书、收集资料、明确目的、设计调查问卷等，有目的地开展“哪种铅笔更好用”的活动。
4. 举行丰富多彩的各类竞赛、成果展板、活动咨询等活动，使同学们亲自参与，亲自实践，丰富了感受，体验到了快乐和成功。

四、实验数据与分析

项目组别	调查人数	使用种类	使用情况	价格	实用程度
第一大组	14人	铅笔	铅笔 2人 自动铅笔 4人 环保铅笔 6人 其他 6人	0.5~1元	良好
第二大组	18人	自动铅笔	铅笔 4人 自动铅笔 12人 环保铅笔 0人 其他 10人	2~9元	好
第三大组	16人	环保铅笔	铅笔 2人 自动铅笔 12人 环保铅笔 2人 其他 10人	0.5~2元	好
第四大组	14人	其他	铅笔 5人 自动铅笔 10人 环保铅笔 6人 其他 5人	2~10元	中等

经过这次调查，已知道铅笔比较实用，从外观、颜色、手感各个方面来看，也是铅笔更占上风。

五、结果与讨论

根据这次调查，大多数学生知道了如何购买好的、实用又实惠的铅笔。亲自实践，丰富了感受，体验到了快乐和成功。

惠城区第七届科技实践活动·小论文

桥梁，惠州的标志建筑

广东省惠州市惠城区第十一小学　梁韵诗、张懿　指导教师 任　萍

一、摘要

在古代，桥与山水本身都是美丽的，桥在这样的天然图画中，与山光水色共同构成了一幅美景。在现代，桥在人们心中已不占有重要地位，但却是人们日常出行不可或缺的一道交通风景线。

二、课题的产生

世上的桥真是千姿百态，绚丽多彩，以其坚强、美丽的身躯，不辞辛劳地屹立在江河上，托起车水马龙，成为水上奇丽的风景线。桥梁是人类智慧的结晶、力量的象征。

三、统计与调查

横跨河流	大桥名称	建成年份	桥梁类型
东江	惠州大桥	1990	梁桥
	东江大桥	1978	拱桥
	中信大桥	2006	梁桥
	合生大桥	2008	索桥
西江	水门大桥	1991	拱桥
	西枝江大桥	1990	拱桥
	东新桥	1973	梁桥
	合江桥	2008	梁桥

四、收获与体会

1. 培养了我们爱动脑的好习惯，使我们更深层地了解了中国由古至今的桥梁变化历史。
2. 培养了我们认真观察、仔细研究、积极查找有关资料等良好习惯。
3. 鼓励我们对日常生活中不清楚的问题积极询问。
4. 激发了我们对生活的热爱。

惠州市青少年科技创新大赛·小论文

我运动　我健康

——谁拿走了我们的课间游戏

广东省 惠州市第十一小学　四（4）班　蔡　硕　指导老师 任　萍

一、摘　要

从近年来中小学生的身体素质现状、中高考对体育的重视、现有体育课的不足之处等背景情况，明确了阳光体育运动的势在必行。通过收集资料、问卷调查、对比分析、访谈听述及观察了解现象等方式，发现由于目前学生课业负担重压力大、学校活动场地小、设施少、安全因素、社会人才观念的影响、成长生活环境影响等因素，造成目前校园课间活动状况不理想，缺乏适当的课间活动，对我们的身心成长造成危害。在认识课间活动重要性和必要性后，要求大家重视并积极开展快乐有益的课间活动，拥有快乐课间，促进身心健康。

二、课题的产生

1. 妈妈常说她们儿时的课间时间是令人心驰神往的，玩各种游戏活动，非常快乐，成为她童年的美好回忆，我羡慕极了。

2. 目前课间时间我们多数待在室内，埋头看书、赶写作业、打牌、追逐打闹、发呆等，课间活动单调无聊，同学们很少走出去活动。

3. 据报道，因缺乏体育活动，近年中小学生身体素质逐年下降，心理健康也受到影响。近年全国各地开启了阳光体育运动，引导我们走出课堂、走向操场、走入阳光、健康运动、放松自我。

三、实践过程与方法

1. 通过上网收集资料，了解了目前阳光体育运动开展的背景、缺乏课间活动的危害，国外重视体育活动的情况等，增加了知识面，提高了个人的认识。

2. 通过调查问卷方式，发出61份调查问卷，对小学生课间活动情况进行实际调查，通过回收情况，发现目前课间时间同学们多数待在室内，看书、赶写作业、打牌等，课间活动单调无聊，缺乏适当的课间活动。同时学会了调查的方式，积累了实践经验。

3. 通过对比分析的方法，比较我们与祖父辈们的课间活动情况差异，体会到了时代的差异，并积极寻找解决现有问题的方法。

4. 通过访谈听述、实地观察了解现象的方式，了解父辈的课间活动情况，了解导致同学们没有进行适当课间活动的原因，了解课间活动开展的好处、缺乏课间活动的坏处，收集并确定如何积极开展快乐有益的课间活动的意见，培养了感性认识，并提高了分析总结的能力。

四、实践数据与分析

1. 我家三代校园课间活动对比

三代人	课间活动方式	结论
婆婆	跳绳、弹珠子、踢毽子、跳忠字舞等	父母辈是七十年代拥有快乐童年的一代人，生活条件比祖母辈好，游戏活动内容丰富，学业轻松，童年轻松幸福。我们生活条件更加优越，有现成的玩具，但因课业压力大及其他成长环境影响，游戏单调，童年缺少了课间游戏活动的快乐
妈妈	跳绳、踢毽子、打沙包、跳皮筋、转陀螺、跳格子、钻城门、抓花样、珠子、下棋、丢手绢、老鹰抓小鸡等	
我们	追逐打闹、看书、做作业、打牌、扔沙包、搭积木、玩溜溜球、聊天	

2. 班级课间活动情况调查

调查问题	调查情况	结论
课间在室内还是在室外	61个同学中有50个同学选择课间呆在室内，占了80%以上	同学们缺乏适当的课间活动，困在室内埋头看书、做作业的多，进行放松活动的少，大家还没认识到课间活动的重要，但对满足于现状，需要进一步引导和规范
课间时间如何选择安排	追逐打闹7人、打牌15人、看书或做作业的30人、聊天5人、没事干发呆4人	
是否满意目前课间状况	只有12人回答不满意	
课间活动是否重要	只有30人回答重要	

五、结果与讨论

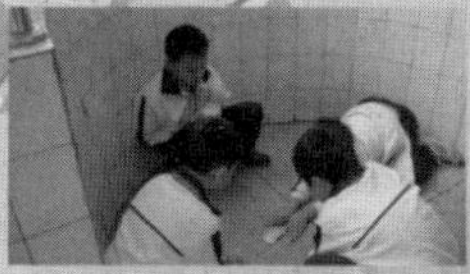

1. 通过收集资料、问卷调查、对比分析、访谈听述和实地观察了解现象等方式，阐明了由于课业负担重压力大、学校活动场地小、设施少、安全因素、社会人才观念的影响、生活环境影响等因素，造成目前校园课间活动状况不理想，缺乏适当的课间活动，对我们的身心成长造成危害。在深入认识课间活动重要性和必要性后，更进一步明白了我们应该重视并积极探索，开展快乐有益的课间活动，拥有快乐课间，促进身心健康。

2. 培养了我们爱思考爱提问的好习惯，使我们更深入地了解了课间活动的重要性，并积极思考探索如何进行有益的课间活动。

3. 培养了我们认真观察、仔细研究、积极寻找有关资料的好习惯。

4. 帮助我们掌握了开展实践的方式方法，积累了初步的调查经验。

惠州市青少年科技创新大赛·小论文

暴力漫画对青少年身心的危害

惠州市第十一小学 四（4）班 叶欣逸

一、摘要

漫画作为一种独特的艺术门类，深受少年儿童的喜爱。好的漫画读后能引人开怀，发人深思，启人心智。但随着暴力漫画在我国的泛滥，尤其是越来越多的少年儿童喜欢读暴力漫画，严重影响了他们身心的发展。

二、课题的产生

如今，随着漫画市场的开放，尤其是暴力漫画的大量出版和引进，它们就像一个无形的杀手，正一步一步地走向我们少年儿童，吞噬着我们的灵魂。就拿我们班来说，我做了一些简单的调查，发现约有一半的同学都看过暴力漫画，有些还非常痴迷，爱不释手，严重地影响他们的学习和行为习惯，并引发了一些校园暴力事件，对少年儿童的身心发展极为不利。所以，坚决抵制暴力漫画在校园的蔓延，是一件非常迫切需要解决的大事。

三、实践过程与方法

1. 我通过上网查询，查阅有关书籍资料，了解到一些重要的漫画产业国（如美国、挪威、日本、中国）的漫画书出版情况、青少年阅读情况和各国的漫画书特色等。

2. 我通过对本班61位同学阅读漫画书的调查问卷，发现我班90%的同学喜欢看漫画书，其中有40%的人喜欢看暴力漫画书。

3. 通过平时观察和对比分析我发现：
好的漫画书能提高少年儿童的审美能力和想象力，能让我们明辨是非、活跃思维。而暴力漫画对少年儿童的毒害非常之深。

4. 经调查发现，政府、学校、家庭对暴力漫画蔓延发展的抵制力度不够。

四、实践数据与分析

1. 世界主要国家青少年儿童漫画书阅读情况：（表一）

国家名称	漫画书出版情况（每年）	青少年阅读情况（每年）	漫画书特色
美国	漫画产业成为其六大支柱产业之一，出口额甚至超过了汽车业和航空业	几乎全民看漫画，且人均年阅读30本漫画	教育性很强，具有幽默性、实用主义、个人英雄主义等特色
挪威	漫画业是国家的重要支柱产业之一	少年儿童对漫画的热爱程度极深，约90%的人爱看	展现出一种极其柔和温馨的氛围，吸引人向往美好的生活
日本	日本每年出版物大约60亿册，其中漫画期刊和单行本就占到21亿册，超过30%	保守估计青少年每年平均购买并阅读漫画在35册以上	部分日本漫画充满暴力和色情，没有阅读价值和审美价值
中国	中国原创漫画仅占11%，近90%的中国动漫市场份额被国外动漫产品垄断	90%的青少年喜欢读漫画。有一半左右的青少年对暴力漫画痴迷	我国一直将漫画定义为少儿读物，文学绘本类多，所以社会对于漫画产业普遍有一种轻视的观念

2. 可爱的漫画人物、性格特点及精神品质等：（表二）

书名	作者	国家	主人公	性格特点	精神品质
《西游记》	吴承恩	中国	孙悟空	聪明机智、勇敢、嫉恶如仇	对朋友忠心耿耿、不畏艰险
《米奇老鼠》	沃尔特·迪斯尼	美国	米奇	乐观向上、聪明机智	敢于冒险、乐于助人
《哆啦A梦》	藤本弘	日本	哆啦A梦	纯朴真实、友善、勇敢	有冒险精神、有爱心、能宽容别人
《小熊维尼》	艾伦·亚历山德拉·米尔恩	英国	小熊维尼	天真、单纯、诚实、乐观、体贴、好奇	乐于助人、友善待人、体贴别人

五、结果与讨论

通过这次参与写小论文的实践活动，使我深刻地意识到暴力漫画对我们少年儿童的危害性。一方面，我希望同学们能自觉地抵制这些暴力漫画，多看一些健康有益的漫画书和中外名著。另一方面，我建议我国政府、宣传部、教育部等有关部门，能高度重视我们青少年儿童的身心发展，把好出版关和国门关，尤其是对一些进口暴力漫画能坚决抵制于国门之外。同时我还呼吁天下的父母们在我们儿童及青少年成长期必须给予正确的引导及关怀，引导推荐我们多读好书，禁止我们阅读充满暴力色情的漫画书。我还建议校园能提出这样的口号"诵读名著经典，扔掉暴力漫画！"。

惠州市青少年科技创新大赛·小论文

节能减排，创造美好明天

广东省惠州市第十一小学 四(4)班 廖靖文 指导老师：任 萍

随着社会发展速度越来越快，环境问题越来越严重。温室效应、臭氧层破坏、淡水资源危机……危害着我们周围的环境。本次活动主要是为了提高我们对节能减排的意识，帮助大家更好地了解节能减排。希望大家能通过这次活动从今天开始、从现在开始节能减排，减少社会资源的浪费，为保护环境出一份力。

二、课题的产生

1. 原因：在经济高速发展的同时，环境保护也日趋重要。改革开放以来，我国经济快速发展，一栋栋高楼大厦拔地而起，但是为此我们付出了巨大的资源和环境代价，经济发展与资源环境的矛盾日趋尖锐。

2. 现象：这种状况与经济结构不合理、增长方式粗放直接相关。不加快调整经济结构、转变增长方式，资源支撑不住，环境容纳不下，社会承受不起，经济发展难以为继。只有坚持节约发展、清洁发展、安全发展，才能实现经济又好又快发展。同时，温室气体排放引起全球气候变暖，备受国际社会广泛关注。进一步加强节能减排工作，也是应对全球气候变化的迫切需要。

三、实践过程和方法

1. 有计划地组织好活动小组，写好计划书，明确活动目的，提出倡仪书，举办节能减排知识讲座，发放宣传资料，在网上、报纸上、生活中收集资料。

2. 有目的地在校园和社区开展“节能减排”的实践活动，举行丰富多彩的竞赛，参赛者将废电池、塑料瓶等物品包装好放进不可回收和可回收的箱子。并设计一项针对节能减排的调查，发出了63份调查问卷。

3. 最后分析对比，得出调查结果和结论。

四、实验数据与分析

	小学生			
题号	A	B	C	D
1	0.34		0.24	0.31
2			0.31	0.57
3	0.47	0.37		
4	0.52		0.26	
5	0.57		0.06	0.32
6	0.36	0.52		
7	0.94			
8	0.94			
9	0.38	0.24	0.24	
10	0.63	0.36		
11	0.04	0.86	0.10	
12	0.08	0.73	0.12	
13	0.12	0.09	0.79	

总体来说，被调查者的节能减排的意识不是很强，同时绝大部分的被调查者都是有想法而很少落实到行动上。

五、结果与讨论

通过这次活动，我们了解到关于节能减排的相关知识，也认识到节能减排要从我做起、从身边小事做起的重要性。我认为我们应该从现在开始就要坚持节能减排，尤其是我们这些承担着未来建设祖国重任的花朵。从我做起，从身边的小事做起。让我们一起行动吧！把地球拯救回来!让世界变得更加美好！加油伙伴们！

惠州市青少年科技创新大赛·小论文

惠州美食甲天下

惠州市第十一小学　四(4)班　青青草小队——黄薏潼　刘美彤　肖乐陶　林子力　指导老师:任　萍

一、摘要

"天下不敢小惠州"。惠州的饮食文化历史悠久，它作为粤菜的菜系组合之五，也作为东江流域人们一向引以为荣的骄傲，已成为东江文化特色中不可缺少的组成部分。

惠州自隋代设循州府以后，一直是"岭南名都""粤菜重镇"，从地理位置来分析：一是古代的北方军旅流落定居，客家人南迁循州一带；二是惠州又处于粤东中南部，恰好是广东三大方言语系（粤、客、闽南）的夹缝之间，因受三大语系的影响，惠州风俗文化和饮食习惯形成了一种"兼容并蓄、风姿独异"的特征。

东江菜以惠州菜为代表，主料突出，喜用三鸟，很少用菜蔬，河鲜海产也不多用。这与东江人以往的生活水平与风俗习惯有着极大的关联。惠州人勤劳耕作，劳动强度较大，平时一般很少吃零食，而肥腻一点的食品能有效充饥。再者，客家人有勤俭的习惯，菜咸既节俭又可增加体内的盐分。

随着社会的不断变革，东江菜也在不断地创新，并逐步形成了自己的地方特色，注重"原汁原味、美味可口、回味无穷"。其原汁原味主要源于两个方面：一是选料讲究，多选用本地家养粗种的食物和没有任何污染的本地家禽与菜蔬，这与惠州一带保持生态环境良好，有着重要的关系；二是烹调方法多采用煮、煲、蒸、烩和炖等居多，既保持原有的香味，又使人口感舒适，还不会轻易破坏食物本身的营养价值和纤维组织。

二、实施过程

1. 活动背景：俗话说：民以食为天。自古以来，中国人对美食就非常有研究，中国的饮食文化又有着源远的历史，目前在全国范围内形成了比较有特色的八大菜系，"粤菜"即广东地方风味菜，是我国著名八大菜系之一，它以特有的菜式和韵味，独树一帜，在国内外享有盛誉。"粤菜"由广州菜、潮州菜、东江菜等组成，而"东江菜"中的很多美食又以"惠州美食"中的部分美食作为典型代表。

近几年来，随着惠州经济的蓬勃发展和城市化进程的不断加大，惠州在全国，甚至海内外享有越来越高的知名度；惠州的华人代表和客家文化也被越来越多的人所熟知，因此来惠州观光旅游的游客越来越多，惠州美食给大家留下了难忘的印象。

2. 活动意义：

（1）通过活动了解惠州特色美食的种类、营养价值等。

（2）通过活动了解到惠州美食所蕴含的独特的东江客家文化的无穷魅力。

（3）通过形式多样的调查、走访、观赏、绘画、实地观摩等方式，了解人们对惠州美食的喜爱程度，激发热爱家乡的思想感情。

（4）通过了解惠州美食的渊源、现状等，不断拓展、创新，使与之相关联的链条产业的发展能够推陈出新，从而激发我们对家乡的热爱和对家乡未来美好前景的憧憬和期待。

（5）领略我国博大精深的美食文化和各地美食风情，了解食品卫生、营养、保健和烹饪科学知识。

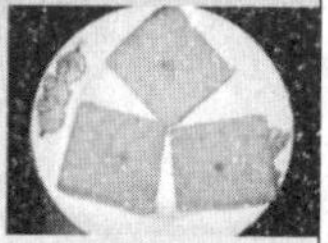

3. 活动内容和步骤：

第一阶段——活动准备：确立活动方案、写好计划书、分工、营造浓厚、激发学生对家乡美食的兴趣和热爱家乡的思想感情。

第二阶段——调查实践体会交流：

（1）在家族、小区、餐馆、大排档等处尽可能多地了解惠州美食的品种、品尝各种美食，并进行相应资料的收集。

（2）制作"惠州美食"一览表：将收集到的惠州美食资料按照科学的方法归类、对比、分析。

（3）体验：在家里向长辈了解惠州美食制作方法，能逐步了解制作美食的相关材料、步骤和注意事项等。

（4）体验活动："今天我当家""今天我主厨"。

（5）品尝活动：将自己亲手所做的美食邀请亲朋好友品尝，或者带到学校和同学一起分享劳动的乐趣、体验的快乐、成功的欢喜。

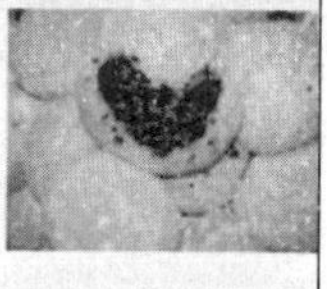

第三阶段——分享成功：小论文展览、绘画比赛、手抄报展览、小制作展览等。

（1）班级美食大比拼：将在家里亲手制作的美食带到学校，让同学们讨论每一种美食的制作方法、口味、营养价值。

（2）建立感觉箱：让同学们将品尝美食后的心得写在小纸条上，并放入感觉箱中。

（3）体验日记：每个同学可以将自己拜师学艺的美食日记记录下来，以便更好地和同学交流分享。

（4）广告语、导游词设计大比拼，为家乡的美食走出惠州、走向中国和世界写下最引人的句子，绘出最美的蓝图长出最美的赞歌。

（5）"我爱家乡的美食"征文大赛：了解美食的口味、制作过程和方法、收集相关的传说故事等，拓展营养学的有关知识，不断激发热爱家乡的思想感情。

（6）邀请信、邀请函的写作、设计大赛。

（7）精美的美食图片展览：将收集到的家乡美食或者在制作过程中的家乡美食的图片进行整理、归类，并利用板报、展板等形式展出，激发大家对美食的喜爱和对家乡的热爱。

4. 惠州美食的发展前景：

（1）加大对惠州美食的宣传力度，将各种美食可以加工成"真空包装"食品，销往海内外，扩大惠州美食的宣传力度和影响力度。

（2）广告策划公司将惠州美食的宣传片制作成VCD，不断扩大惠州美食的宣传力度、扩大惠州在国内、国际的知名度。

（3）广告策划公司将惠州美食的精美图片制作成宣传画册。

（4）将学生收集到的关于惠州美食的文字资料分类编辑成册。

（5）发动学生动手制作"惠州美食"扑克牌，将动手能力、审美能力和爱家乡思想感情结合在一起，不断扩大家乡的知名度。

二、收获、体会

1. 激发了学生热爱家乡、热爱生活的思想感情。

2. 通过实践活动，走入生活，培养了学生收集处理信息的能力，增强了社会实践能力及培养合作精神和学科学、爱科学、用科学的兴趣，激发了学生的创造潜能。

3. 学生在活动过程中感受到实践、科学的魅力，享受快乐，体验成功，增强自信。

4. 学生通过运用观察、对比、分析等创造性思维方法提高了动手操作能力，从而开发了创造潜能，培养了科学素养。

5. 此项活动使学生的生活视野得到拓展，走进生活，亲近科学，真正感受到了科学就在身边。

惠州市青少年科技实践活动
校园植物知多少
惠州市第十一小学五（2）班　倪杰星　谢琳　林平
片片绿意浓
漫步校园
莘莘学子情
活动剪影
亲近自然
校园植物标本调查
小实验
体验科技
调查问卷我设计
我们在校园内根据分工有目的、有计划地通过收集资料、观察、分析、对比、调查、科学实验、模仿、游戏、艺术手工劳作、数学游戏、表演、实地考察、集体活动、烹调等方法了解到植物生长需要的条件及植物生长的简单过程，充分认识到森林是陆地生态系统中的重要组成部分，是有效的“隔音板”，与人类的生活关系极为密切。在校园各处树木不仅可以减少声波降低噪音，而且还可以美化绿化环境。
树叶为什么会变黄
网页作品展示
亲手栽培
手工：拾叶小站
类别
互生叶
对生叶
羽状复叶
三出叶
单叶
椭圆形叶
图鉴
名称
叶叶书卷有余情
拓展知识
校园植物大作答

惠州市青少年科技实践活动

“废旧毛巾的回收再利用”实践活动方案

广东省惠州市第十一小学六（2）班 蒋琳、谢琳

摘要： 本选题根据中国国情、人民生活的实际情况、国内外相关情况、资源的可利用和未来发展趋势等，重点通过写倡议书、计划书，组织参加各种比赛如（美术、小制作、小发明）的方式在学生中开展此项活动。

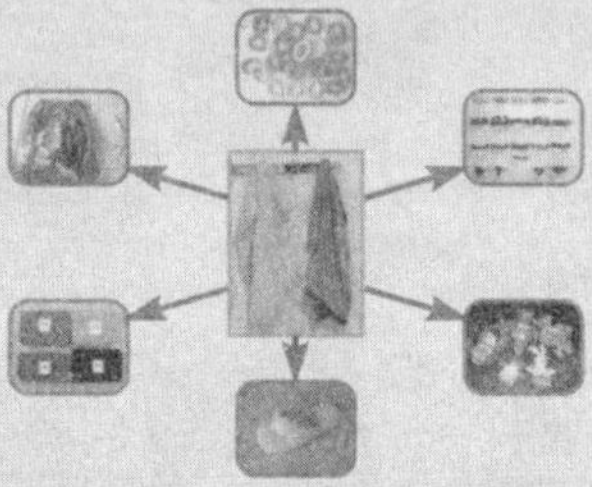

课题的产生： 一条毛巾大约在使用2个月后会磨损、破洞，人们就会毫不留情地把毛巾丢掉，重新买一条新毛巾。中国人口大约13亿，那相当于两个月后就会有13亿条毛巾遭到丢弃。我们为什么不能将废旧毛巾回收再利用呢？既环保，又增强我们的动手能力。

实验过程与方法：

1. 有计划地分好实验小组，写好计划书、倡议书，收集资料，明确目的，设计调查问卷，设计宣传单，进行广播宣传、签名会、丰富多彩的各类竞赛，创建成果展板、留言信箱、活动咨询等。
2. 有目的地开展“废旧毛巾变身啦”的动手实践活动，将废旧毛巾制作成各种各样的物品，如制作成浴帽、制作棉鞋、制作凳罩、制作枕套、缝一条拉链制作一个布笔盒、缝成手套、制作窗帘、制作袜子、制作口罩、制作地拖等。

实验数据：

学生参与活动情况

项目 / 组别	参与人数（人）	回收废旧毛巾（条）	相关材料	制成品
第一大组	15	16	旧毛巾、剪刀、橡皮筋	浴帽
第二大组	13	15	一根棍子、剪刀、旧毛巾、胶水	地拖
第三大组	15	20	鞋垫、剪刀、旧毛巾、胶水	棉鞋
第四大组	16	25	针线、旧毛巾、拉链	布笔盒

结果与讨论：

1. 同学们了解了毛巾生产、应用、回收的相关知识。
2. 懂得了节约资源与建设我们美好家园、创建幸福生活有着密切的关系。
3. 提高了同学们收集资料、动手操作和分析推理等能力。
4. 同学们学会了分享快乐、增强了社会责任感。

惠州市青少年科技创新大赛·实践活动方案

城乡联动，共育“爱心树”

惠州市第十一小学六（2）班 蒋琳

摘　要：

本课题旨在全体少先队员间大力倡导节约资源和劳动力，靠自己的双手创造绿色家园的活动，根据市周边的树木稀疏程度、学生家庭条件及生活自理能力，通过让城乡少先队员互补资金、劳动力和栽种经验，合作宣传、召集并成立栽种小组，共同实地栽种等方式在全体少先队员中开展此项活动。

课题产生：

目前，中国的木材资源已经相当紧缺，加上国民思想的漏洞，已经形成了恶性循环：越砍越穷，越穷越砍，树木也越来越稀疏，这对中国未来的高速发展是非常不利的。试想我们中国有6亿多的小学生，要是能将城乡少先队员团结起来，共同植树，不是既节省劳动力，又节省资源吗？所以，将人力资源利用起来，将是一笔巨大的财富。

实验过程与方法：

1.有目的地开展“城乡联动，共育‘爱心树’”“退耕还林，争做绿色小卫士”活动。

2. 有计划地布置宣传板，写好倡议书、宣传单，成立树种小组，按时发放树种，细致地进行树种管理，认真负责地进行实地栽种，举行种树大赛、作文大赛及评比等。

实验数据：

城乡少先队员参与活动情况

分类统计 / 项目	乡村少先队员	城市少先队员	总人数	缺席人数	任务分配	总组数
活动人数	33人（10名女生，23名男生）	20人（10名女生，10名男生）	53人	0人	由城市少先队员提供物资，乡村少先队员口述经验	11组
成立树种小组	由2名女生担任分配组长	由3名女生担任分配组长	共有5名派发组长	0人	派发组长按规定按时发放树种，树种由组员保管	11组
成立栽种小组	有3名女生和5名男生担任组长	有1名女生和2名男生担任组长	共有11名少先队员担任组长	0人	由组长管理并分配具体任务给组员	11组（每组5人）
实地栽种	有33人参与实地栽树	有20人参与实地栽树	53人	0人	由乡村少先队员负责传授经验并随时补充劳动力，城市少先队员负责浇水施肥等具体事务	11组

结果与讨论：

1. 在活动中，我们彼此增进了友谊，更加深刻地了解到中国木材资源的紧缺。
2. 同学们团结互助的意识逐渐增强，为创建绿色家园做出了自己的努力。

惠城区第七届科技实践活动

家庭废旧衣服

广东省惠州市第十一小学 五（6）班 曾惠婷 指导老师 任 萍

一、活动目的和意义

随着家庭衣服款式的更新变化越来越快，以及许多家庭的小孩长高长大，昔日的旧衣服和童装再也找不到它们的主人。所以，废旧衣服日渐增多，成为社会资源浪费的又一个问题。加上广大市民的环保意识和文明意识不强，常常把废旧衣服当垃圾到处扔，严重影响市容和环境卫生。针对这些社会问题，我们活动小组进行一次主题为家庭废旧衣服创新再利用的环保活动,让那些废旧衣服重新找到自己的新主人。本次活动主要是为了提高我们青少年建设节约型社会的环保意识和增长我们的社会科学知识，增强我们的社会实践活动能力，培养我们的集体合作精神和对科学的兴趣。使我们从小养成勤俭节约、爱护环境的好习惯，深刻认识到变废为宝，减少环境污染的重要性和必要性。通过举办活动，提高全社会对家庭废旧衣服创新再利用的环保意识，让大家行动起来，减少社会资源的浪费。

二、实施过程与方法

1．有计划地组织好活动小组，写好计划书，明确活动目的，提出倡议书，举办环保知识讲座，发放宣传单，刊登宣传栏，进行广播宣传，设计调查问卷，收集活动资料，对调查结果进行分析。

2．有目的地在校园和社区开展“家庭废旧衣服换新颜”的动手实践活动，举行丰富多彩的竞赛，参赛者将废旧衣服制作成各种各样的创新作品，如制作成杯垫、饭盒袋、汽车枕套、袖套、手机袋、小布笔盒、围裙、地拖、棉拖鞋、座垫、背心等参加大赛。活动组对获奖者给予分类奖励，并举办巧手工艺展、作品捐献活动。

三、活动结果

1．通过本次活动我们了解了衣服的生产、应用和废物创新再利用的相关知识。

2．认识到节约社会资源、变废为宝、保护环境与创建美好家园有着密切的关系。

3．使我们增强了社会实践活动的能力，提高了收集资料、动手操作和分析推理的水平。

4．同时，我们也学会了分享快乐，增强了社会责任感，培养了集体合作精神。

四、建议与展望

1．全社会都在提倡建设环保节约型社会，我们本次活动方案包含了科学创新和社会环保意识，完全符合社会发展的要求，建议在青少年中更多开展这些活动。

2．希望广大市民增强环保意识，行动起来，学会废物创新再利用，减少社会资源的浪费。

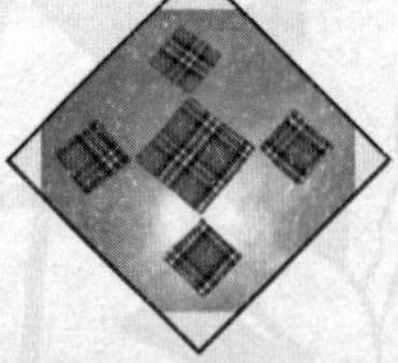

惠州市青少年科技实践活动

“同伴阅读，共享精神食粮”实践活动方案

广东省惠州市第十一小学 六（2）班 谢琳

摘要：本选题旨在全社会大力倡导节约、共建和谐社会的环境影响下，根据国情、国内外相关情况、资源的可利用和未来发展趋势等，重点通过摘抄、小老师、演讲、手抄报、讲故事等方式开展此项活动。

课题的产生：在我国许多贫困地区，政府采取了许多教育费用减免措施，却依然有许多孩子因交不起书本费而失学。城市学生每学期都要买新书，用完半年后大多数都当作废弃物，没有回收再利用。这一做法浪费巨大。如果我们能向美国、德国、日本、俄罗斯等国家一样实行课本循环使用制度，那么这一举措该为中国教育做多大贡献呢？

实验过程与方法：

1. 有目的地开展“大手拉小手，跨年级学生的阅读交流、指导”“同年级跨班级学生的阅读、交流”“同班级学生阅读交流”活动。
2. 有计划地分好实验小组，写好计划书、倡议书，收集资料，明确目的，设计调查问卷，设计宣传单，进行广播宣传，签名会，丰富多彩的各类竞赛，创建成果展板，留言信箱，活动咨询等。

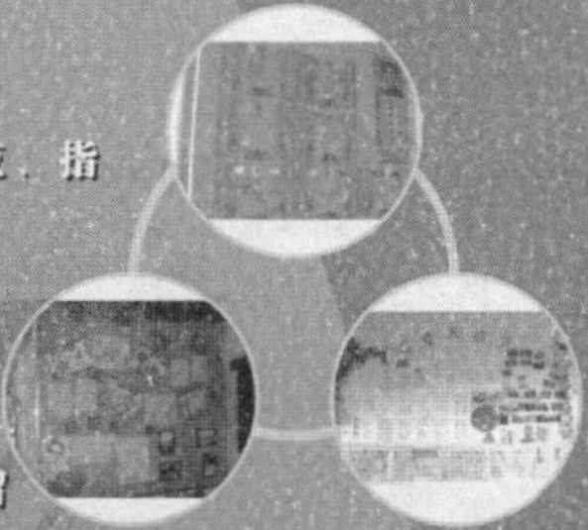

实验数据：

学生参与活动情况

项目 学生	参与人数	捐书本/学期	活动类型	书籍类型	交流、指导方法
一年级	360	1	大手拉小手、跨年级学生交流指导	童话寓言神话	小老师指导、讲故事、摘抄、心得体会、手工等
二年级	420	1			
三年级	420	2	同年级跨班级学生交流指导	科普故事	小老师指导、讲故事、演讲、擂台赛
四年级	420	2			
五年级	480	3	同班级学生交流指导	科普历史传记	讲故事、演讲、手抄报、展板、知识竞赛
六年级	420	3			

结果与讨论：

1. 使学生明白了“书籍是人类进步的阶梯”“读一本好书就是和许多高尚的人谈话”的道理。
2. 提高了学生的口头表达能力、社交能力、分析推理能力，掌握了更多的科学研究方法。
3. 使学生增强了社会责任感，学会了分享快乐、学会感恩等中华民族的传统美德。

惠城区第七届科技实践活动

家用衣夹积木

广东省惠州市惠城区第十一小学 五（6）班 李靖翔 指导教师 任 萍

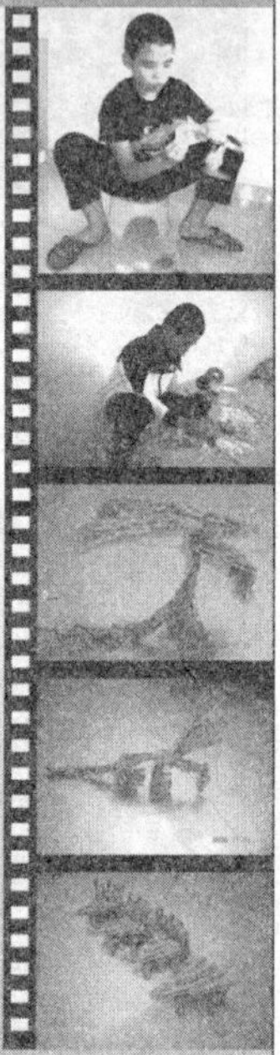

一、摘要

塑料衣夹形状、颜色多样，价格便宜，是每个家庭的生活必用品。而积木作为一种益智玩具，几乎每个家庭都会为孩子购买。如果把塑料衣夹用作我们小朋友最常用的一种积木玩具，不仅又增加了衣夹的一种功用，而且衣夹便宜，用来拼装积木也简单方便，不但可以提高我们的动手能力，而且可以充分发挥每一个小朋友的想象力。

二、课题的产生

衣夹作为每个家庭的必需品，仅仅用于衣服的晾晒，我认为这样太可惜了。而且大部分家庭的衣夹一般都按最大使用量购买，但多数时候都有剩余或堆在一起、或夹在衣架上，这样既不美观又容易显得脏乱。将家里不常用的衣夹当作我们小朋友最常用的积木，不但能装饰家用，而且节省了购买积木的钱。这样不但可以使衣夹收集起来美观，而且还可以锻炼我们的动手能力和想象力，一物两用。

三、实验过程和方法

先收集好家里的衣夹，最好各种形状的都有一定的数量。还要观察好要拼装物件的大概形状、关节位置（可以随机应变）。然后就可以用衣夹拼成飞机、恐龙等许多形状的动物和事物。

注意：如要做得好看、漂亮，可以选择不同形状、颜色的衣夹，考虑好是否需要对称、活动等位置，就可以做出各种各样的事物。

①可用衣夹夹住前一个或下一个衣夹的塑料尾部。

②也可以用衣夹夹前两个或下两个衣夹紧靠在一起的塑料尾部。

③衣夹可以水平夹，也可以垂直或任一角度夹。

④当要做活动关节时，就用相对尖头的夹子去夹前一个衣夹的铁丝部位，此时可以做到180°的旋转。

四、实验数据与分析

衣夹的种类有很多，以前是木制的，随着工业发展，做衣夹的材料也越来越多，如塑料、不锈钢等。让我们来看一看选用哪一种材料做的衣夹最合适用来做衣夹积木：

材料	优点	缺点
木制	耐用 不易损坏衣物	用树木制成， 资源消耗大
塑料	便宜、款式新颖、色彩亮丽 不易损坏衣物	老化后，容易变色、 脆断
不锈钢	耐用	价格贵， 易损坏东西

通过比较，我们可以发现最物美价廉的还是塑料制衣夹，目前市场上销售最多、款式最丰富的也是塑料制弹簧衣夹。由于塑料制品容易加工成不同形状的东西，而且色彩缤纷亮丽，所以塑料衣夹也就成了做衣夹积木的最佳选择，让我们来看一看不同形状的塑料衣夹在生活和积木中都可以做什么：

形状		平头	突头	尖头	扁头
作用	生活中	晒衣物	晒衣物	晒衣物	晒衣物
	积木中	做身体	做身体和关节	做身体和关节	做身体

五、结果与讨论

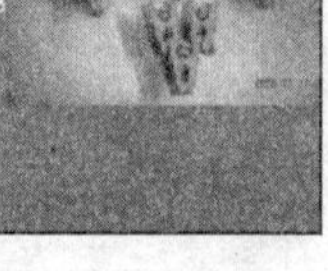

衣夹虽小，但其款式新颖多样，色彩艳丽，长久耐用，通过想象和仔细观察可以拼装出各种各样的事物，如飞机、桌椅、恐龙等。而且衣夹作为日常用品，价格便宜，每个家庭都有，推广容易。

通过做衣夹积木，增强了我动手拼装能力，也启发了我对事物的观察能力，使我的想象力得到了很大程度的提高。不过，如果还有圆形的衣夹，用来做人或动物的脸，那就可以拼装出更多的东西了。

惠州市青少年科技创新大赛·小论文

小学生补习班的调查与研究

惠州市第十一小学四年级（4）班：廖曼君　指导老师：任　萍

一、摘　要

补习班在当前社会已成为流行现象，形形色色的补习班体现了教育资源在学校之外的一种配置方式，父母望子成龙、望女成凤，希望自己的孩子样样出色，造成补习班的市场大，效益高。学生的压力大，一到周末放假，还得去上补习班。上补习班有利有弊，适量，针对课堂，查漏补缺，补充课堂的外延知识或针对单科有兴趣的同学是很有必要的。切忌量大，无用，学生负担太重，学得多难消化。

二、课题的产生

现在，几乎所有学生和家长都接触过补习班，更有许多人投入了补习班的洪流中。它关系到每个学生、每个家长的生活。假期是补习班"集体出动"的时间，密度之大，补习班各种各样，上补习班的理由各种各样，对补习班的感觉也是各种各样。因此，我觉得很有必要对此进行调查，以明确上补习班对学生的利与弊，并提出相关建议。不仅为了小学生们，也为了家长们。

三、实践过程与方法

1. 设计调查问卷，发出61份调查问卷，收回61份调查问卷。
2. 实地考察，到各个不同的培训机构了解招生情况、培训费用、培训科目，了解培训市场到底有多大。
3. 采访，向身边的同学、朋友、同学的家长、朋友的家长了解他们对补习班的看法。
4. 收集资料，首先，到网上查询一些对补习班的报道及看法；其次，收集一些培训机构的宣传单及报刊杂志。

四、实践数据与分析

补习班的种类	语文	50元/1次	
	数学	50元/1次	
	英语	50元/1次（无外教）	100元/1次（有外教）
参加补习班的情况	一年级	少数同学参加	
	二年级	部分同学参加	
	三年级	大部分同学参加	
	四年级	大部分同学参加	
	五年级	少数同学不参加	
	六年级	同学基本都参加	

五、结果与讨论

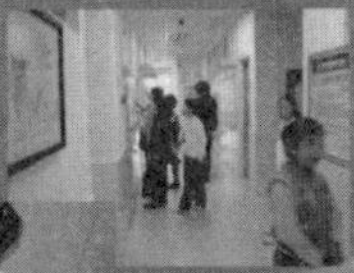

1. 结果，上补习班的利，的确可以巩固各项知识，提升信心，切切实实学到一些东西，提高瘸腿的科目习绩，查漏补缺。爱学习的同学上补习班可以多学一点知识，开阔视野，也许还能发掘出内在的潜力。上补习班的弊，占据大量时间，学生负担太重，学得多难消化；浪费精力，使学生重心转移，在课堂上不能投入最大限度的精力，反而影响正常学习。建议，适量让孩子参加课外补习班，切忌量大，家长切忌逼迫孩子上补习班，让孩子根据兴趣及需要定夺。

2. 讨论，A. 太多的培训机构，让人眼花缭乱，不知如何选择。B. 培训费用高，一周下来都要好几百元。C. 如何使培训机构规范化，正统化，使我们的假期补习班成效更大，影响更大，魅力更大。

在这次调查中，我学会了设计调查问卷，培养了我认真观察、仔细研究、积极查找有关资料的良好习惯，激发了我对身边事物的探索。

惠州市青少年科技实践活动

创意扑克

惠州市第十一小学 四（4）中队“阳光小队”

一、摘要

扑克是人们喜爱的娱乐工具，全世界占90%以上的地区和人们都曾经玩过扑克牌，而且还发明了许多玩法：“争上游”“捉娘娘”“斗地主”“炒大帝”“憋七”等。

扑克牌还是人们比较常用的数学启蒙学具，尤其适用幼儿园、小学低年级的学生进行简单的计数、心算和乘除法的综合运算，为此人们还专门发明出了《数学魔牌》《24数学牌》等。

目前，扑克牌还成为世界许多国家“记忆大赛”的道具之一，为训练人们的记忆力提供了新的方便可行的道具之一，给生活增添了更多的乐趣。在不久的将来，扑克印刷将成为“次媒体”中最具影响力的表现形式之一。

但从目前现状来看，扑克牌无论是从内容、形式、材质、作用等方面都存在一定的局限，有极大的可改进的空间。于是，我们“阳光小队”的同学就进行了“创意扑克系列”活动，在活动中，我们尝试了下面的一些活动：扑克牌在我们的学习生活中还有什么新的作用吗？扑克牌能“旧貌换新颜”吗？……我运用头脑风暴的方法，结合自己的学习和生活，对扑克牌又有了全新的认识，我们想制作和发明一系列的新型扑克牌，让它在我们的生活中扮演新的角色、发挥新的作用。

二、实施过程

1. 创意灵感的产生：扑克牌从诞生至今已有数百年历史，最早发明扑克牌的国家是中国。扑克牌具有广泛的群众基础、明显的复用特征、易于携带和保存等特点，给人们的学习和生活带来了无穷的乐趣。扑克是我们班同学课间娱乐活动最喜欢的形式之一，参与的同学很多，玩法也很多。

2. 搜集资料：了解了扑克牌相关的历史、发展、特点。

3. 调查走访：知道了扑克牌在我们的生活、学习中占有重要的地位、发挥着巨大的作用。

4. 对比分析——了解到了我国扑克的现状：中国是世界上最大的扑克制作生产国和出口国，年消费扑克数量超过12亿副广告扑克。　　扑克制作有着广泛的群众基础，便于携带、保存、成本低廉，能反复使用传播。

5. 调查问卷、动手制作：现有扑克牌的不足之处——我们所做的改进：

（1）材料创新：环保纸质、塑料、塑光等，不易污损，便于环保携带等。

（2）规格创新：可以是现在扑克的一般那么大，方便小孩子携带，出门旅游也很方便；也可以比现在的扑克大一倍，方便中老年视力不太好的人们娱乐。

（3）用途、途径的创新：

① 文化教育系列：名著扑克、唐诗、宋词、经典诵读扑克（《弟子规》《三字经》《大学》《论语》《百家姓》《千字文》等）、成语、歇后语、谚语俗语、格言警句、对联、神话故事、传说故事、童话故事等，可以使中国的古典文化不断发扬光大，而且还可以走出国门，畅销世界各地，成为馈赠亲朋好友的礼品之一。

② 科普系列：中外著名的科学家、科学现象、科学奇观、科技新产品、科学实验、植物、动物等。

③ 旅游系列：世界各地风景名胜、世界各地城市简介、世界各地地图、世界各地旅游风向标。

④ 环保系列：文明礼貌用语、文明行为、文明广告语。

⑤ 饮食系列：世界各地土特产品、风味小吃、世界各地著名菜系。

⑥ 艺术系列：世界名画欣赏、中国著名山水画等。

⑦ 生活娱乐系列：孩子喜爱的中外卡通人物等。

⑧ 生活大百科：《2010年中国大事记》、《2010年世界大事记》、美容、服装、保健、各类明星人物等。

⑨ 企业宣传：各企业可以利用扑克便于携带等特点，将企业文化、管理方法、广告买点策划等制作成扑克，不断宣传企业形象。

⑩ 军事武器：古今中外的军事武器、各类汽车等。

6. 前景预测：

创意系列扑克具有广阔的市场、巨大的前景和清晰的卖点。与彩页相比，54张扑克的面积是A4纸的5.5倍，每一张系列都可以成为新的广告。

同时创意扑克的宣传持续时间长得多,可以说扑克被保存的时间有多长,宣传就能有多长。创意扑克制作以其制作价格低廉、覆盖面广泛、易于被消费者接受等众多优点逐渐成为了大多数企业在广告战中的选择。

相信我们的“创意扑克系列”将在不久的将来为人们的生活带来越来越多的乐趣，将在人们的生活中发挥巨大的作用。

三、收获、体会

1. 通过实践活动，走入生活，培养了我们收集处理信息的能力，增强了社会实践活动能力及培养合作精神和学科学、爱科学、用科学的兴趣，激发了学生的创造潜能。

2. 我们在活动过程中感受倒实践、科学的魅力，享受快乐，体验成功，增强自信。

3. 我们通过运用观察、对比、分析等创造性思维方法提高了动手操作能力，从而开发了创造潜能，培养了科学素养。

4. 活动使我们的生活视野得到拓展，走进生活，亲近科学，真正感受到了科学就在身边。